하늘까지

하늘까지

초판 1쇄 발행 2025년 10월 17일

지은이 조홍래(Stanley Cho)
펴낸이 장길수
펴낸곳 지식과감성#
출판등록 제2012-000081호

마케팅 김윤길

주소 서울시 금천구 벚꽃로298 대륭포스트타워6차 1212호
전화 070-4651-3730~4
팩스 070-4325-7006
이메일 ksbookup@naver.com
홈페이지 www.knsbookup.com

ISBN 979-11-392-2864-9(03810)
값 17,000원

- 이 책의 판권은 지은이에게 있습니다.
- 이 책 내용의 전부 또는 일부를 재사용하려면 반드시 지은이의 서면 동의를 받아야 합니다.
- 잘못된 책은 구입하신 곳에서 바꾸어 드립니다.

지식과감성#
홈페이지 바로가기

하늘까지

Stanley Cho 지음

지식과감정

머리말

애초부터 글의 방향을 정해 놓고 일기를 씁니다. 온전히 '내 이야기'를 쓰는 것이고, 과거의 삶에서 지금까지 하늘이 나를 인도해 주신 것을 증거하면서, 내 삶의 '감사'를 글로 남기고자 합니다.

어린 시절부터의 제 이야기를 쓰면서, 스스로 솔직하고 하늘을 증거하기 위해서, 동기방에 꾸준히 글을 올렸습니다. 정치나 종교 등의 화제를 삼가해야 하는 동기방의 특성상 "하늘"로 칭함은, 나의 하나님, 나의 예수님이십니다.

Stanley Cho 드림

영혼을 향한 간절함

유기성(선한목자교회 원로목사)

여기 한 인생의 파란만장한 삶의 여정에서 때로는 터질 듯 때로는 깨어질 듯 살아온 한 사람의 솔직한 인생 고백과 꾸밈없는 삶의 이야기가 있다.
생생한 삶의 소박한 체험담과 인생의 고백록이다.

나는 저자 조흥래와 어린 시절, 같은 중학교에 다녔다.
철없던 시절이었지만 알 만한 것은 다 알았고, 느끼고 사고할 수 있던 나이였다.
그러나 3년을 같이 공부했지만 친구의 속사정, 깊은 사연을 다 알 수는 없었다.
50년 가까이 지나 그 시절 이야기를 읽으면서 몇 번이고 눈시울이 적셔졌다.
친구의 숱한 서러운 감정이 글 속에 녹아 있기 때문이었고, 친구의 아픈 사정을 몰라도 너무 몰랐다는 자책감이었다.

그러나 그의 글들을 계속 읽어 가면서 깜짝 놀랐다.
한 사람, 한 사람의 영혼을 사랑하는 마음이 너무나 귀하였다.
통찰에서 나온 친구의 삶에 대한 이해는 깊고, 흥미진진하다.
말과 글이 좋으면서, 그 삶까지 훌륭한 경우는 어렵다.
그런데 친구의 인생 스토리를 알기에 그의 삶의 체취가 글 속에 고스

란히 묻어나고 있음을 느낄 수 있었다.

친구는 세상의 이야기들, 사람들의 관심사, 소소한 일상 그리고 우리 주변의 것들을 복음과 탁월하게 연결했다.
글 몇 편만 읽어도 고개가 끄덕여지고 웃음이 새어 나온다.
그러다 '나는 어떻게 살아야 하는가?'라는 묵직한 질문이 가슴에 남는다.
좋은 책은 머리를 시원하게 하고 가슴을 뜨겁게 해 준다고 하는데, 친구의 글을 읽다 보니 어느새 시원한 통찰과 뜨거운 감동이 느껴진다.

조흥래를 보면 오늘날에도 기적이 이루어진다는 사실을 실감한다.
그 기적은 한 사람을 깊은 뿌리에서부터 변화시키는 인격의 기적이다.
그는 말할 수 없는 불행을 딛고 희망을 품고 사는 사람이 되었다.
그의 고난의 삶이 그를 변화시켰다.
영적, 정신적 문제에 관심이 많은 자신의 고통스러웠던 영적 방황이 사명이 된 것이다.
세상의 유혹과 갈등이 많았을 텐데도 하나님에 대한 신앙이 그를 여기까지 이끌어 왔음을 깨닫는다.
이 책의 감동은 그가 말하는 믿음은 결코 추상적인 개념이 아니라는 것이다.
설교자가 강단에서 외치는 것과도 다르다.
그의 글은 고난을 선으로 승화한 고백이면서 사람이 얼마만큼 변화될 수 있는지를 보여 주는 살아 있는 증언과도 같다.

사람은 많지만 '이 사람은 정말 좋은 사람이다.'라고 추천할 수 있는 사람을 내세우라면 주저하게 된다.

그래서 이 책이 너무나 반갑고 또 고마운 것이다.

목차

머리말	4
추천글 – 영혼을 향한 간절함	5
설국열차	13
20개의 직업	17
부산 뒷골목, 내 뒷머리	20
미국 군대	22
경로 이탈	26
캄톤 스왑밋 Compton Swap Meet	30
곧 죽습니다	32
뒷골목 장사	35
사회 부적응자	38
돼지국밥	42
1979년 제자들	44
항해술	47
아들 하나, 딸 셋	49
패션과의 전쟁	53
실패한 시험	56
지방간	59
Spanish Style	62

명필은 붓 가린다	66
아직 멀었다	69
Megan	73
거울 앞에서	76
Ticket	79
나를 위해 사는 방법	83
혼자 만드는 병	86
열심히 살지 않기	89
세 개의 지팡이	92
나의 둘레길	95
내시경	101
기억의 공백	104
유전을 이기는 법	108
나의 울타리	112
죽고 싶을 때	115
결혼기념일	119
TV 앞에서	121
Poker로 보는 세상	124
Lane Change 차선 변경	127
좌우 비교	130

이삭줍기	133
홀로 살아왔다	136
뒤처리	139
아버지	142
권총	145
나는 왜 글을 쓰는가?	148
집에 가고 싶다	152
Salad Bowl	155
Vaccine	158
지렁이 머리	162
낙법	166
San Diego	169
My English 부끄러운 내 영어	172
California의 겨울이 춥다	176
어떻게 살까?	179
나의 실체	182
일기 쓰기	184
포도밭에서	188
노인 냄새	191
하늘을 보자	194

길을 묻다	198
어디가 나의 집인가?	201
Wife의 휴가	205
첫 손주 Haas	209
Mini-Stroke 뇌졸중	213
응급실에서	217
추억 추수	220
우리 집 욕심	223
의미	227
양다리	230
우리는 서로 다른 세계에 살고 있다	233
나의 기도	237
CPA 공인회계사	241
이렇게 살아가는구나	244
나의 인생 일기	248
우리보다 힘든 사람들	252
나이 들어서 다행이다	254
Boss 바꾸기	257
어둡고 아픈 이야기를 밝고 아름답게 끝내는 법	260

설국열차

『설국열차』라는 영화를 본 적 있다. 각 열차의 객실 칸을 사회의 계층으로 비유하고, 거기에서 스토리가 시작되는 점이 참 현실적이었다.

― 첫째 칸

중학교 때까지 우리 집은 부모님과 2남 2녀가 단칸 셋방에 살았다. 가정 방문을 왔던 3학년 담임선생이 공개적으로 나를 "찢어지게 가난한 놈의 자식."이라고 부르고, "주제넘게 대학 갈 꿈 꾸지 말고 실업계 고등학교나 가서 돈이나 벌어라."라고 말한 것은 너무 현실적이라 더욱 미운 것이었다.

당시 나에게 설국열차는 68번 합승 버스였다. 영도 산복도로를 돌아서 서대신동과 공설운동장 앞을 지나서 영주동과 초량동 산복도로까지 구석구석을 다니던 중형버스였다. 등교할 때는 82번 버스로 학교로 바로 갔고, 집에 갈 때는 그 합승 버스를 타고 빙빙 돌았다. 집에 빨리 가기도 싫었고, 잘사는 동네를 구경이라도 하고 싶었다.

― 둘째 칸

San Diego에서 회사가 있는 Otay Mesa로 출근하는 길은 905번 고속도로를 동쪽으로 10분 정도 달린다. 905 Highway는 멕시코와의 국경 철조망 너머의 Tijuana가 빤히 보이는 거리에서 거의 평행으로 달린다. 수년이 지나면서 감정이 조금 약해지기는 했지만, 아직도 905번

고속도로를 지나는 출퇴근길에는 마음이 찡하다. 땅에 그어진 경계선을 두고 운명이 갈라져서 태어난 저쪽에 사는 이들은 매일 미국 쪽을 보며 어떤 생각을 하며 살까? 죽음을 각오하고 국경을 넘어 미국으로 오려는 사람들을 조금이나마 이해하게 된다.

멕시코 쪽 국경도시 Tijuana에 우리 법인회사가 있어서 가끔 방문한다. Tijuana의 번화가는 미국보다 더 열정이 있고 화려하고 흥청거리는 느낌이다. 그러나 번화가를 조금만 벗어나면 산등성이에 늘어선 상자처럼 지어진 벽돌집들. 멀리서 보면 화려한 색색깔로 번듯해 보이지만, 전선을 연결해서 전기는 들어가는데 수압이 낮아서 수돗물 공급이 안 된다. 마치 내 어린 시절의 부자 동네 서대신동과 가난한 영주동 산복도로의 차이를 보는 듯하다. 내가 Tijuana를 보면서 영주동 산복도로를 연상하는 것은, 내가 지금은 그 칸에서 벗어나 있는가 보다.

— 셋째 칸

COVID를 겪으면서 정말 '설국열차'를 경험한다. Los Angeles의 Downtown에는 아파트가 많은데, 미국에서의 소위 아파트 단지는 월세 주택 단지이다. 수십, 수백 가구들이 모여 사는 곳이니 환경이 열악할 수밖에 없다. COVID의 확산은 대부분 이런 곳에서 일어나더라. 미국, 특히 LA 지역의 확산이 세계적인 뉴스가 될 때도 나와 주위 사람들은 거의 큰 염려 없이 지냈다. 마스크 쓴 채로 골프 치고, 마스크 쓰고 포커 치면서. 내가 지금 앉아 있는 객실이, Pandemic 중에도 이렇게 편안하니, 우등 칸쯤 되는가 보다.

― 넷째 칸

 부산 영주동 산복도로의 몇 평 안 되는 단칸방에서 부모와 네 명의 자식들이 배고프던 열차의 지붕 끝에 매달려 참으로 힘들게 살아왔다. 지금 나는 몇 번째 칸에 와 있는지 모르지만 창문 밖으로 멀리 바다까지 보이고 마당이 멀쩍한 우리 집이 있다. 아이들에게 욕실 딸린 방을 하나씩 줄 수도 있다. 내 자식들도 살아가면서 또 더 앞 칸으로 옮겨 가기 위해서 노력하겠지만, 나처럼 비참한 과정을 겪지는 않아도 될 거다.

 지금까지 악쓰고 바둥거리며 여기까지 온 것에 대해서 후회하지는 않는다. 잘못도 하고, 죄도 지었고, 실수도 하면서 지나왔다. 그로 인해 남은 상처가 아직 아픈 곳도 있고, 내 몸에 남은 흉터를 보면서는 가슴이 먹먹해지기도 한다. '뭐, 인생이 그런 것 아니겠냐?'라며 자위한다.

 이제 더 이상 앞 칸으로 옮기려고 바둥거리며 살지는 않으려 한다. 혹시 인파와 세파에 끌리고 밀려서 맨 뒤 칸으로 가게 되더라도, 다시 열차 지붕 끝에서 대롱대롱 매달려서 살지만 않는다면 내 인생에서 앞쪽 편에 있는 우등 칸에서 몇 년 동안이나 살아 본 기억만으로도 감사하며 살려 한다. 난 애초에 우등석 티켓이 없었으니 억울할 것이 없다.

― 다섯째 칸

 지금 내가 타고 있는 열차는 저 멀리 보이는 구름 속으로 달려가고 있다. 앞 칸에 탄 사람이나 뒤 칸에 탄 사람이나 꼭 같은 속도로 가고 있다. 저 구름 속으로 들어가면 어떤 일이 일어날지 모르면서, 당장 조금 더 앞 칸으로 옮겨 타겠다고 애쓰고 있다.

 어쩌면, 내가 탄 이 열차가 마지막 열차가 아닐지도 모른다. 저 구름 속에 들어가면 환승역이 있고, 거기에는 드디어 내가 영원히 타야 할 열차가 기다리고 있을지 모른다. 그 열차는 다른 승차권을 요구하고, 다른 기준으로 객실이 정해질 수 있다. 이번에는 한번 정해지면 자신의 노력으로 옮길 수 없는 영원한 객실 말이다. 언제부터인가 나는 그것을 믿고 산다.

20개의 직업

30년 전쯤에, 한 친구가 나에게 이런 말을 했다.

"차근차근 한 우물만 파라. 왜 자꾸 큰 한 방을 노리나?"

나는 정말 그랬다. 물이 나올 때까지 한 우물을 깊게 파려면, 그동안 버티며 마실 물과 좋은 장비가 필요한데, 나에겐 여분의 물도, 작은 삽 한 자루도 없었다. 그래서 조금 파다가 '아니다' 싶으면 빨리 자리를 옮겨서 다른 곳을 파야 했다. 속사정을 모르는 친구의 눈에는 내가 사는 방식이 안타까웠을 것이다.

1982년에 미국에 도착한 이후 지금까지 여섯 달 이상 종사했던 직업을 헤아려 보니 20개다.

1. 페인트 공사 전에 칠 벗겨 내기
2. 식당 청소
3. 미국 육군 병사
4. Market Cashier
5. 주유소 Cashier
6. CAD CAM Engineer
7. 운동화 가게 운영
8. 아동복 가게 운영
9. 세탁소 운영
10. 부동산 브로커
11. 융자회사 사장

12. 유학원 및 영어교육원 원장
13. 은행 주택융자담당관
14. 은행 우량고객담당관
15. 은행 지점장
16. 공인회계사
17. 무역회사 사장
18. 한국에서 사업 투자가
19. 검도 도장 관장
20. 운송 회사 사장

어쩌다 보니 Bank of America의 지점장이 되어 있었다. 그것도 제법 실적이 좋아서 은행에서는 매년 부부 여행을 보내 주었다. Wife도 전문직으로 직장 생활을 하니 객관적으로는 안정되어 보였지만, 나는 새로운 도전을 멈출 수가 없었다. 애초부터 가진 게 너무 없었으니, 월급에서 세금을 떼고 나면 돈이 모아지지 않았다. 아이들은 커 가고, '적어도 애들이 가고 싶은 대학은 사립이든 동부에 있든 보낼 수는 있어야지.' 하고 다짐했다. 나처럼 아이들이 돈 때문에 꿈을 접고 한을 남기게 하고 싶지 않은 것이 아버지로서 내 목표였다. 그래서 목표를 잡은 것이, 밑천 안 들고 도전할 수 있는 변호사나 공인회계사였다. 나이 40세가 넘었지만, 아직도 기억력 면에서는 자신이 있었다. 내 영어가 약한 이유로 변호사보다는 공인회계사를 택했다.

공부하는 동안 많은 응원을 받았다. Wife는 물론이고, 큰 회계법인들, 여러 기업들, "합격만 하시면 전적으로 밀어주겠다."라는 약속도 했다. CPA 자격을 받은 지 3년 후, 2007년에 은행을 그만두고 CPA로 독립을 했다. 그런데 회계법인도 날 받아 주지 않았고, 기업들도 내 고객으로 오지 않았다. 나에게 약속한 200개가 넘는 업체 중에서, 친구조차 한 명도 오지 않았고, 소상인 두 사람만 고객으로 왔다. 모두 비슷한 말을 했다.

"죄송합니다. 그런데 정말 합격하실 줄 몰랐습니다."

Irony하게도, 은행 지점장으로 웬만큼 안정되어 가던 내 기반은 공인회계사 자격을 따는 바람에 뿌리째 흔들리기 시작했다. 번지르르한 사무실에 고급 가구, 거기에다 직원까지 있었지만 손님이 없는 깡통이었다. 불과 14-15년 전의 일이었다.

CPA가 된 후에도, 난 살아남기 위해서 직업을 4번이나 바꾸어야 했다. 그렇게 CPA가 나를 거꾸러트리기도 했지만, 결국에는 그 License가 내가 다시 일어서는 데 확실한 동력이 되었다. Bank of America 지점장 출신의 공인회계사라는 경력이 사람들에게 믿음을 주기 시작하면서, 지금까지 실패했다고 여겨졌던 여러 것들이 어우러져서 더 늦기 전에 재기할 수 있는 축복을 받았다.

돌이켜 보면, 고층 건물 꼭대기 난간에 매달려 아래쪽을 보며 페인트를 벗기던 일에서부터, LA에서 가장 험한 Compton 한복판 벼룩시장에서 운동화 가게와 아동복 가게, 그리고 Walnut에서의 세탁소까지. 20개의 직업을 거친 고달픈 나의 행적이 모두 의미가 있었다. 내 회계사무실에 찾아온 손님들은, 대부분의 자기들 사업을 속속들이 파악하는 나를 신기해했다. 그 모든 것들이 버려지지 않고 합해져서 하나의 선을 이루어 내는 하늘의 축복을 받은 인생이 과연 몇 명이나 있을까? 그중의 하나가 '나'라는 사실에 감사할 뿐이다.

부산 뒷골목, 내 뒷머리

 어린 시절에 많은 일을 겪었지만, 아직 아무에게도 말 못 한 이야기를 이제 글로 남긴다. 하늘이 나를 어떻게 건져 내셨는지.
 우여곡절 끝에 1978년에 부산수산대학에 입학했다. 능력 없는 아버지 대신에 내가 힘한 원양어선을 타서라도 돈을 벌어 엄마 편히 해 주고 동생들 공부시키겠다고. 그런데 입학식도 하기 전에 가족은 외가가 있는 미국으로 이민을 떠났다. 수대로 간 목표는 없어졌지만, 별 뚜렷한 주관도 없는 채로 거저 웅변 잘한다고 떠밀려서 데모에 연관된 기록으로 여권이 안나왔고, 결국에는 나이까지 넘어서 가족과 함께 이민을 못 간 내 상황에서는, 어쨌든지 병역연기가 되는 대학에서 버텨야했다. 그 당시에는, 데모에 연관되어 징집되면 최전방으로 보내지고, 가족도, 힘 있는 친척도 없는 내가 당할 일은 뻔했다. 당시 내가 연명하며 버틸 수 있는 길은, 대학을 계속 다니는 대신에 관변단체의 임원으로 서클 활동을 해 주고, 밤에는 웅변학원에서 학비와 생활비를 버는 것이었다. 살기 위해 비겁했던 낮 생활은 기억하기 아프고, 밤 생활은 잊을 수 없도록 평생 자국이 남았다.
 당시 웅변을 하면서 어울렸던 내 또래 중에는 대학에 진학한 친구가 없었다. 모두 부잣집 아들이었고 똑똑했는데, 고교 졸업 후에 아무도 대학 진학을 하지 않고, 한결같이 웅변학원을 차려서 살고 있었다. 나는 웅변학원들을 돌아 다니며 강의를 했고, 강의를 마치면 그들, 소위 '원장'들과 어울렸다. 그동안은 외롭지 않고, 배고프지 않고, 술 고프지 않았기 때문이었다. 그런데 점점 사람들이 더 모이고 그룹이 형성되어 갔다. 밤마다 10여 명이 몰려다니면서 점점 험악해졌다. 그 가운데는 유도 선수도 있었고, 전국체전 검도 대표도 있었다.

1979년 1-2월, 한겨울이었다. 동래의 어느 술집에서 옆자리 무리와 패싸움이 붙었다. 영화 장면처럼 온갖 것들이 뒤집어지고 날아다녔다. 그러다가 내가 쓰러졌다. 누군가 던진 통유리 재떨이에 뒷머리를 맞은 것이다. 그 후로는 기억이 끊겼다가 정신을 차렸을 때는 어느 여관방이었다. 머리가 너무 아팠는데, 통행금지 시간이라 나갈 수가 없었다.

조금 후에 선배뻘 되는 사람이 문을 열더니, "깨어났구나. 나와라, 이제 네 차례다." 하며 나를 다른 방으로 데려가서 넣었다. 거기에는 여자애 하나가 이불만 걸친 채 앉아 있었다. 여자애 하나를 두고 번갈아 가며 그 짓을 하고는, 이제 내 차례라고 넣은 것이다. '내가 지금 지옥에 빠졌구나.' 아픈 뒷머리를 움켜잡은 채 미친 듯이 소리를 지르며 길거리로 뛰쳐나갔다.

아직 통행금지가 끝나지 않은 새벽, 재킷도 걸치지 않은 그 싸늘한 겨울의 동래 거리가 아직도 기억난다. 그다음에 난 어디로 달려갔는지 전혀 기억나지 않는다. 그 이후로도 나는 웅변학원에서 밥벌이를 해야 했지만, 다시는 그들과 밤을 어울리지는 않았다. 지금도 나는 가끔 내 오른쪽 뒷머리를 만져 본다. 왼쪽은 밋밋한데, 오른쪽은 손바닥에 꽉 찬다.

그때 그 시절, 나는 온갖 핑계를 대서 합리화하려 하지만 내 필요에 의해서, 내 선택으로 그 무리 속에 들어갔다. 그러나 나오게 된 것은 내 자의가 아니었다. 한 발자국만 더 내밀었어도 천길만길 낭떠러지로 떨어졌을 내 인생을, 내 뒷머리를 '탁' 쳐서 깨우신 이는 하늘이다. 나는 내 인생을 하늘에 감사할 수밖에 없다.

미국 군대

　미국에 도착한 지 석 달 만에 육군 모병소를 찾아가서 필기시험을 보고 한 달 후에 입대했다. 사람들은 나에게 "용감하다"라고 했지만, 당시 나에게는 집을 떠날 수 있는 유일한 길이었다. 한국에서 아버지 주폭을 피해 가출을 한 후 8년만에 미국에서 아버지와 한집에서 살게 되었는데, 모든 것이 거북했다. 그런데 내가 당장 할 수 있는 게 없었다. 어차피 공부를 계속할 형편은 안 되고 무슨 일이든 해야 했다. 영어 못하는 외국인이 할 수 있는 건 최악의 노동뿐이었다. 낮에는 건물에 페인트칠을 하기 전에 기존 페인트를 긁어 내는 일, 밤에는 기름 범벅이 된 미국 식당 주방을 청소하는 일을 하며 두 달을 보냈다. 도저히 앞날이 보이지 않았다. 그래서 숙식이 해결되고 월급을 받으면서, 영어를 빨리 배울 수 있는 곳을 찾았다. 그게 그렇게까지 힘들 줄은 몰랐다.

　미군은 입대 시험 성적에 따라 병과를 선택할 수 있고, 그 병과의 위험도에 따라 보너스도 준다. 내 성적 안에서 가장 돈을 많이 주는 Chemical Specialist, 화생방을 택했다. 당시 병장 월급이 천 불이었는데 보너스가 2만 불이었다. 어차피 돈이 목적이었으니 돈 많이 주는 병과를 택했다. 얼마나 힘들고 위험한지는 짐작할 생각도 안 했다. New Jersey에 있는 Fort Dix라는 신병훈련소로 보내졌다. 학력 등에 따라 계약 내용이 다르므로 입대할 때부터 병장 계급을 달았다. 그런데 훈련소 입장에서는 난감했던가 보다. 나만큼 영어를 못하면서 입대해서 애먹이는 신병이 없었나 보다. 하루는 교관이 따로 불러서 설명을 차근차근 해 주는데, 다른 말은 못 알아듣겠고, 내가 선택한 병과 훈련에 가서도 이렇게 못 알아들으면 훈련 중에 큰 사고를 당한다는 말은 알겠더라. 그래서 병과를 Medic으로 바꾸었는데, 야전 위생병은 영어가 더욱 중요하다고, 결국에는 Medical Supply Specialist, 즉 의료보급병이 되었다. Bonus는 1불도 없었다. 그런데 알고 보니 이것이 경쟁률이 가장 높은 꿈의 보직이었다. 주로 대형 군병원에서 근무하며 가장 깨끗하고 편하기도 했고, 만약 한국 등으로 나가면 암시장에 의료품을 내다 팔아서 큰돈을 벌 수 있다고 했다.

훈련소에서 제일 많이 먹은 음식은 'Me too'와 'Same thing'이었다. 음식을 진열해 놓고 사병이 원하는 메뉴를 취사병이 담아 주는데, 음식 이름을 모르니 그날 내 앞에 서는 병사에 따라 내 메뉴는 정해졌다. 가끔 눈치 있는 취사병이 친절히 도와주려 할 때가 더 창피했다. 시간이 지나니까 구령이나 기본적인 말은 알아듣겠는데, 가장 힘들었던 것이 스피커로 나오는 지시 방송이었다. 훈련소에서 두 명이 한방을 썼는데, 룸메이트가 군화를 벗기 전에는 나도 벗지 못했다. 하루는 휴식 시간에 잠깐 졸았는데 중대 막사에 아무도 없었다. 출동 나가면서 날 두고 가 버렸다. 하루는 룸메이트가 급히 나가길래 출동인 줄 알고 따라 뛰었더니 화장실에 갔었다. 방에 돌아와서 한참 울었다.

흑인의 참정권이 현실적으로 실행된 것이 1965년쯤이다. 내가 미군 생활을 1983년에 시작했으니, 아직 인종차별이 만연할 때였다. 한국의 뒷골목에서 배운 방법이 있었다. 센 놈 하나를 본보기로 만드는 것이다. 증인들이 많은 때를 골라서, 나에게 집적거리던 덩치 큰 사병을 병원에 실려 보내고 영창에 며칠 갇힌 후로는 나에게 시비 거는 사람은 없었다. 신병훈련을 마치고 Texas의 San Antonio라는 도시에 있는 Fort Sam Houston이라는 의무병과학교로 갔다. 이미 내 발차기가 알려져서 감히 장난조차 거는 병사가 없었다. 사실 별것 아니었는데, 그 사병이 도리어 나를 골탕 먹이려고 엄살 부려서 Ambulance까지 출동한 것이, "한 방에 쓰러져서 앰뷸런스에 실려 갔다."라고 과장된 소문이 난 덕분이었다.

병과 훈련을 마치고, New York에서 서남쪽으로 30분쯤, Fort Monmouth의 병원에 배치되었다. 이 부대 옆에 'West Point Prep School'이 있었다. 이곳은 일반 병사들 가운데 우수 병사들을 부대장의 추천으로 모아서, West Point의 특별전형을 대비해서 공부시키고 훈련시키는 곳이다. 여기서 West Point 입학을 준비하다가 끝내 꿈을 이루지 못하고 제대하는 병사들도 많다. 내가 미군에 입대한 것이, 내 인생에서 올바른 선택이었는지는 지금도 알 수 없지만, 그로 인해서 내 딸아이의 인생이 정해졌다. 큰딸 녀석이 성격이나 체력적으로 군인에 맞겠다 싶어서 어릴 때부터 West Point 이야기를 많이 해 주고 권했다. 고등학교 2학년 때는 West Point Summer School도 보냈다. 결국 녀석은 West Point 출신의 미 육군 장교가 되었다. 딸이 그 길로 가게 된 것이 정말 잘된 것인가에 대해서는 아직 염려스럽지만, 본인이 만족하고 아빠에게 고맙다니까 정말 감사한 일이다.

지금 생각하면, 영어를 버벅거리면서 미국 군대 생활을 한 그 시절이 코미디 영화나 슬픈 다큐멘터리 같다. 내가 살아온 길이 참 많이도 척박했지만, 그중에서도 육체적으로 가장 힘들었던 때가 '영어 못하는 외인 용병' 같았던 그 시절이다. 그러나 그 시간 동안 나는 미국을 거의 밑바닥에서부터 배울 수 있었고, 새 땅에 대한 두려움을 없애고 도전할 준비를 할 수 있었다. 'American Dream'이란 게 없어진 지 오래되었다고 한다. 그러나 내 환경, 내 인생에서는, 화려하지는 않지만 American Dream이 이루어졌다고 감사한다. 내 스스로 잘못 내디딘 발걸음까지 실족하지 않도록 주춧돌을 딛게 하시고, 당시 기본 영어도 안 통했던 미군 생활을 통해서, 내 삶뿐 아니라, 내 아이의 삶에까지 큰 은혜를 주신 하늘에 오늘도 감사할 수밖에 없다.

경로 이탈

지도를 보거나 GPS를 따라가면서도 가끔은 길을 잘못 들 때가 있다. 일단 경로에서 이탈하면, 빨리 되돌아 나오는 것이 현명한데, 때로는 고집스럽게, 혹시나 지도에도 없는 길이 나타나기를 기대하며 무리를 하기도 한다. 그러다가 점점 더 깊은 어려움 속으로 들어간다. 되돌아 나오자니 지금까지의 노력이 아까워서, 때로는 그 길 속에서 오랫동안 벗어나지 못할 때도 있다.

― 첫 번째 이탈

나는 어릴 적부터 이과보다는 문과에 밝았다. 수학이나 과학보다는 어학과 사회 과목들이 쉽고 재미있었다. 그런데 중학교 3학년 담임에 의해서 강제로 경로 이탈을 당했다. "가난한 놈은 실업계 가서 돈이나 벌라."라는 비수 같은 말과 함께. 당시 1차였던 부산공고에 합격한 후에, 2차로 인문 고교 원서를 들고 갔지만, 다시 큰소리로 망신을 주며 허락하지 않았다. 그 담임선생이 내 인생의 길을 왜 그렇게까지 주관하려 했는지, 나는 지금도 이해하지 못한다. 공고에 진학해서는 전혀 공부에 취미를 붙이지 못했다. 내가 기억하는 등수는 '58/59'다.

― 두 번째 이탈

국립부산수산대학에 입학했다. 처음 시행된 계열 입학이라 2학년 때 전공을 정했다. 수산대학을 목표로 했을 때는 '배를 타서 돈을 버는 것'이었다. 원양어선은 위험하지만 어획량에 따라서 수익 분배를 하므로 큰돈을 벌 수 있기 때문이었다. 이것이 내가 정한 경로였다면, 난 당연히 선장이 되는 어업학과를 택하거나, 문과인 수산경영학과를 택해야 했는데, 난 기관학과를 택했다. 그렇게 공고 공부를 싫어하고 못했으면서도, '그래도 공고를 졸업했으니, 좀 더 쉽게 공부할 수 있을 것'이라는 기대감이었다. 그때 마음먹고 공업계 공부를 포기했어야 했는데, 또 혹시나 하는 마음으로 벗어나지 못했다.

― 세 번째 이탈

미군에 근무할 때, New York 옆의 New Jersey에서 근무했다. 근무 시간 후에는 대학에 다닐 수 있어서, Monmouth University에서 당시 초기 단계이던 Computer학을 공부했다. 제대 후에는 역시 New Jersey에 있는 Stevens Institute of Technology(SIT) 공대 대학원에 입학 허가를 받았다. 당시 그 대학에 교환 교수로 와 계시던 홍봉기 교수님은 해양공학 분야에서 유명한 그 학교에서 학위를 받아 부산수산대학 교수로 오라고 했지만, 아무래도 사립대학 학비를 벌어서 졸업할 자신이 없어서 포기했다. 그래서 LA에 있는 주립대학의 대학원 기계공학과에 입학했다.

대학원을 1년 다니다 보니, '왜 굳이 대학원을 다니나? 어차피 미국에서 살려면, 학위보다는 영어와, 취직이 확실한 전공이 더 중요하다.'라는 생각이 들었다. 그래서 다시 대학 1학년부터 등록했다. 어떤 전공이든지 처음부터 시작할 수 있는 마지막 기회였다. 난 이때마저도, 기계공학을 전공으로 택했다. 한번 이탈해서 헤매던 길이, 이제는 거의 주 경로가 되어 버린 것이다.

― 네 번째 이탈

　미국에서 또 한 번의 대학을 졸업하고 직장을 잡은 곳이 비행기 날개를 만드는 회사였다. 직업은 기계 부분 Computer Programmer인 CAD CAM Engineer였다. 공부도 공학 쪽이 싫었지만, 실제 직업도 Engineer 쪽은 나에게 맞지 않았다. 그래서 1년 만에 그만두고 나와서 장사를 시작했다. 공학 분야의 공부를 하느라 긴 세월을 보냈다. 드디어 15년 만에 경로를 벗어난 것은, 단지 벼룩시장 Swap Meet에서 운동화 장사를 하기 위해서인 결과가 되어 버렸다. 참으로 긴 여행이었다.

― 다섯 번째 이탈

　Bank of America에 들어갔다. 적성에는 맞는 것 같은데, 영어도 달리고 금융 지식도 모자랐다. 그래서 또 퇴근 후에 대학 강의를 듣기 시작했고, 그러다가 결국에는 CPA에 뜻을 두었다. 세 번째 대학 졸업장을 받지는 않지만, 3년에 걸쳐서 회계학의 모든 과목을 이수했다. 나이 40세가 넘어서 공부를 했는데도, 이 계통의 공부는 내게 쉬웠다. 뒤늦은 나이에 공인회계사가 되었고, 지금은 경영을 하면서 돌아본다. '과연 나의 Original 경로는 무엇이었나?'

― Epilogue

　후회되는 일들, 참으로 안타까운 순간들이 많았다. 그러나 그 순간에 다른 선택을 하고 다른 길을 걸어왔더라도, 결과가 어떻게 되었을지는 확신할 수 없다. 항상 쉬운 길을 택하며 진로를 정했지만, 당시의 나로서는 최선이었다. 돈을 벌며 공부해야 했으니, 쉽게 졸업할 수 있는 길을 찾을 수밖에 없었다. 먼 미래보다는 당장 버티는 것이 더 절실했기 때문이다. 내 경로는 곧바르지 못했다. 무엇이 원래 경로였는지 알아보기 힘들게 굽고 비뚤어졌다. 때로는, 척박한 돌산 틈 사이에서 말라비틀어지면서도 죽지 않고 버텨 낸 소나무가 더욱 멋있을 때가 있다. 나는 그런 소나무가 되고 싶다. 일부러 심으려 해도 심을 수 없고, 키우려 해도 키울 수 없는 형상의 소나무, 그것은 온전히 하늘의 태양과 하늘의 빗방울이 키운 것이다. 내 인생이 바로 하늘의 증거다. 하늘의 은혜가 끊기고, 내가 드디어 쓰러지는 날, 그날에도 나는 하늘에 감사할 거다.

캄톤 스왑밋 Compton Swap Meet

한국에서 대학 4년, 미국에서 대학 6년 동안 Engineering을 공부한 후, Engineer로 딱 1년 근무한 후에 직장을 그만두고 장사를 시작했다.

소위 벼룩시장, 30년 전의 Swap Meet는 어떤 사람에게는 마지막 장에 흘러가는 곳이고, 어떤 이에게는 꿈의 시작이었다. LA 지역의 Compton이라는 동네는 New York의 Harlem보다 더 사나웠다. LA 쪽의 폭동은 항상 여기서 시작되었다고 해도 과언이 아니다. 당시 Compton City에는 백화점은 고사하고 웬만한 마켓조차 없었다. 워낙 험악해서 물건을 훔쳐 가는 것을 보고도 소리치거나 쫓아가서는 안 된다는 불문율이 있을 정도였다. 당시 하얀 운동화에 파란색 Nike Logo가 박힌 신을 신고 Compton에 들어가면 총을 맞았다. Compton 지역 갱들은 빨간색이고, 적대 관계였던 옆 동네 Lynwood 갱들이 파란색을 조직의 표시로 쓰기 때문이었다.

이 동네에서 망해 나간 백화점 건물에, 대부분이 한국 사람인 수백 명의 상인들이 3-4평 정도의 조그만 가게로 벌집처럼 나누어 놓고 동네 흑인들을 상대로 장사를 했다. 상인들의 출퇴근 시간이면 Compton 시의 경찰 헬리콥터가 상인 보호를 위해서 떠 있고, 경찰차들이 대로에 배치되어 있었다. 매월 상인들이 돈을 모아서 경찰서에 큰 후원금을 내고, 비번인 경찰들에게는 돈을 두 배 이상 지불하고 경비를 세우기 때문이었다. 당시 돈 만 불로 장사를 시작할 수 있는 곳은 Swap Meet뿐이었고, 위험해도 장사가 잘되니 Compton으로 들어가서 장사를 했다. 돈은 조금 모아졌지만, 주 7일 가게를 열고 항상 긴장 속에서 사는 그 생활, 나는 아침마다 지옥으로 출근하는 것 같았다.

그 시절의 내 머릿속에는 '돈, 돈, 돈'뿐이었다. 그런데 Compton의 검은돈들이 도리어 나를 깨우고 있었다. 젊은 흑인들이 목과 팔에 금덩이를 치렁거리면서 겨우 Swap Meet에서 거드름 피우며, 바가지 가격인 줄 뻔히 알면서도 뿌리는 그 돈들의 대부분이 마약 거래에서 나오는 것임을 모르는 사람은 없었다. Compton 밖의 사회는, Compton이라는 동네 안에 그들을 가둬 놓은 것으로 만족하는 것 같았다.

운동화 가게와 아동복 가게를 2년이 채 안 되어 정리하고 나왔다. 아기 출산을 앞둔 가장이, 아무 대책도 없이, 단지 검은돈을 벌면서 살 수 없다는 도덕과 가치관을 이유로 돈 낳는 닭을 잡은 것이 1991년 말이었다.

바로 그때, 내가 그곳을 벗어나지 못했다면 어찌 되었을지. 경찰이 흑인 Rodney King을 폭행한 사건으로 LA 폭동이 일어난 것이 1992년. 신호등에 멈춰선 운전자를 끌어내서 반죽음 만든 곳이 Compton이고, 그때의 Swap Meet는 불탔다. 어찌 내 인생을 하늘에 감사하지 않을 수가 있을까?

곧 죽습니다

Swap Meet 장사를 접은 후에 시작한 것이 세탁소다. 당시 많은 한인 이민자들이 겪은 순서다. 주 7일 문을 여는 가게를 하다가 세탁소를 하면, 일주일에 한 번은 쉴 수 있는 것이 큰 호강을 하는 것 같다. 그래서 마켓처럼 매일 여는 가게들에 비해서 권리금이 높다.

LA에서 동쪽으로 40-50분 거리의 Walnut이라는 동네의 세탁소를 샀다. 가게는 넓은데 매상이 낮아 싼 가격으로 샀다. 열심히 일했다. 다림질하는 직원 한 사람을 두고 내가 옷의 얼룩을 지우고, Dry Cleaning 기계에 넣고, 다림질 후에 비닐에 넣는 것까지, 물론 Cashier도 직접 했다. 2년쯤 지나니 매상도 많이 오르고 수입도 괜찮아졌다. 그러던 어느 날, 화장실에 갔더니 소변의 100%가 피로 보였다.

병원에 가서 여러 검사를 했는데, 특별한 증상을 찾지 못했다. 딱히 아픈 곳은 없는데 피는 계속 쏟아지듯 나오고, 세 달이 지나니 몸무게가 90파운드, 40킬로그램 밑으로 떨어지고, 바지는 멜빵을 걸어야 입을 수 있었다. 처음에는, Dry Cleaning에 쓰이는 강한 화학제품의 Allergy인 듯하다던 의사가, "30대에는 희귀하지만 전립선암 같다."라고, 비뇨기과 전문의에게 보냈다. 비뇨기과 의사는 '전립선암 말기'라고 진단을 내렸다. 이 정도 증상이면, 늦어도 너무 늦었다고 했다.

참으로 비참한 인생이었다. 죽는다는 것이 그렇게 슬프거나 무섭지는 않았다. 어릴 때부터, 사는 것이 힘들어서 항상 죽고 싶었다. 그런데 이제 조금 희망이 보인다 싶어서 열심히 일하고 있었는데, 이젠 거꾸로 죽음이 나를 찾아온 것이다. 너무 억울했다. 그리고 갓 태어난 아들에게 너무 미안했다. 난 정말 좋은 아빠가 되고 싶었는데, 또 척박한 인생을 대를 이어 물려주게 된 것이다. 매일 혼자 교회에 가서 엎드려 울었다. '살려 주십시오.' 하고 빌기보다는 그냥 목 놓아 울다가 잠들곤 했다.

세탁소를 헐값에 넘기고 내 인생도 정리하기 시작했다. 미군 시절 근무하던 동부의 부대들, 공부하던 대학들을 둘러보고, 마지막 여행으로 한국에 갔었다. 내가 태어난 영주동, 봉래국민학교, 신선중, 부산공고, 수산대학을 둘러보고, 보고 싶던 사람들도 만나고 왔다. 조그만 생명보험이라도 남길 수 있었으니, 가게를 판 돈으로는 추억을 더듬으며 죽음을 향해서 갔다. 참으로 힘겹고 거칠었지만, 다행히 비겁하거나 초라해 보이지는 않게 살았다는 자존심을 안고 떠나려 했다.

그런데 몸이 점점 나아지고 있었다. 아무런 치료도 안 받고, 약도 먹지 않고 포기하고 있었는데, 어느 날, 하루 종일 큰 고통이 있은 후로 피도 멈추었다. 의사들은 책임을 안 지려고 전전긍긍했다. 세탁소를 그만두니 Allergy가 없어졌다는 둥, 틀림없이 전립선암 말기였는데 기적 같다는 둥. 그 후로 내 스스로의 경험을 통해서 그 당시의 원인이 무엇인지를 알게 되었다. 그때부터 난 거의 10년을 주기로 심한 신장결석이 생겨, 그때마다 응급실에 갈 정도였다. 당시의 신장결석이 유독 심했고, 촬영을 통해서도 발견하지 못했던 것이다. 의사들을 고소하려 해도 큰 건이 안 된다고 했다. 어쨌든지 나는 살았기 때문이다. 그런데 그로 말미암아, 내가 그때까지 열심히 모았던 종잣돈은 한 푼도 남김없이 날아가 버렸다. 다시금, 바람 횅한 사막 한복판에 홀로 서 있게 된 것이다.

그 당시 나에게는, 치료되고 다시 살게 된 것에 대한 감사함이 없었다. 황당할 뿐이었다. 그러나 세월이 지나면서, 내 인생에 드리워진 하늘의 뜻을 읽으려 하면서, '당시 나에게 그런 일이 없었다면 나는 지금쯤 무엇을 하며 어떻게 살고 있을까?' 하는 생각을 해 본다. 하늘은 나를 다르게 쓸 계획이 있었던 것이다. 그리고 젊은 시절에 그 죽음 앞에 섰던 경험은 지금까지 나에게 '인생, 돈, 그리고 하늘'에 대한 깊은 묵상을 하게 하고 삶의 방향을 제시했다.

  사람마다의 인생이 각각 다른 드라마인데, 내 인생 드라마의 장르는 액션이나 스릴러에 가까운 것 같다. 아무나 쉽게 소화시킬 수 없는 배역이니, 내가 이 장르를 잘 감당할 줄 알고, 감독이신 하늘이 맡겨 주셨나 보다. 나에게 주연을 맡기셨으니, 내가 맡은 드라마가 폭망에 이르지 않도록, 드디어 'The End'라는 자막이 뜨는 순간까지 열심히 살 것이다.

뒷골목 장사

나는 한인 Community 안에서 일한 적이 없다고 생각했는데, 글을 쓰면서 지난날을 정리하다 보니, 기억나는 것이 있다. 좋은 기억이 아니어서 잊고 싶었던 모양이다.

세탁소를 싼 가격에 넘긴 후에 건강이 회복되고, 또다시 뭔가를 해야 했지만 가진 것이 없었다. 그래서 나름 착안한 것이 '영어교육' 틈새시장이었다.

당시 한국에서는 튼튼 영어, 윤선생 영어 등이 막 자리를 잡으면서, 방학 때 학생들을 모아서 미국으로 단기 어학연수를 오기 시작했다. 나는 이것을 거꾸로 했다. 데모 연루로 도망 다닐 때도 믿고 연락할 수 있었던 한국의 대학시절 친구와 공조해서, 방학을 맞이한 미국의 국민학교 교사들을 모아서 한국으로 데려가서 영어 캠프를 하는 것이었다. 충북 제천의 '빅달재수련원'과 계약해서 방학 때마다 영어 캠프를 열었다. 가격이 싸고, 안전하고 재미가 있어, 아이들을 우리 캠프에 보냈던 학부모들이 먼저, 미국으로 보내는 프로그램을 만들어 달라고 해서, 양방향으로 기세 좋게 자리를 잡아 갔다. 자체 영어 교재를 만드는 작업도 시작하고, 방학뿐만 아니라, 1년 내내 할 수 있는 주말 영어 캠프도 준비하게 되었다. 이렇게 확장되기 시작하니, 한국 내에서 Sales가 필요했다. 그래서 내가 직접 친구와 함께 서울의 사립국민학교를 중심으로 방문하기 시작했다. 성장하려고 시작한 이 Sales 방문이, 또 약 2년 만에 사업을 접는 계기가 될 줄은 몰랐다.

1990년대의 사립국민학교 교장실이 그렇게 호화롭고 비서까지 있을 줄은 몰랐다. 그리고 그렇게까지 썩어 있을 줄도 몰랐다. 어느 학교에서는, 아이들의 영어교육을 위해서 좋은 이야기를 나누고 협조하기로 합의한 후에 차에 오르는데, 비서가 따라 나와서 명함을 주면서 말했다. "교장 선생님이 여기에 가 보라 하셨다."라고. 강남 코엑스 아래의 보석상이었다. "교장 선생님 연락을 받았다." 하면서, 금 돼지 1마리와 금 거북이 1마리를 내놓았다. 협조를 받으려면 그것들을 사 달라는 것이었다. 또 다른 학교들은 거의 공식 가격이 있었다. 공통으로 쓰는 단어 자체가 "두당 얼마"였다. 학교나 학생들에게 필요한 학습 자재를 기부해 달랬으면 망설임이 없었을 텐데, 금덩이를 원하고, 아이들을 동물처럼 '두당'이라 칭하며 가격을 매기는 사람들과 무슨 교육을 논할까? 내가 그만두든지, 그들과 같은 방식으로 살아가든지 선택해야 했다.

  한국에서의 영어 캠프가 소문나자, 당시 서울의 유학원들이 나를 만나고자 했고, 여러 유학원 원장들을 만났는데, 실망스럽게도, 한두 사람 외에는 대부분이 '사기꾼'급이었다. 하물며, 나를 밖에서 만나서 자기 사무실로 데려가면서, "직원들에게는 저를, 미국에서 공부할 때 만난 사이라고 말해 주세요." 하더라. 그의 미국 유학 경력은 가짜였다. 한국의 어느 대학 졸업장은 얼마면 살 수 있다는 은밀한 메뉴까지 등장하고, 한국의 정치가, 대학교수까지 미국 대학의 가짜 학위를 돈으로 산 증거까지 내 손에 들어왔다. 너무 기가 차서, 그 증거들을 경찰청에 넘겼는데, 그것마저도 몇 사람의 사욕을 채우는 양식이 되었다더라.

  사업을 하려면, 돈을 벌려면, 그런 것과 친해지고 독해져야 한다는데, 난 그러지 않고도 성공하기를 바라는 몽상가였다. 그래도 그렇게는 살 수 없었다. 하늘 아래서 양심을 논하기 전에, 내 아이들에게 부끄러운 짓을 더 이상은 못 하겠더라. 내 아버지는 무능했어도 한 끼라도 나쁜 짓으로 우릴 먹인 적은 없었는데, 나는 부끄러운 양식으로 아이들을 먹이고 있었다. 그래서 또 2년 만에 그만두었다. 이런 결정들이, 부자 남편을 기대했던 여자를 실망시키고, 결국 부자 유부남을 만나서 나를 배반하는 구실을 만들었지만, 지금도 나는 후회하지 않는다. 이 나이가 되도록 철없이 외우는 구절이 있다.

"무릎 꿇고 살기보다 서서 죽기 원한단다. 홀라 홀라."

뒤돌아보면, 그 시절의 그 바닥은, 내 어린 시절에 패싸움하던 뒷골목보다 더 어두운 곳이었고, 나를 큼직한 먹이로 유혹했었다. 못 이기는 척 몸을 맡겼다면, 지금쯤 향락 속에 있든지, 돈을 번 후에 과거를 세탁하고 고고한 척 살고 있을지도 모른다. 나에게는 틀림없이 그런 얄팍한 본성이 있다. 그러나 그렇게 살지 않도록, 그런 '뒷골목 장사'에서 건져 내 주신 하늘이 감사하다. '오진'으로 나를 죽음 앞에 세워서 인생을 묵상하게 하셨고, 인생의 의미를 새기던 묵상이 아직 남아 있을 때, 그런 유혹을 받았기에 이길 수 있었다. 먹음직하게 차려진 뒷골목 밥상 앞에서, 고민하지 않고 수저를 놓고 일어서게 해 주신 하늘께, 오늘도 감사할 수밖에 없다.

사회 부적응자

영어교육 사업을 접은 후에 시작한 것이 '부동산 융자 중개'였다. 미국의 금융시장에서는 부동산 융자 규모가 가장 크고 경제의 중요한 지표가 된다. 은행보다 더 규모가 큰 부동산 자본이 생명보험회사, 대기업의 은퇴 연금, 현금을 돌리는 투자가들에게서 나온다. 생명보험이나 은퇴 연금 등은 향후 지불할 이자보다 높은 수익을 얻기 위해서 공격적인 투자도 하지만, 기본적으로 안전하면서 수익률이 높은 투자처를 선호한다. 그중에서 가장 매력적인 것이 '주거용 부동산 융자'이다. 확실한 담보가 있고, 융자된 서류는 Note 채권으로 주식처럼 거래가 되니 현금 회전이 빠르다. 그런데 법적으로 은행 허가가 없으면 직접 소비자를 상대하지 못한다. 그래서 중간에 Loan Broker가 있다.

미군에 근무할 때부터, Swap Meet에서 장사를 하면서도, 세탁소를 하면서도, 영어교육 사업을 하면서도 멈추지 않았던 것이, 밤이든 주말이든 대학 강의를 듣는 것이었다. 주로 경제 분야를 들었고, 나는 거기에서 '부동산 융자 시장'을 보았다. '돈을 벌려면 돈이 흐르는 길에 있어야 한다'는 말에 공감했고, 내가 지금까지 그런 맥은 잘 짚는 편이다. 투자회사들의 융자 중개를 하기 위해서는 License가 필요했고, Broker License를 합격하고는 바로 독립 회사를 열었다.

현실에서 만난 이 바닥이 또 예사롭지 않았다. 뒷돈 Rebate이라는 게 있었다. 투자은행들이 Broker에게 융자 금액의 %를 더 얹어 줘서 Broker들이 자기들에게 Deal을 더 가져오게 하는데, 결국 이 돈은 고객들이 부담하는 이자에 얹힌다는 데 문제가 있다. 서류를 고의적으로 아주 복잡하게 해서 고객들이 쉽게 알아차리지 못하게 하고, 법적으로는 고객이 동의한 것으로 만들어진다. 또한 융자 중개를 하기 위해서는 부동산 거래 중개인들과 연결이 필요하고, 결국에는 그들 사이에서 경쟁적으로 Rebate 거래가 이루어진다. 자기들 이익을 줄여서 뒷돈을 주는 것이면 어쩔 수 없지만, 결국 모두 고객들이 부담하게 만든다. 이런 악순환이 사회적으로 심각해서 아예 정부 차원에서 부동산 브로커와 융자 브로커 사이의 뒷돈 거래에 대한 구체적인 법 조항을 만들어 금지하고 있지만, 그렇게 안 하면 따돌림을 받아 장사를 못 하게 되기도 하고, 결국에는 더 많은 돈을 버는 방법이 되니까 위법인 줄 알면서도 모두 하게 된다.

이미 더 추악하고 단위가 큰 영어 사업에서 경험했고 그걸 포기하고 나왔기에, 그까짓 쪼잔한 일에 넘어가지는 않았다. 내 회사에 들어온 Agent들은, 내가 이런 뒷돈 거래를 회사 내규로 금지하니까 돈이 안 된다고 다 나가고, 결국 나 혼자 남았다. 당시 한 친구는 "너는 어떤 사업도 못 하겠고, '검사'나 하는 것이 딱 맞다."라고 걱정 반 놀림 반으로 자주 말했다. 뒷돈 달라는 부동산 Broker들은 아예 상대를 안 하고, 신문광고와 소개로 고객을 넓혀 나가고, 솔직하게 설명하고 정직하게 처리했다. 그랬더니, 고객들은 늘어 가는 반면에 동종 업계에서는 미운털이 박혀 갔다. 그런데 시간이 지나면서 돈과 도덕 사이에서 갈등이 자랐고, 나도 점점 돈맛을 보며, '굳이 나만 이렇게까지?'라며 타협의 선을 넘나들고 있었다. 이런 때에 Bank of America에서 Offer가 왔다. Santa Monica와 한인타운 지역의 부동산 융자를 담당하라고. 도덕적으로 깨끗해지기는 하겠지만, 수입은 반의반도 안 되게 줄어드는 계산이었다.

내 팔자라는 것이 정말 찢어지게 가난해서 그놈의 '돈'을 쫓아 살려고 했는데, 이놈의 팔자가 또 돈 앞에서 독해져야 하는 사회에 적응하지 못하는가 보다. 그렇다고 해서, '이것이 아닌데' 하고 느끼면서도 억지로 인생을 구겨 넣을 수도 없었다. 다행히 나는 그 당시에 하늘을 조금은 알고 있었기 때문이다. 지금도 기억나는 것이, 11월이었다. 사무실에서 은행의 Offer로 고민하고 있는데 달력이 나를 깨워 주었다. 당시의 달력에, '자녀를 일터로 데려오는 날'이 표시되어 있었다. 부모가 어떤 일을 하는지 자녀에게 보여 주는 취지였다. 그때 이런 생각을 했다. "과연 내가 이 일을 내 자식들에게 권하고 물려줄 수 있을까?" 대답은 명확한 "No"였다. 그날, 나는 미련 없이 회사를 닫기로 했다.

오랜 공부를 마치고, Engineer로는 희망이 없다고 1년 만에 그만두고, Swap Meet 장사는 위험하고 마약 판 돈을 벌 수 없다고 2년 만에 그만두고, 세탁소를 하다가 죽는다는 판정을 받아 또 2년 만에 그만뒀다. 영어교육 사업한다고 한국 드나들며 돈 좀 벌어 오나 싶었더니 사기꾼들 바닥이라고 또 2년 만에 그만두고, 드디어 부동산 융자 사무실이 점점 잘되어 이제서야 안정되나 싶었더니 또 정당하게 돈 번다고 2년 만에 은행에 월급쟁이로 들어가 버렸다. 딱 9년 동안에 벌어진 일이고, 결국 이 선택이 결정타가 되었는지 결혼한 지 9년 만에 이혼을 맞이했다.

각 선택의 결과들이 모여 내 인생이 좋아진 것인지, 더 나빠졌는지, 다른 경우를 살아 보지 않았으니 장담할 수 없지만, 지금의 나는 그 과정과 결과에 대해서 모두 감사한다. 적어도 이렇게 글로 남길 수 있을 만큼은 열심히 살았고, 부끄럽지 않게 최선으로 결정하며 살아온 것이 감사하다. 그런데 입으로는 이렇게 감사를 하면서, 그런 결정을 할 때마다 떨어져 나갔던 내 인생의 조각들, 나는 가끔 내 인생이 서글프고, 가슴속의 생채기에는 아직도 피가 고인다.

돼지국밥

 고향 음식이라고 딱히 먹고 싶은 것은 없는데, 부산의 돼지국밥에 대한 기억이 많다. 배고픈 날들이 많았다. 집을 나가 웅변학원과 원장 집에서 숙식할 때, 아침은 함께 먹을 수 있었지만 등교할 때 도시락을 싸가지 못했고, 돈도 없었다. 원장은 밤마다 늦게 들어오고 내 저녁은 안중에도 없었다. 학교를 마치면 3시간 동안 소리 지르며 웅변을 가르쳐야 하니 항상 힘에 부치고 코피도 자주 났다. 그러다가 가끔 천 원이 생기면 국제시장에 가서 돼지국밥을 한 그릇 먹었다. 천 원에 가장 묵직한 식사였다. 그러면 그날 목소리는 쩌렁쩌렁했다. 부산에서 웅변대회가 있으면, 내 차례 2시간 전에 돼지국밥을 한 그릇 먹고 오면 우승이었다.

 2015년에 부산수산대학 해외 동문회의 일원으로 모교의 초청을 받아서 부경대학을 방문했었다. 그때, 호기심으로 학생 식당에 들렸는데, 벽에 붙은 큼직한 메뉴를 봤다. '천원국밥'이었다. 점심을 굶는 학생들이 많아서 특별예산으로 시행하는 사업인데 한 달에 추가예산이 수백만 원씩 든다고 했다. 이제는 한국의 사회복지제도가 잘되어 있다고 해도, 눈에 안 띄게 그런 학생들이 많다고 한다. 어떤 학생들은 만 원짜리 점심에 몇천 원짜리 커피를 마시는데, 어떤 학생들은 천원국밥이 없으면 굶는다.

 내가 그 학교에 다닐 때 그랬다. 기관실험실 실험대 위에서 자고, 실험실에서 라면을 끓여 먹어도 내가 배고픈 놈이란 걸 아무도 몰랐다.

가족이 미국에 있는 포실한 학생으로 여겨지고 있었다. 굳이 배고프고 구질구질한 내 삶을 알릴 필요가 없었다. 그래서 대학 동기들 가운데는 속이야기를 나눈 깊은 친구가 없었다.

내가 도움이 필요한 학생들을 찾아 매월 30만 원을 보내는 일을, 천원국밥을 알게 된 때부터 시작했다. 내가 선배에게 받았던 은혜를 후배들에게 되갚는 의미를 가졌다. 그 30만 원의 가치가 정말 별것 아니겠지만, 필요한 학생에게는 배고픔을 이기게 할 수 있다는 생각이다. 그렇게 표시 없이 흩트리지 말고, 모아서 장학금으로 주자는 권유도 받았지만, 내가 돕고자 하는 학생은 성적순이 아니다. 밖으로 드러나지 않는 절박함에 힘을 보태고 응원하기 위함이다. 바로 옛날의 나를 찾아서 내가 돕고 싶은 것이다. 아무 말 없이, 힘내라고 돼지국밥 한 그릇 사주고 싶은 것이다.

학생들을 돕는 것은, 우리 부부가 하는 헌금이나 기부가 아니라, 내 개인 Project이다. 처음에는 내 용돈으로 한두 사람을 도우려 시작했다가, 목표를 10명으로 정하면서 커졌다. 그래서 내 나름의 기준이 있다. 멀리 있는 청년들을 돌아보기 전에 어려운 친척을 외면치 않는 것이다. 그래서 10명 중에는 자식 없이 홀로 되신 팔순이 넘은 이모님도 있고, 오촌 조카도 있다. 내 친척 일가조차 돌아보지 못하면서 남을 챙기는 것은 옳지 않다는 것이 내 짧고 좁은 생각일지 모른다. 그러나 나는 그렇게 해서 조금씩 넓혀 가고 있다. 내가 은퇴하기 전에, 과연 돼지국밥 몇 그릇을 배고픈 젊은이들에게 먹일 수 있을까? 감히 내가 이런 생각을 하면서 살 수 있다는 자체가 눈물 나도록 감사하고 행복하다.

1979년 제자들

'가난'이라는 것이 단지 불편한 것이 아니고, 다른 사람에게 손가락질받을 수 있고 비참할 수 있다는 현실을 체험했던 중학 시절에, 나는 내가 세상에서 가장 밑바닥 환경에서 사는 줄 알았다. 당시 살았던 가난한 동네, 부산 영주동 산복도로 구석 동네에서도 단칸방에 월세방 살 만큼 힘든 집은, 우리 집 외에는 보이지 않았다. 그래서 어린 시절부터 그렇게 부끄러웠고 죽고 싶었다.

수산대학에 입학해서 기관과를 택했다. 2학년 때 과 총무를 맡았는데, 기관과에서 전통적으로 운영해 오던 야간학교가 있었다. 남부경찰서 지하 사무실을 빌린 '남부야학', 내가 살림 책임자 겸 국어, 사회 선생이 되었다. 약 40명의 중학생인데 모두 여학생들이었다. 낮에는 공장에서 직공으로 일하고, 퇴근길에 야학에 오면 밥을 해서 먹이고 수업을 했다. 나는 평일 저녁에는 웅변학원 강의, 주말에는 동회에서 밀가루 포대로 임금을 주던 국토개발 노동을 하면서도 야학은 거의 빠진 적이 없었다.

그 아이들에게는 교복을 입는 것이 큰 의미가 있었다. 비록 정규학교로 인정되지 않는 야학이지만, 배지 달린 교복을 입고 귀가하는 밤길에서 웃고 장난치는 시간이 그 아이들의 하루 중에 가장 행복한 시간이었다. 나는 그 아이들을 보면서, '비록 내 실상이 이럴지라도, 저 아이들의 눈에는 대학생인 내가 얼마나 부러울까?'라는 생각을 자주 했다. 내 젊음이 고달파서 참 많이도 울었는데, 그 아이들이 내 울음을 그치게 했다.

"저 어린 여학생들도 저렇게 당당하고 용감하게 살아가는데, 나는 도대체 무슨 생각으로 살아가나?"

하늘은 하늘이 주신 그 시절의 내 제자들을 통해서 내가 미처 보지 못했던 나보다 더 어려운 세상을 보게 하시고, 나보다 더 어려웠던 아이들을 통해서 세상을 살아가는 방법을 가르쳐 주신 것이다.

1년에 봄가을 2번, 부산 지역의 야학들이 모여 운동회를 했다. 기관과에서는 돈을 모으고 선배들의 찬조를 받아서 학생들에게 운동복을 해 입히고 잔치를 벌여 줬다. 매일 고단하게 살던 아이들이 그렇게 즐거워하던 모습을 아직도 생생히 기억하고, 그 운동회 때의 사진을 지금도 간직하고 있다. 나는 비겁하게 죽고 싶었고 가출까지 했지만, 그 아이들은 당당하게 낮에는 어느 공장에서 무슨 일을 하든지 돈을 벌어 가족에 보탬이 되고, 밤에는 공부의 끈을 놓지 않고 피곤한 몸으로 야학에 나와서 공부를 했다. 내가 어려운 생활 중에도 공부의 끈을 놓지 않은 것은 이 아이들에게서 배운 것이 틀림없다.

2021년, 이제 그 애들도 50대 중반이겠다. 배가 고파 보지 않은 사람은 그 고통을 모른다. 악마의 유혹도 배고픔에서 시작된다. 그 험한 시절에 어떤 유혹도 이기며, 나보다 몇 배 더 용감하게 세상과 맞짱 뜨던 1979년의 내 제자들이 지금 어디서 뭘 하며 살든지 행복하면 좋겠다. 이제는 경제적으로 윤택하게 살고 있으면 좋겠다. 그래서 그 시절의 야학을 추억하면서 하늘에 감사하는 삶을 살고 있으면 좋겠다.

"아이들아. 나는 가끔 너희들과 찍은 사진을 보며 회한에 젖는다. 미안하다. 이제 얼굴도 가물거리고 이름은 기억나지 않는구나. 오늘은 사진 속의 너희 얼굴을 보며 기도한다. 지금 내가 이대로 그 시절에 있고, 너희들은 어린 그대로 야학 시절이었으면 좋겠다. 지금은 맨밥에 김치, 멸치 국물에 국수가 아니라, 돈가스도 단체로 사 줄 수 있고 치킨도 먹일 수 있는데 말이야. 그리고 몇 명은 공장에 안 보내고 공부만 하게 할 수도 있는데 말이야. 미안하구나. 그 시절에는 내가 너무 못나서 너희에게 힘 되는 말조차 한마디 해 주질 못했구나.

  아이들아, 건강해라. 그 시절의 너희처럼, 어떤 상황에서도 세상에 기죽지 말고 당당하고 행복해라. 도리어 너희들이 날 가르쳐서 너희들이 내 선생이다. 고맙다. 내 선생들아. 내가 오랜만에 그리움으로, 감동으로, 줄줄 울어 보는구나. 아이들아, 힘든 시절에 수고 많았다. 너희들의 평생을 하늘이 돌봐 주시기를 기도한다."

항해술

나는 부산수산대학 출신으로는 전혀 다른 길을 걸어왔지만, 수산대학은 나에게 특별한 의미가 있다.

첫 번째는, "찢어지게 가난한 놈의 자식이 대학은 무슨 대학이냐."라는 소리를 들었던 내가 대학을 졸업했다는 것이다. 내 인생의 '한풀이'였고, '천장 깨기'의 첫걸음이었다. 두 번째는, 그것을 나 혼자 한국에서 학비 벌면서, 먹고살고 버티며 졸업했다는 것이다. 어떤 상황에서도 버텨 낼 수 있는 내 속에 있는 의지, '깡'을 확인했다. 세 번째는, 부산수대가 가진 특유의 '기운'이 은근히 내 삶에 스며들어서, 어려울 때마다 큰 힘이 되었다.

내가 입학할 때의 국립부산수산대학은 당시 입시 기준으로는 '일류'라고 할 수 없었다. 그러나 "적어도 수산 분야에서는 한국에서 최고, 세계에서 최고"라는 이유 있는 '초일류의 자긍심'을 가지고 있었고, 이 자긍심은 나에게 평생 큰 힘이 되었다. 한국의 수산 계통에서는 거의 독식을 하며 '수피아'라는 단어까지 생길 정도이니 현실적인 근거도 있는 자긍심이다. 수대에서 내가 배운 것은, 어떤 분야에서든 최고가 되도록 '내 분야'를 만드는 것이다.

나에게 가장 큰 영향을 미친 것은 수산대학의 특이한 문화다. 내가 느낀 수대의 문화는 바다에서 목숨을 잃은 동문들을 기리는 '위령탑'에서 출발한다. 배를 타더라도, 외국을 정기적으로 오가는 대형 화물선이 아니라, 항로가 없고 기후가 험해도 멀고 깊은 바다의 고기 떼를 쫓는 어선이기에, 졸업생들 가운데 근무 중에 사망률이 가장 높은 대학이었다. 나도 애초 수대를 지망할 때는 원양어선을 타서 돈을 벌려는 목적이었으니, 그 '위령탑'의 감흥은 진했다. 당시의 교가에도 있었다.

"파도야 치든 말든…."

최악의 경우에는 바다에 빠져 죽을 수도 있다는, 그 시대 젊은이들 가운데 가장 어려운 선택을 한 선배들과 동기들의 각오가 나에게는 수대의 '기운'이었고 '문화'였다. 내 삶에 어려움이 닥쳤을 때마다, "태풍 속에 있는 어선보다 어려울까?" 하는 회상을 했다. 그럴 때는 바다를 보고 바다 내음을 맡으러 갔다. 먼바다를 바라보며, 지금도 어디엔가 떠 있을 친구들을 생각하며 새로운 도전을 했다. 이런 마음이 내가 수대에서 배운 귀한 삶의 자세이고, 지금도 모교를 사랑하는 이유다.

내가 살아온 날들이 날씨 궂은 깊은 바다에서의 승선 생활 같았다. 잔잔한 날이 거의 없었고, 항상 강한 비바람과 안개까지 겹쳐서 힘들고 외롭고 막막했다. 그러나 포기하지 않고 한 파도씩 한 폭풍씩 이겨 내면서 항구로 돌아왔다. 그러다가 육지에서 실패하면 또 바다로 나갔다. 살아가는 것이 나에겐 항해였고, 바다가 나에겐 사업이었고, 도전이었고, 온갖 발버둥이었다.

나에게 젊은 시절을 되돌려준다고 해도 돌아갈 마음이 전혀 없다. 내 항해는 참으로 길었고 힘들었다. 내 배가 아직 만선이 아니더라도 항구로 돌아가고 싶고, 다시는 출항하고 싶지도 않다. 이제 멀리 항구의 불빛이 보인다. 나에게 인생의 항해술을 가르쳐 준 부산수산대학, 풍파 속에서도 밤낮으로 나를 지켜 주사 드디어 항구에 닻을 내리게 하시는 하늘에 감사를 드린다. 지금도 어느 바다 위에 떠 있는 내 친구들이 있다. 그 친구들이 무사히 항구로 돌아오도록 하늘의 보살핌을 기도한다.

아들 하나, 딸 셋

나에게는 네 명의 자식들이 있다. 아들과 막내딸은 내 피를 나누었고, 딸 둘은 Wife의 피를 나눈 아이들이다. 내 성을 가진 아들과 딸은 내가 키우지 못했고, 다른 성을 가진 딸들은 내가 키웠다. 쉽지 않았다. 함께 사는 아이들에게 정을 주려고 하니 떨어져 사는 아이들에게 미안했고, 가끔 아이 넷이 함께 모인 자리에서는 오랜만에 만난 내 아이들에게도 특별한 정을 주는 모습을 보일 수 없었다. 누구라도 상처받을까 염려되었다. 떨어져 사는 아이들에게 미안하고, 보고 싶어서 몰래 울었던 날이 참 많았다.

2000년에 결혼을 했다. 이제는 아이들이 모두 20대 후반으로, 네 명이 줄줄이 연년생이다. 결혼을 할 때는 아이 넷을 모두 함께 키운다는 계획이었는데, 그렇게 하지 못했다. 지금까지도 그것이 큰 회한으로 남아 있다. 내가 좀 더 지혜로웠다면 잘될 수도 있었을 텐데.

딸 둘은 갓난아기 때부터 아빠와 함께 산 기억이 없었다. 친구들이 아빠와 사는 것을 보면서, 자기들도 아빠가 있으면 좋겠다는 바람을 가지고 있었단다. 어쩌면 그런 것들이 나에게는 이 아이들을 거둘 수 있었던 좋은 조건이었는지 모른다.

내가 아이들에게 해 줄 수 있는 것은 기도와 조심뿐이었다. 나는 항상 이렇게 기도했다.

"저에게 맡겨 주신 딸 둘을 최선을 다해 잘 키우겠습니다. 제가 직접 키우지 못하는 아들과 딸은 하늘이 잘 키워 주십시오."

그리고 참으로 조심했다. 양쪽 아이들에게 다 미안하고, 불쌍하고, 죄스러웠다. 어느 아이라도 나의 치우침에 상처받는 일이 없도록 조심해야 했다. 조심하는 마음이 크다 보니, 아이들을 객관적인 입장에서 키우게 되었다. 내가 소유한 아이들이 아니라, 내게 맡겨진 아이들로 인식하니, 일단 애들의 말을 듣게 되고, 아이들에게 대답 한 마디 하는 것도 신중하게 되었다. 떨어져 사는 아들과 딸을 보고 싶은 마음과 사랑을, 내 앞에 있는 두 딸에게 진심으로 쏟아부었다. 그러면 하늘이 내 아들과 딸을 잘 키워 주시리라는 믿음이 있었다.

딸 둘이 초등학교 시절에 함께 교장실에 찾아가서, 자기들의 성을 나와 같은 '조'로 바꾸어 달라고 떼를 썼다는 연락을 받고는 어린 딸들의 마음고생에 눈물이 났다. 떨어져 있는 아들과 딸이 전화로 "오늘도 엄마는 늦게 오든지 집에 안 들어올 것 같다.", "외할머니와 있지만 무섭다.", "왜 아빠 집에서 같이 살면 안 돼?"라고 울 때는 난 밤새 통곡을 하고 꿈속에서도 울부짖었다. 아이들까지 버리고 나간 여자에게서 아이를 못 데려오게 하는 그놈의 법이 저주스러웠다.

그래도 세월은 가고, 아이들은 성장해서 어른이 되고, 나는 늙어 가고 있다. 내가 키운 딸들, 세상의 기준으로는 최고로 성장했다. 군인이 되고 싶었던 큰딸은 West Point를 졸업하고 군인으로 최고 엘리트 코스를 밟고 제대해서는, 직장 생활을 하면서 MBA 최고 명문인 Wharton에도 재학 중이다. 과학자가 되고 싶었던 둘째 딸은 Cornell을 졸업 후에 의학연구 분야 최고의 코스인 Johns Hopkins에서 석사, 박사까지 마치고 연구소에서 근무 중이다. 그 아이들은 나와 다른 성을 가지고 자랐지만 내 딸들이고, 그 애들에게 아빠는 나뿐이다. 엄마에게 제일 고마운 것이 아빠와 결혼한 것이라고 해 주는 딸들이 고맙다.

내 성을 가진 아들과 딸 중, 금융가가 되고 싶다던 막내딸도 그 분야의 명문인 Pepperdine을 졸업하고 은행에서 근무 중이다. 변호사가 어떠냐고 Law School을 권했더니, 더 이상 공부는 하기 싫다고 한다. 키워 주지 못한 아빠에게 제법 불만이 컸었는데, 이제는 나에게 곁을 스스럼없이 준다. 친척 어른들과 사촌들 생일까지 챙긴다. 요즘은 친구들을 데려와서 우리 집에서 한 달에 한 번쯤 파티를 한다. 내가 아빠 노릇을 하게 만들어 준다.

내 아들, 어릴 적부터 아버지를 유난히 좋아하고 많이 따랐다. "아빠와 함께 살고 싶다."라고 그렇게 울부짖었는데, 그 원망이 쌓여 힘든 청소년기를 보냈다. 그러고는 마음을 추스르고 브라질에 빈민들의 집을 지어 주는 선교 여행을 1년 다녀온 후에 UC Santa Barbara에 진학했다. 어느 날, 대학 공부가 인생을 풍요롭게 하지 못한다고, 세계 여행을 하고 싶다고 하더니, 학교를 그만두고 2년쯤 일해서 모은 돈으로 세계여행이라고 떠났다가 여섯 달 만에 돌아왔다. 그다음에는 아시아 여행을 가고 싶다고 해서 내가 보내 주었다. 한국에서도 살아 보고 싶다고 해서 부경대학에 어학연수도 보내 주었다. '저 아이의 머릿속에는 뭔가 다른 삶의 방향이 있겠구나.' 하는 기대를 하면서 응원했다. 그런데 지금도 현실적이지 않다. 뭔가 병일 수도 있다고 걱정할 정도다. 그래서 끊임없이 기도한다.

"이 아들은 하늘에 맡겼으니 하늘이 책임져 주십시오."

내 아이들의 이야기다. 하나하나 돌아보면 모두가 기적이다. 어찌 내 환경과 인격에서 이만큼 아이들을 키울 수 있었을까? 가장 수고한 사람은 물론 Wife이다. 내가 밤마다 공부한다고 아이들에게 소홀할 때도, 내가 몇 년간 한국에 나가 엉뚱한 짓을 할 때도, 직장 생활 하면서 아이들을 키우고, 함께 키우지 못한 아들과 딸을 뒷바라지까지 한 Wife가 내 아이들의 영웅이다. 정말, 하늘의 은혜와 축복이 없이는 불가능했다. 재혼 가정이 더욱 깨지기 쉽다 했는데, 쉽지 않은 아이 넷의 가정, 거기에다가 뭔가 해 보겠다고 발버둥 치느라 항상 롤러코스터를 타던 내가 가장인 집에서 말이다. 애초에 너무 가난해서 마음처럼 해 줄 수도 없었고, 아버지 사랑이라는 걸 못 받아 봐서 어떻게 하는 것이 좋은 아빠의 역할인지 몰랐던 나에게서 말이다. 네 명의 아이들은 하늘이 나에게 내린 선물이고, 하늘이 나를 얼마나 축복하는지 보여 줄 수 있는 증거다. 순항으로 인생 여정을 시작한 딸 셋, 여기에 교만할까 봐 귀중한 아들을 위해 항상 기도하게끔 하시는 하늘에 감사하며 산다. 척박한 환경을 잘 헤쳐 나온 내 형제들을 거쳐서 이제 내 자식들에 이르기까지, 대를 이어 축복해 주신 하늘에 감사한다. 어찌 이 은혜를 조금이라도 갚을까?

패션과의 전쟁

나는 옷이 제법 많은 편이다. 여름, 겨울, 그리고 봄과 가을, 세 계절로 나누어서 비슷한 패턴으로 입는다. 출근할 때 입는 옷들을 계절에 맞추어 재킷 5개, 바지 5개, 재킷 안에 입는 셔츠와 스웨터가 5개씩 있다. 이것들을 일렬로 걸어 놓고 월, 화, 수, 목, 금 차례대로 입는다. 물론 하루 이틀 사이로 순서를 바꾸기도 하지만, 결국 한 가지 옷을 일주일에 한 번 입으니 세탁을 자주 할 필요가 없다. 계절이 끝나면 한꺼번에 세탁을 해서 넣어 두고 다음 계절 것을 꺼낸다.

옷도 충분하고, 조직적인 패션 생활을 하고 있다고 생각한다. 그런데 Wife와 아이들은 질색을 한다. 그 옷들이 최소 5년, 어떤 것은 20년이 된 것도 있기 때문이다. 그렇게 입고 관리하니 아직 멀쩡해서 앞으로도 몇 년이고 계속 입을 만하다. 당장 "스웨터의 색상이 후줄근하고 목이 늘어져 있는 것이 안 보이세요?"라고 잔소리를 하지만, 아내도 쉽게 내 옷을 못 사는 이유는, 난 입어서 조금이라도 불편하면 안 입기 때문에 온라인으로 주문하기 어려운 데다가, 쇼핑을 거의 안 다니기 때문이다.

며칠 전에 큰딸이 내 스웨터 하나를 사 왔다. 제대하고 직장을 잡았다고 나에게 선물한 것이다. 그런데 그 한 개의 가격이 지금 내가 가진 스웨터 5개의 가격보다 더 비쌌다. 그래서 완강히 거부했다.

"내 평생에 이런 옷은 안 입는다."

Wife와 딸은 연합해서 나와 '패션 전쟁'을 했다.

"이 옷이 브랜드라 비싼 것이라도 세일을 했고, 아직은 군인 신분이라 특별 할인도 받아서 아주 싸게 샀다."라는 딸의 말.

"당신 그 스웨터들은 7-8년 전에 Macy가 문 닫으면서 Closing Sale 할 때 여러 개를 산 것인데, 지금 물가가 어떤 줄 아냐? 제발, 학생들을 후원한다고 아끼는 것도 좋지만 당신을 위해서도 선물 좀 하면서 살라."라는 아내의 말.

내가 전혀 관심을 안 두었던 패션 관련 물가를 검색해 보니, 정말 내가 보편적으로 기억하는 가격대의 옷은 하나도 없었다. 언제부터 옷 한 개가 이렇게도 비싸졌는가? 내가 조금 '멍'한 며칠 사이에, Wife는 내가 입어서 잘 어울리는 그 브랜드의 옷을 몇 개 더 사 와 버렸다. 이 기회에 적어도 스웨터는 모두 바꾸자고 했다.

Wife와 딸에게 이야기했다. "내가 브랜드에 대해서는 잘 모르지만, 나도 좋은 것과 새것을 알고, 입으면 좋기도 하다. 그런데 나는 이것을 사치라 생각한다. 내가 조금 오래되고 후줄근한 옷을 입어서 한 사람이라도 더 후원할 수 있는 것이 나는 더 행복하다." 하고 말했다. 내 딴에는 충분한 설득력이 있다 싶은데, 딸은 물론 Wife마저도 동의하지 않는다. 일단 사 준 옷은 입겠지만, 밀려나서는 안 된다. 그러면 앞으로 재킷도, 바지도, 철마다 옷들이 바뀌는 사태가 발생할 거다. 그런데 한편으로 깨달은 것은, 내가 경제와 경기의 흐름에는 밝은 편이지만, 정말 실물 물가에는 어둡다는 것이다. 그래서 "내가 기본 액수로 정해서 학생들에게 보내고 있는 금액이 지금 물가에서 얼마나 실질적인 도움이 될 수 있을까?" 하는 자각이 왔다. 그래서 새로운 묵상의 제목이 생겼다.

"가능하면 이 액수를 최대한 인상해야겠다."

Wife와 딸이 날 챙겨 주는 것이 고맙고, 내가 낡고 후줄근한 것에도 만족할 수 있는 것이 다행이고, 철마다 넉넉한 옷들이 있는 것이 감사하고, 얼굴도 모르는 젊은이들을 조금이라도 도와줄 수 있고 금액을 더 올려야겠다는 여유를 주신 하늘에 진정 감사한다.

실패한 시험

미군에 근무할 때, 83년 가을부터, 퇴근 후에 매일 대학 강의를 듣기 시작했다. Monmouth University, 학교는 멀고, 차는 없었다. 처음에는 의욕이 넘쳐서 매일 왕복 2시간의 밤거리를 걸었다. 퇴근 시간에 군복을 입은 채로 바로 학교로 갔다. 그때까지 운전면허증이 없었다. 같은 사무실에 근무하는 군속 친구에게서 운전을 몇 번 배우고 시험을 보러 갔다. 그 친구가 자기 차로 시험장까지 데리고 가서, 그 차로 시험을 치라고 내리고, 시험관이 내 옆에 탔다. 시험관은 내 옆에 5분쯤 앉아 있다가 그냥 가 버렸다. 내가 Parking Brake를 풀지 못해서 차를 움직이지도 못했기 때문이다. 사실 그때까지, 차에 Parking Brake가 있는지도 몰랐다.

New Jersey의 겨울은 빨리 왔다. 부대에서 학교로 가는 버스 노선도 없었으니 빨리 운전면허증이 필요했다. 몇 주 후에 같은 차로 재시험을 보러 갔다. Stop Sign에서 정지했을 때, 매번 3초 이상 완전히 멈추지 않았다고 또 떨어졌다.

겨울이 되어, 학교를 오갈 때 군화가 잠기도록 깊은 눈길을 걸어야 했다. 세 번째 시험을 보러 갔다. 주행 경로를 잘 마쳤다. 이젠 웬만하면 합격이 되겠구나 싶었다. 마지막 과제가 평행주차였다. 후진하려는데 차가 잘 안 나간다 싶어서 엑셀을 세게 밟았더니, 차바퀴가 길옆에 쌓아 둔 눈에 박혔다. 시험관이 운전대를 잡아도 빼낼 수가 없었다. 친절한 시험관이 토잉카를 불러 주었다. 그리고 그는 웃으며 떠났다.

세 번을 연속해서 떨어지면, 다음 여섯 달 내에는 시험을 못 본다. 학교는 가야 하고, 걸어 다니다가는 얼어 죽겠고, 중고차는 이미 샀는데 면허증은 없고, 막막했다. 부대 주임상사 Sergeant Major를 찾아가서 사정 이야기를 했다. 부대 사병들의 아버지라는 주임상사가 걱정하지 말라고 했다. 내가 매일 퇴근 후에 대학 다니는 것을 알고 있었고, 뭔가 도와주고 싶었다고 했다. 부대 운전병들이 정기적으로 받는 '방어운전' 강의를 4시간 받게 했다. 그다음 날 육군 운전면허증을 받았다. 그것을 가지고 차량국 DMV에 갔더니, 바로 New Jersey의 일반 운전면허증으로 바꾸어 주었다. 그래서 드디어 운전을 시작했다.

제대해서 California로 와서는, 그때 받은 New Jersey의 면허증을 제출하니 또 바꾸어 주었다. 그래서 나는 지난 40년간 운전은 하지만, 운전면허 시험에는 합격한 적이 없다. 가끔 나는 운전면허 시험에서 떨어진 이유를 되짚어 본다.

Parking Brake를 풀지 못해서 차를 움직이지도 못했던 나는, 이제는 언제라도 떠날 준비를 하며 살려고 한다. 언제라도 하늘이 내 생명을 부르면 앙탈하지 않고 순종하며 갈 준비를 하려 한다. 확실하게 3초 이상을 정차하지 못했던 나는, 필요할 때마다 포기하고 용서하며 확실히 멈추는 여유를 가지려 한다. 3초 이상 정지를 못 하는 것은, 조급하거나 자만하기 때문이다. 하늘이 "멈추라." 하면 당장 멈추어야 한다. 눈밭에 바퀴가 빠져서 헤어 나오지 못했던 나는, 무엇에든 깊이 빠지는 것을 경계한다. 골프나 검도 등 내가 좋아하는 것도 언제든지 그만둘 수 있을 정도까지만 즐기고, 재미로 모이는 포커 게임도, 한 잔씩 하는 위스키도 취하고 빠지지 않도록 조심하고 확인한다.

새로운 땅에서 의욕적으로 도전을 시작할 때, 당장 절실하게 필요했던 운전면허증을 통해서 내 자만을 깨고 자각하게 했던 하늘이 감사하다. 그 후부터는 어느 시험이든 철저히 준비하게 되었고, 그렇게 내 인생의 길을 만들어 왔다.

　오늘, 그때 고마웠던 Sergeant Major 주임상사를 생각한다. 오랫동안 기억에도 지워져 있었지만, 나에게 큰 은혜를 주신 분이다. 고마운 사람에게 연락할 길이 없고, 그분의 이름마저 기억하지 못하는 것이 참 미안하다. 지금쯤 어디에 살고 계시든지, 건강하고 평안하시기를 하늘에 기도한다.

지방간

Wife가 지나가면서 내 배를 '탁' 쳤다. 배가 제법 나왔다는 지적이다.

나이 50이 되기 전에 Cholesterol과 당뇨 수치가 약을 먹기 직전까지 높게 나오고, 지방간 수치가 높다는 피검사 결과가 나왔다. 유전적인 요인도 있겠지만, 나는 보통 사람들보다 운동을 꾸준히 해 오던 터라, 특히 '지방간' 수치에 대해서는 아주 불만스러웠다. 의사에게 그 이유를 물었더니, 이런저런 음식을 조심하라는 원론적인 이야기만 하는데, 당장 나를 설득시키지 못했다.

어느 날, 후배의 소개로, LA에 있는 '8체질 한의원'이라는 곳에 갔었다. 한국에서도, 미국에서도, 한의사에게 진찰을 받은 적은 없었다. 그날도 진찰을 받으러 간 것이 아니고, 내 체질에 따라 몸에 좋은 음식과 나쁜 음식을 알려 주는데, 그것이 신빙성이 있다고 해서 가 본 것이다. 이런저런 이야기를 하다가 '지방간'에 대한 질문을 했는데, 거기서 참으로 명쾌한 답을 얻었다. 어떤 의학적인 설명보다 나를 설득하기에 충분했다. 운동을 얼마나 하든지 상관없다. 어쨌든 결과는, 내가 필요한 양보다 많이 먹으니까 남은 것이 배에 축적된다는 것이다. 운동을 충분히 하는데도 '지방간'이 있다면 해결책은 오직 하나, 먹는 양을 줄여야 한다는 것이다.

나는 지난 20여 년 동안 몸무게에 큰 변화가 없었다. 그런데 이놈의 배는 나왔다가 들어갔다가 한다. 내가 체격에 비해서 식사량이 많은 것은 틀림없다. 어릴 적에 배고픈 것이 한이 되었는지, 배고픈 것을 참지 못하고, 배가 부르다는 느낌 없이 식사를 그만두면 짜증이 난다. 그래도 요즘은 양을 줄이려고 노력하는데, 아직도 많이 먹는 편이다. 저녁을 조금 적게 먹자고 수저를 놓고는, 일단 건강에 좋다는 아보카도나 키위를 한 개 먹고, Cholesterol에 좋다니까 양파즙 한 봉지, 여러모로 좋다니까 사과식초에 물 타서 한 잔, 연말에 선물 들어온 홍삼즙 한 병, 그 후에는 위스키 한 잔에 몸에 좋다는 Nut 한 움큼을 안주로 먹는다. 이것이 주중에 SD에 혼자 있을 때의 거의 규칙적인 식사량이다. 거기에다 종합비타민까지 챙겨 먹는다. 이렇게 적어 놓고 보니까, 특별히 줄여야 할 것은 역시 저녁 식사다. 당장 줄이도록 노력해야겠다.

필요한 것보다 더 욕심을 내서 먹는 것이 '지방간'의 원인이라면, 그것은 내 스스로의 Control, 자제의 문제다. 내 눈에 빤히 보이는 것을 내 손으로 떠서 내 입에 넣어 내가 씹어 삼키는 것, 그래서 배가 나오고 검사 수치가 높게 나오는 확실한 결과를 보면서도 줄이지 못하고 자제하지 못한다면, 과연 내가 자제할 수 있는 것이 무엇인가? 내 스스로 내 몸에 부끄럽고, 내 정신에 부끄러워야 한다.

지구의 한편에서 지금도 배고픈 사람들에게는 미안한 말이지만, 내가 살고 있는 지구의 이쪽 편에서는 모자라서 생기는 병보다 필요한 것보다 많이 먹어서 생기는 병들이 더 많은 것 같다. 음식뿐만이 아니라 재물도 그렇다. 재물로 사업을 일으켜서 많은 사람들의 삶의 일터를 만드는 기업가나, 재물을 나누어서 함께 살아가려는 선한 목적 없이, 무슨 게임처럼 투기해서 부풀리고 더 많이 가지기 위해서 온갖 술수를 쓰는 사람들의 병명이 바로 '지방간'이라 할 수 있다. 다른 사람 이야기할 필요 없다. 당장 나의 삶에는 '지방간'이 없는가? 나는 무슨 목적으로 일을 하고 돈을 모으려 하는가?

'지방간'을 줄이는 가장 간단한 방법은 '양'을 줄이는 것이다. 당장 오늘 옷장을 열자. 그래서 꼭 필요한 옷, 내가 자주 입는 옷은 놔두고, 한편으로는 지난 1년간 거의 손이 안 간 옷부터 챙겨서 Goodwill에 가져다주자. 아직 쓸 만하니 필요한 사람들이 따뜻하게 입을 수 있을 거다. 이번 주말에 집에 가서는 Garage를 정리하자. 당장 쓰지도 않으면서 남 주기는 아까워서 모아 둔 많은 것들, 내 집에 쌓여 있는 '지방간'부터 걷어 내자. 이렇게 하나씩 정리하다 보면 또 다른 '지방간'들이 보일 거다. 내 배 속의 '지방간'과 함께, 내 생활 속의 '지방간'을 없애자.

Spanish Style

　3년 전에, 난 두 가지 이유로 지금 살고 있는 집의 계약을 크게 반대했었다. 지은 지 80년 이상 된 주택에다 전혀 관리가 안 된 상태였다. 그리고 지난번 집의 내부 리모델링을 하면서 겪었던 불편함이 너무 싫었다. 그래서 이번에는, 큰 공사가 필요 없는 집으로 이사 가고 싶었다. 그리고 헌 집을 사서 보수공사를 하려면 큰 현금이 들어간다. 전번 집을 판 돈으로 Down-Payment를 하면 집을 두 채는 충분히 살 수 있었다. 요즘처럼 집값이 괜찮고 Mortgage 이자가 낮을 때 집을 한 채 더 사 두는 것이 가장 확실한 재산 증식의 방법이라는 확신이 있었다. 기회가 왔을 때, 꼭 집 한 채를 더 사고 싶었다.

　Wife가 거의 사정을 했다. "평생 Spanish Style의 집에서 한번 살고 싶었다. 어려웠을 때는 이런 꿈을 입 밖에도 못 냈지만, 이제는 할 수 있고 기회가 왔으니 놓치고 싶지 않다."라고. 할 말이 없었다. 그동안 내가 너무 고생을 시켰다. Wife는 쉴 새 없이 직장 생활을 했는데, 나는 이것저것에 도전하느라 얼마나 까먹고 고생을 시켰는지. 그래서 내 계산을 포기하고 Wife의 기회를 지키기 위해서, 이 집을 계약하고 이사를 했다.

　집의 **뼈대**만 남겨 두고 모두 뜯어내서 100% 내부공사를 했다. 공사가 끝날 때까지 방 4개 가운데 하나라도 먼저 마쳐서 편히 쉴 수 있기를 바랬는데 그렇게 되지 못했다. 비닐로 벽 대신 막아 놓은 방에서 Air Bed를 부풀려서 2019년의 유독 추운 겨울밤들을 보냈다. 너무 불편해서 주말에 집에 가지 않고 그냥 San Diego에 있고 싶었지만, Wife에게 상처를 줄까 봐 그럴 수는 없었다. 그렇게 짜증 나는 여섯 달의 공사 기간을 지났다.

Wife가 생각하는 Spanish Style의 집은 본체 모양뿐만 아니라, 결정적인 부분에 Accent가 있어야 한다는 것이었다. 그중에서 가장 중요한 것이 바닥과 벽의 Tile이었다. 집 전체의 분위기에 맞는 타일들을 찾기가 쉽지 않았다. 인터넷을 뒤져서 타일 가게를 찾았더니, 우리 회사에서 5분 거리에 있었다. 바로 멕시코 국경에 있으니, 멕시코에서 수제 타일을 대량으로 수입해서 미국 전역에 공급하는 업체였다. 그 후부터 나는 주말에 집에 올 때마다 Wife가 주문한 타일을 가져와야 했다. 바닥부터 샤워장, 계단 사이의 공간마다 타일을 붙이고 나니, 정말 좋긴 좋았다. 그런데 이것이 끝이 아니었다.

우리 집 지붕은 기와인데, 일반 기와지붕을 올린 것과는 공사 방법이 달랐다. 기왓장 하나하나의 사이에 시멘트를 넣어 붙였다. 그래서 꼭 눈이 와서 쌓여 있는 것 같다. 기와 반, 시멘트 반이 보이는 것 같다. Wife는 이 지붕 모양을 그대로 유지하면서 새 기왓장으로 바꾸고 싶어 했는데, 지붕 공사비가 두 배 이상 드는 것은 고사하고, 문제는 기왓장을 구할 수 없었다. 요즘 나오는 기왓장으로는 그 운치가 안 난다는 것이 Wife의 주장이었다. 그래서 적어도 30-40년 전의 타일을 찾으러 다녀야 했다. 조사해 보니, 그 시절에 구운 타일은 100년 이상 말짱하단다. LA에서 반경 2-3시간 거리의 대형 지붕공사 업체들을 찾아다녔다. 옛날 지붕을 수리하면서, 걷어 낸 지붕 타일들을 따로 모아서 되파는 업체들이 있기 때문이다. 그런 타일들은 희소성 때문에, 웬만한 새

타일보다 비쌌다. 때로는 Craigslist를 보고 생소한 내륙 도시에도 찾아갔다. 오래된 자기 집 타일을 모두 교체했는데, 멀쩡한 타일들이 너무 아까워서 판다고 올렸고, 우리가 그것을 모두 사 왔다. 그래서 드디어 우리 집 지붕에 필요한 양의 타일을 마련했는데, 그때까지 Wife가 원하는 모양으로 지붕공사를 할 수 있다고 자신하던 한국인 업자가 지붕을 엉망으로 만들어 놓았다. 그런 방식의 지붕공사는 구경한 적도 없으면서, YouTube를 보면서 아는 척했던 것이다. 그래서 다 뜯어내고, 전문가를 불러서 다시 시작했다. 그렇게 해 놓고 나니, 또 좋더라. 역시 Wife의 안목이 맞긴 맞았다.

차고와 Man Cave가 있는 별채를 역시 Spanish 색상이라고 짙은 노란색으로 칠하고, 입구와 집 주변 담장에도 기왓장을 올려서 마무리하는 것으로 Wife가 원하는 Spanish Style이 완성되었다. 그런데 Wife는 Spain에 가 본 적이 없다.

사실 나는 우리 집이 한국식이든, 일본식이든, 심지어 알래스카식으로 지었어도 좋았을 거다. 난 그냥 집이 말끔하고 안락하면 좋다. 그래서 '그 많은 돈을 들여서 굳이 이렇게까지 할 필요가 있었을까?' 하는 생각을 한다. 그 대신에 집을 한 채 더 사지 못한 것이 참으로 후회스럽기도 하다. 그렇지만 난 지금의 집이 참 예쁘고 좋다. Wife가 디자인해서 완성했고 꿈을 이루었다고 좋아하고 행복해하기 때문이다. 내 인생에서, Wife에게서 "행복하다. 이만한 축복이 너무 감사하다." 하는 말을 들을 수 있다면 성공한 인생이지 않나 싶다. 나는 소위 Style이 없다. 내가 자란 환경 때문인지, 난 먹을 것이 있으면 감사하고, 말끔히 입을 옷이 있고 타고 다닐 수 있는 자동차가 있으면 감사하다. 그래서 음식도 Wife가 좋아하는 것을 시키면 같이 먹고, 자동차도 Wife가 좋아하는 것으로 고른다. 입고 다니는 옷도, Wife가 색상을 맞춰 주는 대로 입는다. 어차피 나는 색상도 맞추지 못하고 외양에 크게 신경 쓰지 않는다. 그럴 바에는, Wife가 좋다는 것을 입고, 타고, 먹는 게 행복하다. 적어도, Wife를 기분 좋게 해 줄 수 있으니까. Spanish Style의 우리 집, 참 예쁘고 참 좋다. Wife의 안목을 인정하고, 하고 싶은 대로 해 보라고 가만있기를 참 잘했다. 하나의 Theme를 정해서, 그것을 목표로 전체를 맞추어 가는 것. 그 결과로 집 내부부터 지붕, 담장, 바깥벽 색상, 집 안의 소품 하나하나까지 서로 어울려서 한 가지 향기를 내고 있는 것이다.

 우리 집의 Style, 건물이 아니라 부부의 Style도 한 방향으로 어우러져서 한 가지 향기를 내고 있는 것이 감사하다. 적어도 가족의 Style만큼은 내가 디자인하고, 내가 Lead 할 만한 안목과 인격이 있으면 좋겠다. 그래서 하늘이 보기에 "참 좋다." 하면 좋겠다.

명필은 붓 가린다

 20년 전에 La Habra Heights로 이사를 온 후로, 집의 공터를 채우기 위해서 내 손으로 직접 많은 공사를 했다. 제법 큰 공사도 몇 번 하다 보니 기술과 요령도 생기고, 내 집을 꾸미는 것이니 좋은 재료로 튼튼하고 꼼꼼하게 한 것은 당연하다. 나는 일단 Project가 정해지면, 설계도를 그리고 계획표를 만든다. 어차피 주말밖에는 시간이 없고, 그것 때문에 토요일의 '낙'인 골프를 포기하기는 싫다. 토요일에는 골프를 치고 와서 저녁 식사 때까지, 일요일에는 교회를 다녀와서 브런치를 마친 후 해 질 때까지가 내 작업 시간이다. 이렇게 시간 날 때만, 스스로 체력과 속도를 조절하면서 작업하기 때문에 '보조 일꾼'을 쓸 수가 없다. 일꾼이 있으면 임금을 주는 것이 아까워서라도 속도를 내게 되고, 그렇게 힘들게 하다 보면 정말 '취미'가 아니라 '노동'이 되어 버린다. '취미'와 '노동'의 차이를 구분하는 내 방식이다. 그래서 무거운 공사, 높은 곳의 공사도 취미로 천천히 혼자 하는 것이 편하다.
 집에 Gate 설치 공사를 하기 전에 내가 할 Project는, 전기공사와 함께 레일을 깔 콘크리트 바닥뿐 아니라, Gate 뒤쪽의 경사에 벽돌을 쌓아 올려서 나지막한 담을 만들고, 그 위에 기와를 올려서 전체적인 조화를 만드는 것이다. 그렇게 담벼락을 쌓으려면 더욱 깊고 튼튼한 콘크리트 기초공사를 해야 한다. 나는 지금 그 계획을 하고 있다. 먼저 설계도를 그리고 거기에 소요되는 재료들을 적고 수량을 계산한다. 그리고 인터넷에서 가격 산정을 해서 예산을 짠다. 그 다음에는 어떤 장비, 어떤 Tool이 필요한지를 정한다. 특별한 Tool이 필요한 공사에는 재료비보다 Tool 가격이 더 비쌀 때가 있다. 이런 경우에는 사야 할지, Rent 할지를 비교해 봐야 한다.

"명필은 붓을 가리지 않는다."라는 말을 많이 한다. 나는 그 말에 동의하지 않는다. 명필일수록 붓을 더 가릴 것이고, 그렇게 하는 것이 당연하다고 생각한다. 스포츠에서도 마찬가지다. 스포츠 장비도 결국은 Tool이다. 어떤 Tool을 쓰느냐 하는 것이 승패와 기록을 좌우한다. 공사를 하다 보면, 정말 작업의 반 이상은 Tool이 한다. 시간을 줄이고, 힘이 적게 들고, 공사를 정확하고 튼튼하게 한다. 자주 쓰는 Tool은 마치 수족처럼 손안에서 논다고 한다. 그래서 Professional들은 자기만 쓰는 Tool을 가지고 다닌다.

나는 요즘 Tool에 대한 욕심을 크게 느낀다. 지금까지는, 재료는 최고의 것으로 골라 쓰면서도 Tool은 항상 싼 것으로 구입했다. '이번 한 번만 쓰면 다시 쓸 일이 없다'는 생각에서였다. 비싼 Tool을 사든지 빌리느니, 내가 잠시 동안 더 수고하면 되지 싶었다. 그 생각이 틀렸다는 것을 깨닫는 데 너무 오래 걸렸다. 내 몸의 수고뿐만 아니라, 결과물의 질이 완전히 달라진다. 이번 주말에 콘크리트 기초를 위해 땅을 팔 계획만 해도 그렇다. 삽으로 땅을 파면 바깥에서 안쪽으로 경사가 진다. 거기에 콘크리트를 붓고 담을 올리면, 땅속의 콘크리트는 팽이 모양이 되어, 밀리면 기울어지기 쉽다. Screw로 땅을 파는 기계를 쓰면 쉬울 뿐더러, 직각으로 땅을 팔 수 있어서 그런 위험이 적다. 콘크리트를 붓기 전에 미리 깔아 둘 철근을 구부리고 자르기 위해서는 또 특화된 Tool이 필요하다. 그것이 없으면 쇠톱으로 자르고 힘으로 구부려야 한다. 그렇지만 편리하다고 무조건 Tool을 살 수는 없다. 비용과 편리성, 여러 가지의 Factor 속에서 타협하고 최대공약수를 찾아야 한다.

나는 '아버지의 희생'이나 '사랑' 등은 경험한 적이 없지만, 책이나 드라마에서 보던 '좋은 아버지'가 되고 싶었다. 내 아이들이 사회에서 성장하는 데 좋은 Tool이 되고 싶었다. 나를 축복하는 하늘이 감사해서, 하늘이 나를 'Tool'로 사용해서 하늘의 뜻을 이루는 데 써 주기를 기도했다.

나는 결코 좋은 Tool이 되지 못했다. Tool이 제 마음대로 작동되고 움직이면 고장 난 것이고, 큰 사고가 난다. 나는 내 아이들보다 더 성취하고 싶은 것이 많았고, 그래서 내 아이들보다 더 바빴다. 애들에게 정말 아빠가 필요할 시기에, 나는 그들 옆에 없었다. 하늘이 내게 시키고 싶은 일이 있을 때, 나는 내가 하고 싶은 일이 많아서 못 들은 척했다. 나는 이제서야 후회하고 있다. 아이들은 이미 장성해서 내 도움이 필요 없다. 그래도 가끔, 세금 보고 시즌이나 투자에 관한 질문이 있을 때 나에게 질문해 주는 것이 반갑다. 아직 조금은 쓸모 있는 'Tool'로 써 줘서 고맙다. 이제는, 하늘이 나를 필요로 할 때, 순종하는 Tool이 되고 싶다. 세상에 그럴듯한 Project 하나 못 남길지라도, 한 사람이라도 조금 더 행복할 수 있고, 하늘에 감사할 수 있게 하는 Tool이 되면 좋겠다. 세상에 상처나 주고 쓸데없는, 녹슬고 구부러진 못 같은 나에게는 과분한 욕심이지만, 난 정말, 좋은 Tool이 되고 싶다.

아직 멀었다

 어제부터 Wife가 직장에서 일주일 휴가를 내고 San Diego에 와 있다. 쉬러 온 것이 아니라, 우리 회사의 일을 정리해 주기 위해서 일주일 휴가를 낸 것이다. 그렇지 않아도 한 회사의 회계가 갑자기 퇴사한 후에, Accounting Manager까지 연말에 몽니를 부리며 나간 바람에, 아직 2021년 결산은 고사하고, 당장 Accounting System을 파악하는 데 애를 먹고 있기 때문이다. 오랫동안, 전문가가 아닌 사람의 편의로 구축된 시스템이라, 다른 사람이 파악하기에 어렵게 얽혀 있다. 그래서 Wife의 도움이 필요하다.

 Wife는 알아주던 IT Director였다. Programmer 수준을 넘어서 전체적인 Design을 한다. 그리고 Big Data 전문가이다. 우리 회사의 500대 Trailer와 트럭들이 미국과 멕시코를 넘나들어도 실시간 상황을 파악할 수 있는 System을 Wife가 주말마다 몇 달 동안을 고생해서 만들었다. 그리고 Accounting System 면에서도 CPA인 나보다 훨씬 월등하다. 회사의 Operation System은 결국 Accounting System과 공조가 되어야 하므로, Accounting의 기본 지식부터, 회사의 누구보다도 사업의 흐름에 정확하다. 언제부터인가, 회사의 Accounting이 도대체 맞지 않았다. 틀린 원인을 찾아가다가, 그 원인이 계산이 아니라 System에서부터 틀린 숫자가 만들어지기 때문이라는 것을 찾아냈다. 그래서 내가 Wife에게 부탁을 했고 Wife는 현재 다른 회사의 직원이기에 아무리 내 회사의 일이라도 본인의 근무 시간에는 해서는 안 된다고, 휴가를 내서 일부러 온 것이다.

월요일에 Wife와 함께 출근해서, 각 회사의 사장들 모임에 Wife와 함께 참석했다. 각 회사의 여러 문제점을 IT 입장에서, Human Error 들이 축적된 Wrong Data로 말미암아 결국에는 Accounting의 상황이 심각해진 것을 지적하면서, 당장 이런저런 방법으로 개선할 점들을 제시하고, 시간이 없으니 본인이 Programming으로 해결책을 마련해 보겠다고 했다. 그런데 나는 이런 점이 마음에 들지 않았다. 물론, Wife의 말이 모두 옳다. 그러나 나는 각 회사의 사장들에게 움직일 수 있는 공간을 주는 편이다. 내가 어떤 문제점을 파악하면 일단 사장에게 지적하고, 그 개선책을 각 회사에서 준비해 오도록 한다. 그런 계획을 가져오면 거기에 내 Advice를 보태어 결국에는 애초에 내가 원하는 방향으로 가게 되더라도, 각 회사의 입장에서는 자기들 스스로 치유한 것 같은 자긍심이 있어야 추진력이 생긴다는 것이다. 그래서 아무리 Wife의 생각과 방향이 맞더라도, 일방적으로 지적하고 해결책까지 구체적으로 몰아가는 것이 아주 마음에 들지 않았다. 거기에다가, 다른 사람들의 시각에는 내 Wife다. 각 회사는 내 Wife의 생각이 그들과 다를지라도 Boss의 Wife에게 토를 달지 못한다. 그래서 결국 Boss가 둘이 되는 것이다. 나는 이런 상황이 싫었다. 그렇게까지 생각하지 못하는 Wife에게 하루 종일 짜증이 났다.

　일전에 우리 회사에 맞는 System을 완성해서 Operation에 연결시키려고 했을 때는, 새로운 System 쓰기를 거부하는 담당자들의 고집과 다투기 싫어서 일단 포기했다. 결국에는 애초에 맞지 않는 System으로 축적된 Error들이 더 이상은 손으로 고칠 수 없는 지경이 되어, 이대로는 미국과 멕시코의 사업 결과가 서로 얽혀서 정확히 파악하기 불가능한 지경이 되었다. 그래서 이제는 Wife가 담당자들의 의견도 기다릴 수 없이 급히 바꾸어야 하기 때문에 일방적으로 통보할 수밖에 없었다고 한다. 자기도 사람들과 부대끼기 싫지만, 내가 관할하는 사업이기에 더욱 열심히 하려는데, 도리어 내가 너무 섭섭하게 무안을 준다고. 그 냉랭하고 서먹한 분위기는 저녁을 먹고, 잠자리에 들기까지도 풀리지 않았다.

Wife가 먼저 잠이 들고, 내가 후에 침실에 들어가서 기도를 하면서 오늘 하루를 돌아보며 정리하고 반성하는 시간을 가졌다. 갑자기, '내가 아직도 참 모자란다'는 느낌이 가슴에 차올랐다. 어제, 월요일은 'Valentine's Day'였다. Pandemic 시기이니 따로 식당에 가는 것도, 선물을 챙기는 것도 생략하자고 합의해서 그냥 넘기기는 했지만, 나는 지금까지 이런 기념일을 단 한 번도 그냥 지나친 적이 없었다. 그런데 올해는 Wife를 잠시라도 웃게 해 주는 Event는 고사하고, 하루 종일 Wife에게 짜증만 부리고 독한 말까지 잔뜩 안겨 준 것이다. 그것도 나를 도와주겠다고 휴가까지 내서 온 사람에게. 기도를 마치고 거실로 나와서 쪽지 편지를 썼다. 미안하고 고맙고 사랑하는 마음을, 손바닥만 한 쪽지 4장에 편지로 써서 Wife가 아침에 사용할 세면대 앞 거울에 나란히 붙여 놓고 잤다.

물론, 어제 아무 일도 없었다는 듯 아주 좋은 아침을 맞이했다. 나는 오늘 하루, 결코 짜증 내지 않고 Wife를 응원할 것이다. Wife도 내가 어떤 마음인지를 확실히 아니까 조심하며 진행할 거다. 그런데 내가 아직도 참 못났다. 아직도 참으로 멀었다. 옳은 일을 진행하려는 직원을 보면 힘껏 응원하고 상금까지 챙겨 주면서, 누가 봐도 바른 일을 하려는 Wife에게는 다른 직원들의 '눈치'를 보면서 말리려 했다. 내 개인의 방법으로 시간을 지체하기보다는 당장 고치는 것이 최선의 길이 틀림없는데, 설사 내 생각과 다르다고 해도 내가 한 것은 대화가 아니라 짜증과 섭섭한 말이었다. 적어도 그 분야에서는 Wife보다 나은 사람이 없다는 것을 인정하면서 말이다. 우리 임원들이 내 생각과 다르다고 내가 짜증을 내고 독한 말을 한 적이 있던가? 나는 내 Wife를 우리 직원보다 예우를 안 했던 것이다. 나를 최선으로 돕고자 한 사람에게 '최소한의 예우'도 없었다. 부드러우면서 건설적인 대화로 서로를 이해하게 했어야 했다.

  나는 아직도 멀었다. 경영자로서, 남편으로서, 이제 익을 만큼 익었어야 할 한 남자로서, 나는 아직도 한참 멀었다. 얄팍한 성격과 가벼운 입술이 부끄럽다. 내가 요즘 너무 방심하고 있는 것 같다. 더욱 조심하고, 더욱 경계하며 살아야겠다. 나와 함께 남은 길을 가는 동안 Wife 손 꼭 잡고 섬기는 마음으로 살자.

Megan

큰 딸과 사위가 어제 San Diego에 도착했다. Wife가 나를 돕는다고 SD에 내려와 있으니, 이번 월요일이 President Day라 출근을 않는다고 온 것이다. 이런저런 이야기를 하다가, 내가 미처 알지 못했던 사실들을 듣고 마음이 아팠다. 딸과 사위는 모두 미 육군에서 전역을 한 지 세 달이 되지 않는다. 감사하게도 부부가 함께 San Francisco의 한 회사에 각각 좋은 조건으로 취직했다. 이제 모든 조건이 안정되었다고 안심했는데, 둘 다 밤마다 깊은 잠을 못 자는 문제가 아주 심각하다.

사위는 육군 Special Force 강습단 중대장이었고, 딸은 Special Force 헌병 중대장이었다. 둘은 수년 전까지도 중동의 전투지역에 있었고, 지금 내 Man Cave에 걸려 있는 성조기는 딸 녀석이 사막에서의 연합군 합동작전 시에 선봉에 서서 들었던 것으로, 부대에서 기념으로 내 앞으로 보내온 것이다. 뿌듯하기도 하고 무사히 돌아와서 다행이다 싶었는데, 녀석이 지금도 긴장의 연속으로 뇌신경에 이상이 생겨 극심한 편두통에 시달리고 있는지는 몰랐다. 제대하기 전에 육군병원의 정밀검사에서 발견된 것인데, 뇌의 일부분 색깔이 다른 정도라고 한다. 사위는 지금도 밤마다 전쟁을 한다. 헬리콥터에서 뛰어내려 적진으로 침투하고, 담 뒤에 엎드려 중대원들에게 소리치며 사격을 하느라, 밤마다 침대에서 굴러서 바닥에 엎드려 전투하는 꿈을 꾼다. 역시 제대하기 전에 육군병원의 진단을 받아서, 지금은 둘 다 스탠포드 대학병원에서 특별 치료를 받고 있다. 딸애는 사관학교 재학 시절에 공수 훈련 중에

73

다쳐서 왼쪽 팔꿈치에 뼈 대신 특수 금속을 넣고 있어서 날씨가 흐리면 아프고, 사위는 전투 중에 어깨를 다쳐서 왼쪽 팔을 높이 올리기 힘들다. 그래도 군 시절에 다친 몸들을 제대 후에도 끝까지 치료해 주는 것이 다행이다.

우리 가족을 'Korean Family'라 부르고, 나를 'Korean Father'라고 부르는 'Megan'이라는 딸이 있다. 아주 어릴 때, 한국의 어느 곳에 버려졌다가, 미국 시골의 어느 부부에게 입양되었던 한국 소녀다. 미국의 가난한 시골 동네에서 자랐지만 미국 육군사관학교, West Point를 졸업하고 지금은 육군 헌병 소령이다. 내 딸의 상관으로 만나서 선후배로 친하다가, 우리 집에 몇 번을 방문하면서 '한국 가족'에 대한 인식이 바뀌었고 '핏줄의 애틋함'이 생긴 것 같다. 우리 부부도 35살의 Megan을 보면, 뭔가 가슴이 찡해서 잘해 주고 싶다. 그러다 보니, 정말 가족처럼 되었다. 휴가를 내서 우리 집에 와서 소파에 누워서 종일 뒹굴기도 하고, 친구들도 데리고 올 만치 스스럼이 없다. Megan이 며칠 전, 한밤에 갑자기 사진 한 장을 보내왔다. 전투복 차림으로 수송기 안에서 찍은 사진이다. 지금, 본인도 목적지를 모르는 채 비행기를 탔지만, 급히 외국으로 나가게 된 것 같다고 한다.

미군의 특수부대 헌병들은 '전투의 시작과 끝'이다. 미군이 파병되기 전에, 헌병대가 미리 도착해서 안전을 확보한다. 전투를 마치고 철수를 하면, 헌병대가 마지막 정리를 한다. 그 지휘관인 Megan조차도 아직 목적지를 모른 채 조용히 외국으로 나간다면, 어딘가 아주 심각한 곳으로 보내졌을 거다. 특히나 요즘처럼 우크라이나의 전운이 감도는 상황에서.

내가 미 육군에서 근무하던 시절에는 다행히 심각한 상황이 거의 없었다. 그래서 내 아이들이 가진 전쟁의 상흔이나 Megan이 느낄 긴장감은 영화에서나 본 것이다. 어디에서인가 전쟁이 일어나면, 군인들뿐만 아니라 죄 없는 민간인과 어린 아이들까지 희생된다. 그런데 전쟁이 끝나도 그 고통은 이렇게 오랫동안 계속된다. 전쟁 통의 아이들에게, 전투 속의 군인들에게도, 역사에 단 한 줄도 언급되지 못하는 수많은 사람들의 고통은 전쟁의 승패에 관계없이 계속되고 있는 것이다.

때로는 끊임없이 위협하는 북한도 무너뜨리고, 소련 제국의 부활을 꿈꾸는 푸틴도 꺾어 버렸으면 하는 생각이 가끔 들기도 하지만, 전쟁은 일어나지 않아야 한다. 어느 나라이든지 나라를 사랑하는 죄밖에 없는 청년들과, 척박한 환경에서 태어나서 떠나지도 못한 채 열심히 살고 있는 민간인들이 다치지 않았으면 좋겠다. 그래서 전쟁이 끝난 후에도 아파서 잠 못 자고, 꿈속에서도 전쟁을 치르는 아이들이 없으면 좋겠다. 한밤중에 목적지도 모른 채 비행기에 올라서 사진을 찍어 보낸 'Megan'의 심정은 어땠을까? 그 사진에서 Megan의 목소리가 들린다.

"Korean 아빠, 기도해 주세요."

매일 Megan을 위해서 기도한다. 무사히 돌아오기를.

거울 앞에서

얼마 전에 거울을 보다가, 내 얼굴이 좀 검은 것은 둘째 치고 너무 지저분하다는 느낌이 들었다. 나는 그렇게도 Wife의 잔소리를 들으면서도 Sun Block Cream을 바르는 일에 참 게으르다. 아니, 게을러서라기보다는 그것이 그렇게 중요하다고 생각하지 않았기 때문이다. 내가 햇빛을 많이 쬐는 경우는 두 가지의 경우가 대부분이다. 골프를 치거나 정원 일을 할 때이다. 비율로 나누면 약 20:80쯤 된다. 그런데 집에서 정원 일을 할 때는 나는 더욱 햇빛을 가리는 데 소홀하다. 그러다 보니 얼굴이 전체적으로 검고 반점들이 많다.

지난 토요일에 얼굴 청소를 했다. 성형외과에서 얼굴의 검은 반점을 지운다고 해서 갔더니, 의사는 목소리도 들을 수 없었고, 간호사인지도 불분명한 사람이 내 얼굴을 지져서 반점들을 태웠다. 결국, Skin Care Shop에서 하는 것과 다를 바 없었다. Wife가 말했다. "몇 년 동안 그렇게 피부 관리를 받자고 해도 들은 척도 않더니, 어찌 이렇게 기특한 생각을 하셨나요?" 하고. 이제 이틀이 지났으니 앞으로 4-5일쯤 지나면 거의 아물 거라고 한다. 그런데 나는 벌써 염려하고 있다. '이번 토요일에 골프는 쳐야 할 텐데.'

오늘, 월요일에 출근을 하긴 했는데, 얼굴이 너무 보기 흉하다. 온 얼굴에 더덕더덕 붙여 놓은 치료용 Patch 안쪽에 액체가 생겨서 부풀어 올랐다. 60-70군데는 족히 되는 것 같다. 중요한 사안이 있어서 회의는 해야겠기에, 모자와 마스크로 얼굴을 최대한 가린 채 양해를 구하고 오후 1시, 2시 그리고 3시에 걸쳐서 연속 회의를 마치니 맥도 빠진다. 거울을 보니 오전보다 더욱 흉해졌다. 내일은 부사장이 Off라 내가 출근을 해야 한다. 대신에 아무도 만나지 않고 급한 일만 처리한 후에, 수요일 오후부터 휴가를 내서 주말까지 집에 가 있어야겠다.

사실, 거울 앞에 가만히 서서 들여다보면 참 부끄러운 부분이 많다. 나는 스스로에 대해서 제법 솔직한 편인데, 그래도 너무 부끄러워 누구에게도 말조차 못 하는 것들이 많다. 얼굴의 반점들이야 돈을 들이고 며칠 고생하면 지워지지만, 내 몸 구석구석의 어두운 반점들은 평생 안고 살아야 하나 보다.

그래, 나는 평균적인 사람들에 비해서 길고 험한 환경과 과정을 거쳐서 이 나이에 도달했다. 결과적으로는 잘 견디고 헤쳐 나왔지만, 그 과정에서 내 속에 남은 흉터가 너무 많고 깊다. 지금도 잊지 못하는 원망과 미움이 있고, 생각만 해도 주먹이 쥐어지는 분노도 있다. 비겁했던 때와 창피했던 때, 죽고 싶었던 순간들이 너무도 생생하게 남아 있다. 나는 완전히 벗어났는가 싶었는데, 화가 치밀어 오르면 입에서 튀어나오려고 들먹거리는 천박한 상소리와, '어디를 때리면 한 방에 쓰러지겠지.' 하고 순간적인 생각이 드는 뒷골목의 버릇들이 튀어나오려는 것을 부여잡고 나는 자주 나 스스로를 불쌍히 여긴다.

내가 '감사'라는 단어를 남은 삶의 목표로 잡고, '품위'라는 말에 마음을 걸고, '나눔'이라는 것을 실천하고자 노력하는 것들은, 내가 무엇을 이루고 잘나서가 아니라, 내 속의 검은 반점과 상처들을 지워 보려는 투쟁이다. '과거는 이미 지나간 것이니 잊으라.'라고 쉽게 말들을 하지만, 내가 소심해서 그런지, 과거로부터 생긴 삶의 검은 반점들이 지워지지 않고 남아 있다. 그리고 어떤 순간마다 불쑥불쑥 튀어나온다.

며칠 지나면, 내 얼굴은 제법 말쑥해지겠지. 이제부턴 Sun Block Cream 열심히 바르고 관리해서 깨끗한 모습을 유지해야지. 아무리 '미용'이라지만, 얼굴을 태워서 상처를 내고 이렇게 흉한 채로 며칠을 숨어 지내는 것을 다시는 하고 싶지 않다.

거울 앞에 서니 속속들이 보이는 내 마음속의 억한 심정, 과거를 향한 분노와 원망, 내 몸속 어디엔가 박혀 있는 천박한 말과 폭력을 도려내고 싶다. 이제는 나도 하늘이 보시기에 말쑥하게 살고 싶다. 살을 태워서 상처를 내고, 고통스럽더라도 며칠 지나서 그것들이 치유될 수 있다면 당장이라도 하고 싶다.

앞으로 살아가면서 내 몸속에 박힌 검은 반점들을 하나씩 털어 내며 조금이라도 나은 사람이 되고 싶다. 항상 '감사'하며 살자. 원망과 미움의 기억을 없앨 수 없다면, 더 큰 사랑과 우정과 도움과 은혜를 기억하며 상처를 덮고 가자. '품위' 있게 살자. 하늘이 가르쳐 주시는 대로 살면 될 거다. 상스러운 말, 가벼운 행동은 줄이며 항상 겸손하게 살자. 그래서 '나누자'. 내가 가지고 남는 것뿐만 아니라, 나의 은혜를, 나의 하늘을 나누자.

Ticket

나는 매일 Ticket을 만든다. 지난 주말에는 12장의 Ticket를 만들었다. 그중에 6장을 쓰고 찢었다. 그 Ticket이란 것은

포도나무 지지대 세우기
세로 6ft × 2개, 4ft × 3개
가로 5ft × 2개, 3ft × 3개
4" × 4" × 10ft Lumber 3개 ($65)
2" × 4" × 8ft Lumber 3개 ($36)
Concrete Base 5개, 6" × ½"
Bolt & Nut 12sets ($24)
Estimate Working Hours: 4hours

이런 것이다. 손바닥만 한 메모지에 할 일들을 하나씩 나누고, 준비물을 적고, 예상 경비와 소요 시간을 적는다. 물론 간단한 설계도 그려 놓는다. 그리고 그날의 상황을 보아서 적당한 Ticket를 선택해서 시행한다. 지난주에는 포도나무 지지대 세우기, 포도나무 옮겨 심기, Gate 뒤 Concrete Base 깔고 철근 박기, 기초 벽돌 세우기, 새 포도나무 줄에 급수 파이프 설치, 꽃밭 급수 파이프 연장까지 모두 6장을 완수했다.

물론 계획과 시간표대로 잘 되지 않고 항상 오차가 생긴다. 지난 주말의 '포도나무 지지대 세우기'만 해도 그랬다. 4시간을 예상했는데 오

차가 컸던 것이, 자재들을 구입해서 오는 시간을 빠트린 것이다. 그래서 2시간쯤 더 걸렸다. 10가지 일은 할 줄 알았는데, 아침 먹고 해 질 때까지 열심히 일했는데도 6가지 일밖에 마치지 못했다. 나머지 일들은 이번 주말에 계속할 거다.

이것이 내가 하루를 맞이하고 보내는 방법이다. 나는 거의 매일 Working Order를 적은 Ticket을 만들고, 그 Order를 수행하면서 살려고 노력해 왔다. 내가 스스로 독하게 살려고 만든 방법이다. 물론 오늘의 Ticket도 있다.

3월 22일: 퇴근하고 6시 집에 도착
7시까지 저녁식사
30분간 기타 연습
8시까지 휴식
8시에 검도 도장으로
10시 반에 귀가
11시까지 샤워 및 정리
30분 읽고 30분 쓰기
12시 취침

그런데 요즘은 부쩍 이렇게 계획된 나의 하루들이 자주 깨지고 있다. 귀찮아지고, 피곤하고, 게을러지고… 때로는, '이 나이에 굳이 이렇게 빡빡하게 살 필요가 있나.', '이제 좀 쉬엄쉬엄 살자.'라는 생각도 한다. 그런데 그런 하루들이 며칠씩 반복되면 내가 뭔가 잘못 사는 느낌이 난다. 내 스스로에게 빈정거리기도 한다. '너 이제, 배가 불렀구나.'

검도를 가지 않는 날에는 Squat 100번, Push-Up 100번, 무릎차기

100번을 기본적으로 하는 대신에 소파에 기대서 잠이 들고, 이 핑계 저 핑계로 검도조차 빠지는 경우가 잦아진다. 수십 년 동안 해 온 운동도 이런 지경이니, 책을 읽고 묵상을 하는 계획은 더욱 쉽게 깨진다. 미국 국민학교 영어 교과서를 공부하고, 기타 연습을 하는 스케줄도 이미 계획과 많이 동떨어져 있다. 근래 들어서 부쩍, '검도를 은퇴할까? 개업하지도 않는 CPA License를 내년에는 Renew 하지 말까?' 하는 꾀를 부리고 있다. 몸을 열심히 움직이고, 머리로 계속 공부하는 것에 게으름이 자라는 것이다.

그래, 나는 아직 배가 불러서는 안 된다. 아니, 나는 마지막까지 배가 불러서는 안 된다. 그것이 내가 타고난 환경이고 운명이다. 얼굴은 평온하게 보이고 말은 느릴지라도, 팔과 다리는 쉴 새 없이 움직여야 한다. 그렇게 해서 나는 조금이라도 더 하늘에 가까이 가야 한다.

지금도 내 앞에 놓여 있는 손바닥만 한 메모지들, 이것이 나에게는 물살 거친 인생의 개울과 강들을 한걸음씩 건너왔던 징검다리였고, 이제는 한걸음씩 하늘에 가까이 가는 계단이다. 천성이 게으르고 천박한 나에게 하루하루의 목표를 가지고 살아가게 한 이 Ticket들이 없었다면, 나는 어떻게 되었을까? 이것은 내 인생의 방향을 가리키는 화살표다. 내 팔에 시위를 당길 만한 힘이 남아 있는 한, 이 화살을 놓아서는 안 된다. 내 인생의 목표를 잃어서는 안 된다.

그동안 많은 날들이 깨졌다. 정말 많은 Ticket들이 완수해서가 아니라, 포기한 채로 쓰레기통에 버려졌다. 내 시간이 버려진 것이다. 며칠 전에 사랑하는 친구가 썼던 글이 기억난다. '나이 들어도 게으름 피우지 말고 정신 차려 살자.'

지금부터 나는 다시 Ticket들을 만든다. 하루의 모서리가 조금씩은 조각날지언정, 완전히 깨어지지 않도록, 실천 가능한 스케줄로 Ticket을 만들 거다. 쉬기도 하고 놀기도 하면서, 그래도 꼭 놓치지 말아야 할 하루하루를 지키며 살아갈 거다. 훗날, 엉금엉금 기어서라도 하늘에 도착했을 때, "수고했다." 하는 하늘의 말씀을 듣고 싶다.

나를 위해 사는 방법

사랑하는 친구가 최근에 나에게 한 말이다.
"수고 많이 했으니, 이제부터 너 자신을 위해서 살아라."
　난 그렇게 고상하거나 인격이 높은 사람이 아니다. 요즘은 무엇이 품위인지도 모르면서, 품위 있고 좋은 사람이 되고 싶어 노력하는 편이지만, 워낙 내 출발점과 현재의 위치가 낮아서 갈 길이 멀다. 그나마도 온갖 욕심과 계산에 갇혀서 앞으로 나아가지 못하고 제자리에서 맴돌기 일쑤다. 그래서 그 어리석은 마음을 잡기 위해서 일기에 쓰며 다짐하고, Wife와 이야기하면서 나아지기를 약속하고, 끊임없이 기도한다.
　'나의 꿈은 무엇이었던가?' 내 어린 시절을 되돌아보면, 국민학교 때인가 '대통령'이라고 적어 낸 적이 있은 후로는, '무엇이 되고 싶다'는 생각조차 해 본 기억이 없다. 하루하루를 그냥 살았다. 술 취한 아버지에게 하룻밤이라도 안 맞고 잠들기를 간절히 바랐고, 하룻밤 배고프지 않고 잠들기 위해 고민하며 살았다. 이번 달 방세와 다음 학기 등록금을 마련하기 위해서 바빴다. 너무 막막하고 어두워서 소리치고 바둥거리며 처절하게 살았다. 사람들은 나를 '독하다'고 하기도 하고, 어떤 사람들은 '부지런하다'고 하더라. 그러나 어떤 단어도 맞지 않다. 난 그냥 살았다. 꿈이 없었다.
　'나는 누구를 위해 살았나?' 어린 시절에는, 경제 능력 없는 아버지가 술로 화풀이를 하는 가난한 집안의 장남으로, 원양어선을 타서라도 동생들이라도 하고 싶은 공부하게 해 주고자 하는 기특한 마음이 있었다. 그렇지만 그것도 대학교 입학 때까지였다. 모두 이민을 떠나고, 나 혼자 한국에 덩그러니 남았을 때부터 난 목표를 잃었다. 매일 죽고 싶었는데 죽을 용기가 없어서 하루씩 살았다. 산다는 것이 재미있고 좋은 점을 알아야 내 환경에서 뭔가 가능한 꿈이라도 가지고 희망이 있을 텐데, 난 사는 게 힘들었고 희망이라는 것도 없었다. 그러니 누구를 위해, 무엇을 위해서 산다는 것은 생각도 못 하면서 살았다.

'무엇을 위해 사는가?' 나이가 60줄에 들어서야 심각하게 생각하게 된 문제다. 좋은 아빠가 있는 친구들이 부러웠던 나는, '좋은 아빠'로 살고 싶었는데, 정작 내가 아빠가 되었을 때는 어떻게 하는 것이 '좋은 아빠'인지도 모른 채 그냥 바쁘게 살았다. '좋은 가장'이 되고 싶었는데, 좋은 가정에서 지내 본 경험이 없는 나는 '좋은 가장'도 되지 못했다. 그냥 바쁘고 열심히 살면 되는 줄 알았다. 정신없이 달리다가 고개를 들어 보니, 아이들에게도 미안한 아빠, Wife에게도 미안한 가장이 되어 있었다. 그래서 나는 '앞으로 무엇을 위해 사는 것'이 아니라, 지나간 시간들에 미안해서 빚을 갚는 심정으로 사는 시간들이 많다. 그렇지만 나도 행복하고 싶다. 정말 나는, 그 쉽고 흔한 단어, '행복'이라는 것을 경험한 기억이 거의 없다. 그래서 나는 지금이 가장 행복하다. 그래서 나는 이 행복을 지키며 살고 싶다.

'무엇이 나를 행복하게 하는가?' 이것이 요즘 내가 찾고자 하는 내 삶의 방향이다. 지금의 나는 경제적으로 풍족하지는 않지만 전혀 부족하지 않다. 좋은 집에서 좋은 차를 타고, 좋은 음식 먹으며 살고 있다. 눈 한번 질끈 감으면 Wife에게 명품 가방도 사 줄 수 있고, 아이들에게도 차 한 대씩 사 줄 만큼은 된다. 그런데 나에겐 그것이 행복으로 느껴지지 않는다. 명품 가방보다는 e-Bay에서 싼 가방을 사고도 기뻐하는 Wife가 더 아름답게 보이고, 자신들의 힘으로 구형 차를 사서 운전하고 다니는 딸들이 자랑스럽다. 나에게 자동차를 사 달라는 아들에게는, 네 힘으로 80%를 모으면 나머지 20%는 내가 도와준다고 매몰차게 자른다. 아들을 위해서는 이것이 최선이라고 스스로 되새기며 참는다.

'나를 위해서 산다는 것'은 '나의 행복'을 위해서 사는 것이다. 그래서 또 한 번 물어본다. "무엇이 나를 행복하게 하는가?"

2주 전에, 한국으로부터 책 한 권을 받았다. '석사논문집'이다. 그동안 후원했던 학생이 드디어 대학원을 졸업하고 대기업에 취직했다고 보내온 것이다. 어느 곳에도 한마디 인사말도 없이 달랑 보내온 논문집이지만, 나는 그냥 좋다. 애초부터 어떤 인사나 예의 차림이라도 받으려고 시작한 것이 아니다. 주소도 주지 않았는데, 졸업해서 논문집이라도 꼭 보내고 싶다고 해서 최근에 준 것이다. 이것이면 족하다. 최근 들어서 나를 가장 행복하게 한 선물이다. 나는 남을 돕기 위해 후원하지 않는다. 내 행복을 위해서 젊은이들을 후원한다. 그렇게 하는 것이 나를 행복하게 하더라.

내가 한국 실정을 잘 모르지만, 그래도 이왕이면 한국 청년을 한 사람 더 돕고 싶어서 찾아 달라고 친구에게 부탁했더니, 친구가 말했다.

"그동안 수고했으니, 이제부터는 너 자신을 위해서 살아라."

고맙다, 내 친구야. 그런데 이것이 나를 위해 사는 것이다. 내가 살아오면서 '빚'진 것들이 워낙 많아서, '은혜'받은 것이 워낙 많아서, 이렇게 조금이라도 '이자'라도 갚으면서 사는 것이 나를 행복하게 한다.

혼자 만드는 병

　오늘 새벽에 집에서 San Diego로 오면서 또 한 번 느낀 감정은 나도 모르게 나오는 한숨과 가슴 찡함, 그리고 눈물이 날 듯한 울컥함이다. 특별히 슬픈 일도, 크게 답답한 일도 없는데, 언젠가 어디에선가 익숙했던 음악을 들으면 가끔 그런 기분을 느낀다. 그 음악과 연관된 어떤 아련한 추억이나 회한이 아닌, 출처를 알 수 없는 깊은 아픔과 슬픔이다. 전혀 슬픈 가사나 어두운 음률이 아닌데도, 나는 그 속에서 슬픔을 느낀다. 마치, 매년 연말에 신나는 캐럴을 들을 때마다, 근본을 알 수 없는 슬픈 감정에 젖는 것처럼.
　그런 팝송이나 한국 가요가 유행하고 길거리에 울려 퍼질 때, 나는 무척이나 힘들었나 보다. 그래서 그 가사나 음률에 연상되어 가슴이 울컥하고, 나도 모르게 한숨과 눈물이 난다. 모든 사람들의 인생에 아픔이 있었고 슬픔이 있었을 거다. 그런데도 유난히 내 상처가 더 깊게 느껴지고 오래가는 이유는, 아마도 그것들을 감당할 때 나는 외로웠기 때문인 것 같다. 그래서 나는 정말, 혼자인 것이 싫다. 특히나 집에서 SD로 갈 때 이런 감정을 더 느끼는 것 같다.
　남들이 평생 한 번도 겪기 힘든 것을, 나는 정말 모둠 회처럼, 종합선물 세트처럼 겪은 것 같다. 고1 때 집을 나와 혼자 살았고, 가족이 이민을 떠난 한국에서 혼자 벌며 대학을 마쳤고, 언어도 통하지 않던 미국 군대를 제대했다. 모두 외로움과 함께한 고난의 행군이었다. 드디어 무릎에 힘을 주고 일어설 만하던 순간에 이혼을 당했고, 개인파산도 해 봤다. 자살을 꿈꾸며 약을 삼키기도 했고, 탄약이 든 권총을 머리에 대기도 했었다. 그 극한의 순간에도 나는 항상 혼자였다. 그리고 나는 지금도 주 5일은 혼자다. 주말에는, '나는 혼자가 아니다.'라는 사실을 확인하러 집으로 간다.

그런데 나도 모르게 '혼자'라는 것이 편해진 것 같다. 아니, 편하기보다는 '익숙'하다. 언젠가 친구가 내 차를 타고 가다가, 내가 USB에 저장해 놓고 듣는 노래들이 왜 한결같이 어둡고 쓸쓸하냐고 물었다. 나는 그때까지 그 음악들이 그렇게 어두운 줄을 몰랐다. 그런 음악을 칙칙하다고 듣기 싫어한 Wife의 감정이 무디다고 생각했다. 내 쓸쓸하고 어두운 감정이 그런 음악과 어울려서 편안했나 보다.

'혼자'라는 것이, 때로는 자기 발전에 도움이 된다. 내가 그랬던 것 같다. '혼자'라는 외로움을 잊기 위해서 항상 뭔가를 하면서 바쁘게 살려 했고, '혼자'라는 공허함을 이기기 위해서 뭔가를 이루며 열심히 살았다. 그런데 그 '혼자'의 시간이 너무 길었나 보다. 나도 모르게, 내 감정이 어두워져 있고, 혼자 있는 것이 더 편안해졌다. 그러면서 내 영혼은 고독을 찾아 스스로 갇힌다. 지금 내가 그 단계가 아닐까 염려가 된다. 나이가 들어 가면서 더욱 외로움에 친숙해지는 것이 자연스러운 변화일 수도 있다. 그러다가 결국, 혼자 떠나게 되는가 보다.

지금까지 7년을 주중에 홀로 SD에 있었고, 앞으로도 3년쯤은 더 있을 것 같다. 많은 시간을 혼자 있으면서, 나도 모르게 변화된 것들이 많다. 한 달에 맥주 한 캔도 안 마시던 내가, 적적하다는 이유로 한 잔씩 마시게 된 위스키, 이젠 매일 한 잔을 안 마시면 뭔가 허전해졌다. 숙소에 들어가면 아무도 없이 적막하다는 이유로 일단 켜 놓는 TV, 이제는 식사마저도 TV 앞에서 하지 않으면 심심하다. 혼자 잠자리에 들어가면 이런저런 생각에 뒤척이는 것이 싫어서 늦게 자고 늦게 일어나는 것이 버릇으로 되었고, 사장이라는 이유로 조금씩 늦게 출근하는 것을 예사로 여기다가, 이젠 30분 늦은 출근은 일상이 되어 버렸다.

언제 어디서 날아온지 모르는 포도밭의 잡초 씨앗은 싹이 보이면 바로 뽑아야 한다. 잡초인지 꽃인지 망설여서도 안 된다. 포도밭에는 포도나무만 있어야 한다. 포도밭에서는 포도나무가 아닌 것은 모두 잡초다. 많은 시간을 혼자 있으면서, 나도 모르게 내 생활과 내 영혼 속으로 들어온 잡초들이 많다. 멋있게 보이고, 아무리 그럴듯한 이유가 있어도, 정신과 육신의 건강에 해가 되는 것은 모두 잡초다. 더 자라서 뿌리를 내리고 넓게 퍼지기 전에, 하나하나 뽑아내야 한다. 한잔의 술도 줄이고, TV 앞에서 허비하는 시간을 줄이고, 제시간에 자고 일찍 일어나자. 사장답게 시간을 지키며 출근해서 모범을 보이자. 그리고 스스로 빠져 있는 감상적인 외로움에서 벗어나자. 나도 모르게 나 스스로, '나는 혼자다, 나는 외롭다'고 최면을 걸고 있다. 나는 혼자가 아니다. 내 Wife와 내 하늘이 나와 항상 함께 있고, 나에게는 언제라도 돌아갈 집이 있다.

열심히 살지 않기

　매일, 열심히 살려고 노력한다. 퇴근 후에 TV 앞에서 한두 시간을 보내고 나면 귀중한 시간을 헛되게 살았다는 후회가 된다. 주말에 집에 갈 때는, 아예 시간별로 Schedule을 만들어 간다.
　주위를 둘러보니 내 옆에도 뒤에도 아무도 없었다. 그놈의 가난은 아무리 계산을 해 봐도, 평생 일하면서 한 푼도 안 쓰고 모아도 따라잡을 수가 없겠더라. 그때에, "Life is Marathon."이라는 말이 내 인생에 꽂혔다. Marathon은 멈추지 않고 달리는 경기다. 그래서 달렸다. 쉬지 않고 달리다 보면 언젠가는 내 이름 '홍래'처럼 흥할 날이 오겠지. 나는 그렇게 Marathon을 뛰듯이 살았다. 자는 시간도 아까웠고, 하나의 직업을 가지고도 불안했다. 숨이 차서 잠시라도 쉴 때는 많은 생각들이 몰려왔다. 무엇 때문에 뛰는가 싶고, 희망이 없어 보였고, 그래서 포기하고 죽고 싶었다. 그래서 머릿속이 하얘지고, 속이 뒤집어져서 구토가 나올 만큼 뛰었다. 그렇게 살았다.
　60년쯤 달려 보니, "인생은 Marathon"이라는 말이 맞기도 하고 틀리기도 하더라. 인생이 Marathon과 다른 점은, 인생은 나 혼자 뛰는 것이 아니라 가족이 함께 뛰고, 땅이 아니라 하늘을 보면서 뛰어야 하는 것이 인생이더라. 그리고 인생에서는 빨리 달려서 일찍 퇴장하는 것이 자랑스러운 기록이 되지 못한다. 인생이 Marathon과 비슷한 점은, 과욕을 부리고 무리를 하면 안 된다는 것이다. 체력을 안배하면서 달려야지, 다른 사람이 내 앞에 가는 것이 꼴 보기 싫어서 질주를 했다가는,

결국 내가 중도에서 포기하거나 기록을 망친다. Marathon에서도 몇 등을 하고 기록이 어떤지가 중요하지만, 진정 Marathon을 즐기는 사람은 42.195㎞를 '완주했다'는 것이 자랑이 되듯이, 인생이 그렇더라. 죽고 싶을 때가 많았는데, 이제 거의 결승점이 보이니, 잘 버티고 살아 냈다는 생각이 든다. 어떤 인생이든 가치가 있다. 그래서 하늘이 나를 이 땅에 보낸 것이다. 결승점에서는 땀에 젖은 셔츠와 반바지, 운동화, 그리고 거친 숨소리와 지친 몸만 남는 것이 Marathon이다. 맨몸으로 왔다가 그만큼만 입고, 거친 숨소리 남기며 가는 것이 인생이더라. 나는 너무 열심히 뛰었다. 애초부터 타고난 내 형편과 체력을 무시하고 남보다 빨리 뛰었고, 제 스스로 정한 시간에 목표점을 통과하려고 기를 썼다. 그러니 기진맥진해서 쓰러지고, 쉽게 일어서지도 못했다. 산다는 것이, 인생을 띈다는 것이 이런 것이 아닐 텐데, 내가 인생을 잘못 이해하고 너무 무리해서 뛰었다. 그래서 많은 문제를 일으켰고, 내 스스로가 많이도 다쳤다.

"어느 사회든 분쟁을 일으키는 사람은 너무 열심히 하는 사람들이다."라는 유기성 목사의 말이 맞다. 자기의 정의로 자기 일처럼 열심히 하려고 하니까, 자기가 옳다고 믿으니까, 당당하게 목소리가 높아진다. 그런데 열심히 하는 또 다른 사람이 있으니, 서로가 옳다는 신념으로 부딪히는 것이다. 나라를 구하고 생명을 구하는 일도 아닌데, 오지랖 넓게 열심히 살려고 하니까 '내 정의'가 앞서고, 편협된 '내 정의'가 실현되지 않으면, 마치 세상에서 홀로 불의에 대항하듯이 항상 외롭고 불편하고 고달픈 것이다. 그것이 바로 내 이야기 같다.

나는 너무 열심히 살려고 한다. 나는 지금도 속도를 늦추지 않고 달리고 있다. 나이가 들어서 숨이 일찍 차고 다리에 힘이 풀려서 속도가 늦어지니, 위기감을 느꼈는지 더욱 열심을 내서 달리고 있다. 이렇게 숨이 차도록 달리면 머릿속이 하얘진다. 어느 순간에는 아무런 생각도 감정도 없어진다. 그저 달리는 동물적인 감각만 남게 되고, 어느 순간에는 환각 상태까지 간다. Marathoner들은 이것을 절정경험, Peak Experience, 혹은 Runner's High라고 하는데, 인생은 그렇게 살아서는 안 된다. 열심히 달리는 것이 아무 생각 없이 동물처럼 사는 것이라면 지금이라도 속도를 늦추어야 한다. 내 결승점을 바꾸고, 내가 정한 목표 기록을 바꾸어야 한다.

너무 열심히 살지 말고, 천천히 걷는 연습을 해 보련다. 이제는 땀에 젖은 셔츠와 반바지보다는, 멋진 옷에 좋은 냄새를 뿌리고 유유하게 걸으며, 두리번거리면서 여유롭게 살아 보련다. 그렇게 걷다 보면, 급히 뛸 때는 느끼지 못했던 소소한 행복도, 뛰면서 잊으려 했던 여러 가지 고뇌들도 돌아오겠지. 그것 모두를 꽃다발처럼 안고, 인생의 둘레길을 천천히 걸어가련다. 그러다가 고개를 들어 하늘을 보겠지. 언젠가는 나도 하늘에 흐르는 구름과 함께 걸을 날이 오겠지. 그것이 바로 인생의 Peak Experience이고, Believers' High인 것을 느끼게 되겠지.

세 개의 지팡이

험하고 굴곡 많은 내 인생 여정을 걸어오면서, 다리 힘이 빠졌을 때, 더 이상은 서 있기도 힘들어 털썩 주저앉았을 때마다, 쓰러진 나를 일으키고, 비틀거리는 나를 지탱시키고, 포기하는 나를 한 걸음 더 나아가게 해 준 지팡이 같은 분들의 사랑이 있었다.

내 친구, 홍승범의 어머님. 승범이는 국민학교와 중학교를 함께 나온 어릴 적 친구다. 부친께서 의사이셨던 승범이 집은 부유했고, 단칸방에 여섯 식구가 살던 우리 집과 달리, 승범이는 자기 방에 큰 책상이 있어서 자주 놀러 가고 공부도 함께 했다. 그때부터 승범이 어머님은 나를 잘 챙겨 주셨다. 승범이를 우리 집 가까이에도 데려간 적이 없어서, 승범이 어머니는 내가 어떤 집의 아이인지 모르신다. 그렇지만 단 한 번도, 우리 부모님이 무엇을 하는지, 집이 어디인지 묻지 않으시고 항상 따뜻한 밥에 좋은 반찬을 챙겨 주셨다. 대학을 서울로 간 승범이가 부산에 올 때마다 만나 며칠을 함께 지냈고, 승범이 어머님은 항상 나와 함께 쓸 용돈을 승범이에게 주셨다. 식사를 할 때도, 술을 마실 때도, 여행을 갈 때에도, 어머님은 항상 내 것을 챙겨 주셨다. 내가 미국으로 이민 오던 한국에서의 마지막 이틀을 서울에서 승범이와 함께 지냈다. 승범이는 의사가 되어서 가톨릭에 수사로 귀의해서 봉사하다가 젊은 나이에 하늘로 먼저 갔다. 승범이와 함께, 아무 말 없이 나를 그렇게 챙겨 주시던 어머님이 많이 그립다. 미국에서 전화를 드릴 때마다, "아이고 홍래야, 할렐루야, 할렐루야." 하시던 어머님 음성이 아직도 귓가에

울린다. 나는 요즘도, 승범이 조카인 성현이에게 말한다.

"미국 유학을 와서 졸업을 했는데도 취직이 안 돼서 할 수 없이 한국으로 가려던 네 앞에, 내가 나타나서 직장을 주고 영주권까지 나오게 해서, 네 꿈을 위해 살게 한 것은, 네 할머니이자 내 친구 어머님께서 주셨던 사랑과 기도 덕분이다."

대학 3학년 2학기 때였다. 나는 당시 국립대학 등록금 10만 원을 구할 수 없었다. 학자금 융자를 받으려고 사정했지만, 보증 서 주는 친척도 없었다. 미국에 있는 부모에게 연락을 해도 대답이 없었다. 온몸에 감각이 없도록 분노와 절망으로 어쩔 줄을 몰랐던 기억이 생생하다. 당시 수산대학 기관학과 조교였던 이일영 선배님은 그때까지 나와는 개인적인 친분이 전혀 없었다. 자신이 끼고 있던 N-ROTC 임관반지를 빼 주며 등록금을 납부하라고 했다. 염치 불구하고 전당포에 맡겨서 등록금 납부를 했는데, 결국 그 반지를 찾아 드리지 못하고 미국으로 왔다. 일영 형님은 몇 해 전에 교수에서 은퇴를 하셨다. 그 이후 지난 40년 동안, 이일영 형님과 연락이 끊긴 적이 없다. 미국의 우리 집에도 다녀가셨고, 나는 한국에 가면 무슨 일이 있어도 일영 형님은 꼭 뵙고 온다. 내가 지금 돕고 있는 한국의 젊은이들에게 꼭 이일영 선배님의 이야기를 한다. "이것은 내가 아니고 이일영 교수님이 시작한 것이니, 여러분도 훗날 여유가 되면 이일영 교수님의 사랑을 다른 사람들에게 전해 달라." 하고 부탁한다.

서울시립대학 대학원장을 지내신 후 은퇴하신 송준호 교수님은 내가 대학 2학년 때 수산대학 수학 교수로 첫 발령을 받으셨다. 당시 나를 수학교수실에 보조 학생으로 있게 하셨다. 내 사정을 조금 파악하시고는, 기관공학과 실험대 위에서 자지 말고 교수실에서 자라고, 나무 평상에 전기 열선을 깔아서 따뜻한 나무 침대를 만들어 주셨다. 당시 해운대에서 대연동까지 버스를 타고 출근을 하시면서, 한 달에 한 번 사모님이 싸 주신 김치 병을 들고 오셔서 주셨다. 교수님의 가족들은 모두 미국의 우리 집에 두 번 방문하셨고, 교수님은 이미 오래전에 은퇴하셨는데, 몇 년 전부터 연락이 끊겼다. 오늘, 이 일기를 쓴 후에 당장 교수님께 연락을 해 봐야겠다.

내 인생에서 '은인'으로 기억되는 세 분이 승범이 어머님, 이일영 교수님, 송준호 교수님이다. 내가 그분들에게 받은 것은 '사랑'이었다. 어린 시절부터 부모와 친척, 누구에게도 받지 못해서 무엇인지도 몰랐던 '사랑'을, 이분들이 벅차게 주셔서 나를 지탱하게 해 주셨고, 오늘까지 그 사랑들을 기억하고 기념할 수 있게 해 주셨다. 살아 보니, 다른 것 모두 모자라고 없어도, 사랑이 받쳐 주니 살 수 있더라. 나도, 이런 가치를 남기는 삶을 살고 싶다. 누군가에게 사랑을 나누어 줘서, 그 힘든 인생을 조금이라도 지탱하게 해 줄 수 있는 사랑을 남기고 싶다. 아무 짝에도 쓸모없어 보이는 나처럼 굽은 막대기가, 어떤 힘든 인생을 지탱하는 지팡이가 된다면 그보다 더 큰 쓰임새가 어디 있을까? 나에게 남보다 힘든 여정을 주신 하늘이 나를 외면하지 않고, 쓰러지지 않도록 강한 지팡이로 지켜 주심을 감사한다.

나의 둘레길

요즘 참 피곤하다. 비슷한 일들이 매일 반복되는 '권태' 때문은 아니다. 내 인생에서 그런 것으로 힘들다고 느낀다면 죄악이다. 매일 가슴 속에 담고 살아가는 내 삶의 무게가 참 무겁다. 언제 이 짐을 내려놓을 수 있을지 기약도 없다. 그렇지만 감사한 것은, 나는 이제 이만한 무게도 감당하며 살 수 있다는 것이다. 등이나 어깨에 짊어진 짐보다 가슴에 박힌 짐이 더 힘들다. 잠시 내려놓을 수도 없으니 꿈에서도 무겁다. 그래서 가끔은 쉬고 싶다. 비겁하게 짐을 버리고 도망치려는 것이 아니라, 잠시라도 잊고 싶다. 이런 생각이 날 때마다, 나는 한국에 가고 싶다. 혼자서 어디든지 갈 수 있고, 무엇이든지 할 수 있기 때문이다. 그리고 한국에는 나의 친구들과 추억이 있다. 내 과거를 다시 밟을 때마다, 내가 지금 얼마나 축복을 받았는지 새삼 깨닫게 되어 그 짐들을 능히 감당할 새로운 힘을 얻는다. 한국에 있는 어릴 적의 친구들을 만나면, 복잡한 이야기 없이 오랜 세월을 잊은 채로 그냥 반갑고 좋아서 '허허'거리다 올 수 있다. 그것이 나에겐 휴식이다.

길게 잡아야 열흘이다. 미리 계획을 하고 준비를 해도, 내가 회사를 2주 이상은 비울 수가 없다. 오고 가는 시간, 시간차를 감안해서 이틀을 잡아야 한다. 돌아와서 출근하기까지도 이틀쯤 시간차를 극복할 여유가 필요하다. 그러면 꼭 열흘이 남는다. 한국에 머물 수 있는 시간이다. 출발하기 전에 부산 동래의 농심 호텔을 예약한다. 여러 가지 면에서 부담 없고 편하게 느껴진다.

— 1일째

 인천에 도착하면 바로 부산으로 가서 일정을 시작한다. 이번에는 도착하는 날 저녁 시간에 창수와 함께 중학교 동기들을 만날 계획이다. 호텔 부근에서 떠돌다가 기분 좋게 취기가 오르면, 오랜만에 비틀거리는 걸음걸이로 호텔로 돌아가고 싶다.

— 2일째

 느지막하게 일어나서 대연동의 부경대학으로 갈 거다. 내가 가장 젊었고 가장 힘들었던 시절. 그래서 나는 항상 첫날에 옛날의 수산대학으로 간다. 그리고 이일영 교수님을 만난다. 도저히 등록금을 못 구했을 때 거리낌 없이 금반지를 빼 주던 선배. 내 젊은 시절의 가장 소중한 기억이고, 내 삶의 방식에 큰 영향을 끼친 분이다. 내가 지금 후원하는 얼굴도 모르는 젊은이들에게도, 이일영 교수님의 이야기를 꼭 한다.

 대연동에서 점심을 먹은 후에 걸어서 부산공고를 들른다. 수위에게 이야기하고는 교정을 둘러본다. 그렇게 싫었던 실습장 건물들이지만, 이제는 내 과거와 추억의 한 부분이다. 택시를 타고 남포동으로 간다. 거리는 화려해졌지만 골목은 발전 없이 그대로인 그 길들. 국제시장을 거슬러 올라가서 보수동 헌책방들을 힐끗 보면서 메리놀병원 쪽으로 올라간다. 어릴 적에는 그렇게 멀었던 길이, 걸어서도 얼마 되지 않는 느낌이다. 메리놀병원을 지나서 산복도로로 올라가면 건국중학교로 올라가는 계단까지가 동광동이다. 조금 더 올라가면 오른쪽에 코모도 호텔, 바로 그 옆이 우리 외갓집이 있던 자리인 영주2동 535번지, 내가 태어나고 자란 곳이다. 그 주변에서 한참을 서성이면 많은 생각들이 스쳐간다. 그리고 계속 걸어서 거의 산복도로 정상까지 간다. 거기에는 우리 가족이 살았던 반지하 건물이 있다. 몇 년 전에 갔을 때는 건물은 그대로 있는데, "더 이상 사람이 살 수 없는 곳"이라는 딱지가 붙어 있었다. '왜 이렇게 궁상을 떨지?'라고 생각할 수도 있겠기에, 나는 누구와도 '나만의 둘레길'을 함께 가지 않는다. 나는 이 둘레길에서 내 삶의 출발을 보고, 힘들었던 눈물과 한숨을 느끼면서, 오늘날을 감사하고 힘을 얻는다. 그리고 한편으로는 안타깝기도 하다. 50년이 지난 지금도 큰 발전이 없는 그곳에는, 지금도 그만큼 힘든 삶들이 존재하고 있는 것을 보기 때문이다. 그리고 기도한다. 언젠가 저들도 이 과거의 길을 순례하면서 하늘에 감사하는 삶을 살 수 있기를.

그러고는 긴 계단을 내려가서 부산역 쪽으로 간다. 내가 졸업한 봉래국민학교 주변을 걷다가 택시를 타고 영도의 신선중학교로 간다. 지금까지 몇 번을 갔어도 학교에 들어가 보지는 않았다. 중3 때, 인문고 원서를 써 달라고 했더니, 수학 선생이던 담임이 내 평생 잊지 못하는 말로 가난을 모욕하며 칠판용 컴퍼스 바늘로 내 머리를 찔렀다. 흐르는 피를 손으로 막고 울면서 뛰어내려 갔던 그 비탈길을 마주하면 지금도 슬프고 아파서 올라가지를 못한다. 멀찍이 서서 학교를 둘러보며 택시를 탄다. 이날은 서클 친구들이 모일 거다. 거기에는 순수하게 사랑했던 여자 친구도 있고, 순박한 후배들과 친구들이 지금도 서로 연락하며 만난다. 그 시절에 형제 같았던 한근이도 있다.

— 3일째

요즘 그렇게 아름답다는 '통영'에 한번 가 봐야겠다. 무작정 시외버스를 타고 통영에 가서, 오랫동안 만나지 못했지만 가끔 연락하는 사촌 동생 형래를 이번에는 만나고 싶다.

— 4일째

통영의 밤을 지나고 일찍 고성으로 가서, 읍에서 택시를 타고 대가면 금산리로 간다. 아무도 아는 사람이 없겠지만, 깨끗한 시냇물 흐르는 정경이 기억나는 내 아버지의 고향, 내 본적지다.

저녁쯤에 부산에 도착하면 대학 동기들이 모일 거다. 내가 그 시절에 먹고사는 데 워낙 바빠서 많이 어울리지 못했지만, 그래도 2, 3학년에 걸쳐서 몇 달씩이나 배를 함께 타고 항해 실습을 했던 추억이 있어서 다른 대학들의 동문의 개념과는 구별되는 진한 관계가 있다. 이번에는 대학 동기들과 진하게 회포를 풀고 싶다. 또 조금 비틀거리며 호텔로 돌아갈 거고, 오랜만의 과음으로 속이 불편할 거다. 그래, 가끔은 그 숙취의 고통이 기억나더라.

— 5일째

내가 진정 사랑했던 '박흥수' 형님의 묘소에 간다. 자신의 묘비에 미리 "조국은 너를 잊지 않는다."라는 글을 남기고 가셨다. 국가가 일본의 도발에 적극적으로 대처하지 않는다고, 청빈한 육군 대령이 지은 『독도의 진실』이라는 책을 사재로 출판해서 전국의 학교에 배부한 분이다. 마산고 졸업 후에 서울에서 대학 재학 중에 민주화 데모로 제적을 당한 후에, 부산에서 나름대로 알찬 사업을 일으켜서 지금은 아들이 경영하고 있다. 나보다 두 살 위, 내 어린 시절에 웅변을 하면서 건져 올린 단 한 사람, 내 인생의 '대어'다. 지금도 기억하는 것은, 형님 호주머니 속의 '활명수' 병이다. 담배를 즐기다가 폐암으로 돌아가셨지만, 담뱃재 하나 길거리에 흘려서는 안 된다고 평생 동안 활명수 병에 재를 털며 다니셨다. 데모를 한 전력으로 도리어 국가에 엉겨 붙어 사는 많은 정치가들과 대비되는 진정한 애국자다. 형님의 묘비명과 달리, 조국은 형님을 잊었고, 조국이 형님의 짝사랑이 된 것이 안타깝다. 난 갓 스무 살에 한국을 떠났지만, 평생 나에게 의리를 남겨 주신 내 형님 박흥수를 기념한다.

― 6일째

나는 서울로 간다. 이번에는 서울에 있는 중학교 동기들을 만나게 될 거다. 졸업한 지 50년이 된 친구들, 대부분이 그 50년간 한 번도 만나지 못한 친구들이다. 나는 그 친구들을 '횡성'으로 초대하고 싶다.

― 7일째

작은 Mini Bus와 운전수를 계약해서 함께 횡성의 '박현자네 더덕집'으로 가려 한다. 박현자 사장, 아직 60세 전일 거다. 내가 오래전에 한국에 나가서 헛짓을 할 때 만났던 '여장부' 친구다. 요즘도 미국에서 한국으로 여행 가는 내 지인들에게 적극적으로 방문을 추천한다. 그럴 때마다 그분들은, 박 사장의 환대를 받았다고 나에게 감사한다. 박 사장은 지금도 내 지인이라고 하면 그렇게 대접을 잘한다. 오래전에 Wife와 아이들도 데리고 갔을 때, 예사롭지 않은 좋은 추억을 선물해 준 좋은 친구다. 동기들에게 박 사장을 소개시키고, 좋은 음식과 더덕주로 지나간 50년을 이야기하고 싶다.

— 8일째

나는 KTX를 타고 다시 부산으로 내려가면서 차창 밖의 한국을 보고 싶다. 내가 태어나고, 내 추억과 친구들이 사는 땅을 눈에 담으며 갈 거다. 앞으로 몇 번이나 더 이 땅을 방문할 수 있을까?

열흘간의 일정 중에 8일이 지난다. 나머지 이틀은 남겨 두고 싶다. 계획이 끝까지 빡빡하면 피곤하다. 쫓기지 않으면서 편안하도록 그 시간들을 호주머니에 넣어 두자. 그 이틀 속에는 고등학교 동기들도 있고, 창수도 있고, 승범이 동생 윤범이도 있을 거다.

나는 이렇게 한국에서의 열흘간의 휴가를 마친다. 그리고 다시 어김없이 제자리로 돌아가자. 잠시 빼놓았던 내 삶의 짐을 고이 접어 가슴에 넣고, 비겁하지 않게 뚜벅뚜벅 걸어가자. 그 길이 내가 가는 하늘길의 과정이다. 언젠가 나는, 내가 지금 걷고 있는 이 길을 '내 삶의 둘레길'로 기억할 것이다. 그때에도 나는 감사하고 있을 거다.

내시경

다음 주 화요일에 위장과 대장내시경검사를 받으려고 수요일까지 Off 하기로 했다. 내 어머니는 교통사고로 하반신 불구가 되어 수년을 고생하시다가, 결국에는 여러 가지 암마저 퍼져서 50대 중반에 돌아가셨다. 젊어서 폭음으로 간이 안 좋으셨던 아버지는, 그래도 건강관리를 잘하시다가 80대 중반에 소장암으로 돌아가셨다. 그래서 나에게는 '암의 DNA'가 있다는 가정하에서 검사를 한다. 죽는 것은 겁나지 않지만 혹시 심하게 아프다가, 너무 아파서 독한 약을 쓰면서 정신을 잃은 채 연명하는 경우가 싫고 두렵다.

내 몸에 어떤 음식을 넣고, 내 정신이 어떤 생각을 하며 사는지가 '암'의 유발을 크게 좌우한다고 한다. 그래서 특히 내 나이 때는 정기적인 검사를 해야 한단다. 나름대로 운동을 꾸준히 하고, 몸에 좋지 않다는 음식을 삼가는 편이지만, 타고난 DNA 때문에 위험이 높다면, 검사를 자주 해서 조기 발견하는 것이 최선이겠다.

그런데 몸이 아무리 건강해도 마음과 생활이 건강하지 못하다면 그것이 암보다 더욱 심각할 것이다. 몸이 아픈 것은 나 혼자 아프고, 가족들에게 불편을 줄 뿐이지만, 내 삶이 병들면 가족을 쓰러뜨리고 사회에도 해가 된다. 이런 것은 보험으로 처리되지도 않는다. 그런 모습으로는 오래 살수록 더욱 부끄러운 삶이 될 것이다. 그래서 나는 오늘, 집에 올라가면서 운전을 하는 동안, 평소에는 자세하고 깊게 보지 못했던 '내 삶의 내시경'을 들여다보려 한다. 아주 작은 돌기 같은 것, '인생에 그런 여유나 재미마저 없으면 무슨 낙으로 사나?'라고 할 만한 사소한 것이라도, 점점 커져서 내 인생을 무너뜨릴 수 있다. 한 달에 맥주 한 캔도 마시지 않던 내가, SD에 온 후부터는 거의 매일 위스키 한 잔씩을 마시고 있는 것이 증거한다. 애초에는 신장결석이 자주 생기는 데는 맥주를 마시면 좋다는 권고를 받아 시작했는데, 이젠 규칙적인 독주 생활로 정착된 것 같다.

나는 비교적, 참고 절제하고, 아끼고 나누며 살려고 노력한다. 주위 사람들이 "굳이 그렇게 살 필요가 있냐?"라고 묻기도 하고, 내가 모임에서 비싼 골프장에 가기를 반대한다고 "그렇게 살지 마라."라는 험한 소리를 들은 적도 있다. 그렇지만 나는 계속 이렇게 살고 싶다고, 그렇게 하게 도와 달라고 기도한다. 이렇게 기도하며 마음을 다지지 않으면, 나는 언제라도 내 쾌락과 욕심을 위해서 그런 가치를 배반할 수 있기 때문이다. 나는 결코 마음이 넓거나 인격이 높은 사람이 아니다. 척박한 환경과 험한 시절을 살아오면서 경험한 온갖 멸시와 모욕을 잊지 못한다. 때로는, 잊었던 나쁜 기억까지도 소환해서, 처음부터 다시 분노하고 복수를 꿈꾸기도 한다. 나는 이것이, 내 속에 남아 있는 '한'이라고 생각한다.

나는 음식이 조금이라도 모자라면 신경질이 난다. 그래서 Wife는 항상 남을 만큼의 음식을 한다. 나는 시간이 어찌 되었든 하루에 세끼를 꼭 먹는다. 내 기억에는 '배고픔'이 제일 비참했다. 이런 한과 배고픔을 잊지 않고 한풀이를 하는 내가 어찌, 비싸고 고급진 음식을 먹고 싶지 않고, 명품 옷을 입고 싶지 않고, 고급차를 타고 싶지 않을까? 내 욕심은 그것들을 모두 하고 싶다. 할 수 있을 때 하고 싶다. 그러나 내 이성과 신앙이 나를 잡는다. '무엇이 올바르게 사는 것인가?' 그래서 나는 스스로 최면을 건다. '나는 맛을 모른다. 배부를 음식만 있으면 된다. 나는 패션을 모른다. 옷은 깨끗하면 된다. 겉이 멋진 차는 허세다. 차는 탄 사람이 편안하면 된다.' 오랫동안 이렇게 소리치며 살다 보니, 정말 그런 모양으로 살아지고, 내 Wife와 자식들마저 나를 그런 사람인 줄 알고 있다. 그리고 나도 자주 그렇게 착각한다.

그렇지만 나의 실체는, 내 형편과 주제에 비해서 과하게 욕심이 많은 사람이다. 그래서 항상 만족하지 못하고, 도전하고 깨지고, 또 도전하며 살아왔다. 이렇게 욕심이 많은 내 속에는 지금도 감추고 있는 욕심이 너무 많다. 내 아이들을 최고로 만들고 싶은 욕심, 집을 멋지게 고치고 싶은 욕심, 이런저런 물건을 사고 싶은 욕심, 어떤 차를 사고, Wife와 어디를 여행하고 싶은 욕심들이 가득 차 있다. 이렇게 욕심이 요동을 치니 나는 불안해서 스스로를 잡는 것이다. 나는 하늘을 두려워한다. 그래서 하늘에게 잘 보이려고, 내 욕심을 참고, 죽여 가며 사는 것이다.

나는 '쾌락'에 참 약하다. 그래서 항상 경계하며 살아야 한다. 내 속의 음란함도 품위가 생겨서 줄어든 것이 아니라, 나이가 들어서 줄어들었다. 가끔씩 '알딸딸한 기분'이 그립고, 무엇인가 일상에서 벗어나서 High 되는 기분을 경험하고 싶을 때도 있다. 너무 악착같이 살아왔으니, 그런 모습으로 편안해지고 싶을 때가 있다. 요즘 나는, 위스키 한 잔을 안 마시는 날은 뭔가 입이 칼칼하고 허전하다. 이것이 내 몸과 하늘이 주는 경계 신호다.

내 삶을 '내시경' 보듯이 구석구석 자세히 훑어보자. 조기 발견 해서 치료할 것은 치료하고, 잘라 낼 것은 잘라 내자. 살아가는 동안은 몸도, 마음도, 생활도, 건강하고 품위 있게 살자.

기억의 공백

84년 초겨울 어느 날, 나는 서울의 8군 병원으로 전속 명령을 받은 상태라 한국으로 갈 준비를 하고 있었는데, 주임상사가 급하게 나를 호출했다. 나에게 진정하라고 물 한 컵을 먼저 주더니, SF에 있는 어머니가 큰 교통사고를 당했으니 당장 집에 가 보라고 했다.

마약에 취한 운전자에게 교통사고를 당했는데, 척추가 한 뼘쯤 조각나서 허리 아래는 불구가 되셨다. 내게 가족에 대한 정은 별로 없었지만, 어머니만큼은 정말 사랑했고, 언젠가는 꼭 기쁘게 살게 해 드리고 싶었는데, 나이 50세도 되기 전에 그렇게 되셨다. 마침 San Francisco에서 우리 가족과 같은 교회에 한국인 부인을 둔 CID 육군 첩보 지대장이 있었다. 그분이 몇 가지 Option을 주시길래, 복무 계약기간이 아직 몇 달이 남았지만, 한국에 가지 않고 제대하기를 택했다. '명예제대'를 하는 대신에 내가 가진 혜택인 G.I. Bill을 포기했다. 제대 후 공부를 할 때 학비를 보조해 주는 프로그램이다.

군대에 근무하면서 돈을 별로 모으지를 못했다. 계속 부대 인근의 사립대학에 다녔고, 또 남은 돈은 모았다가 여동생이 결혼을 할 때 모두 주었다. 제대할 때 2천 불쯤 있었다. 어머니가 퇴원을 했는데, 내가 해 드릴 수 있는 것이 아무것도 없었다. 하반신에 전혀 감각이 없으시니, 모든 수발을 결혼한 여동생이 할 수밖에 없었다. UC 버클리 건축학과를 졸업한 매제는 취직 대신에 목사가 되겠다고 신학대학원에 등록했다. 나라도 당장 일을 해서 생활비를 보태야 했다. 그때, 여동생 부부가 나에게 말했다. 부부가 틈틈이 청소일을 해서라도 어머니 모시고 생활할 테니, 나더러 집을 떠나서 하고 싶은 것 하라고.

 1985년 봄, 여동생 부부, 대학생이 된 남동생, 고교생인 막내 여동생, 그리고 마주치기도 싫은 아버지를 두고 SF를 떠났다. 떠나기 전날, Geary 길에 "For Sale"이 붙어 있던 Volkswagen을 600불에 샀는데 Stick Shift였다. 처음 해 보는 Stick Shift를 LA로 운전하고 오면서 혼자 배웠다. LA를 2시간쯤 남기고, 공랭식인 차에서 연기가 치솟았다. 물을 부어 식히면서 LA에 도착해서 엔진을 끈 후로는, 아예 시동이 걸리지 않았다. 그것이 LA에서의 첫날이었다. 호주머니에는 600불쯤 남아 있었는데, 한인타운의 한국인 집 하숙비가 월 700불이었다.

 당시, 한 번도 와 보지 않았던 LA로 온 것은 용기가 아니라 '무식'이었고, 기억하기도 창피하다. 어떻게 하든지 공부를 계속하겠다고 작정하고 두 군데에 대학원 입학원서를 넣었는데 모두 합격되었다. 한 군데는 내가 군복무를 했던 New Jersey의 Hoboken에 있는 SIT, 해양공학으로 유명한 학교였고, 한 군데는 UCLA였다. 아마도, 제대군인 Veteran이라 입학 특혜가 있었나 보다. 어차피 일하면서 공부하려고 했지만, 아무래도 G.I. Bill도 없이 사립대학은 무리였다. 그래서 주립대학을 택해서 LA로 내려왔다. 그런데 UCLA가 아니었다. California State University, Los Angeles였다. California의 주립대학에 UC와 Cal State, 두 System이 있는 줄을 몰랐다.

 그 이후의 몇 년간, 대학원을 1년 다니다가, 이왕 미국에서 살려면 대학을 다시 마치자고, 다시 대학 1학년부터 시작해서 3년 만에 졸업했는데, 그동안의 4년 정도가 거의 기억나지 않는다. 아주 띄엄띄엄 기억날 뿐이다. 어떻게 학비와 생활비를 벌면서 버텨 내고 졸업했는지, 추억도 없고 진한 기억도 없다. 그 4년간을 Gas Station 한 군데서 밤일을 하면서 하루 3-4시간 이상 자 본 적이 없다는 기억인지, 생각인지만 남았다.

비교적 기억력이 좋은 나에게, 어떤 기간에 대해서는 이상하리만치 큼지막한 '기억의 공백'이 있다. 어릴 적부터 밤마다 술 취한 아버지에게 맞는 것이 두려워 집에 들어가는 것이 무서웠고, 퇴근 시간이 되면 가슴이 콩닥거렸다. 그 콩닥거림에 다른 것들이 지워졌는지, 나에게는 어린 시절의 기억이 별로 없다. 중학교 3학년 때의 기억, 말썽 안 피우고, 공부도 잘하고, 웅변으로 학교를 빛내던 모범생이었다. 그런데 유독 담임선생은 "찢어지게 가난한 놈의 자식."이라 부르며 구박했고, 담임선생을 따라 우리 집에 가정 방문을 왔다가 내 꼴이 너무 만만히 보였는지 그 후부터 매일 나를 무릎에 걸쳐 놓고 배를 때리던 덩치 큰 아이가 있었다. 학교 가기가 끔찍해서 자살을 꿈꾸고 미친 척도 해 봤다. 그 외의 다른 기억은 거의 없다. 누가 우리 반이었는지조차 거의 기억에 없다. 한국에서 홀로 5년 동안, 닥치는 대로 일하며 바둥바둥 살면서 대학을 졸업한 시절에 대한 기억도 슬프고 아플 뿐이지 선명하게 남아 있지 않다. 기억할 여유조차 없이 그냥 죽지 못해서 살았나 보다. 나이 40을 넘어 이혼을 당한 후에 약 2년간을 어떻게 살았는지에 대한 기억도 거의 나지 않는다. 죽으려고 약을 먹기도 하고, 장전된 총을 머리에 겨누어 자살을 시도한 기억만 진하다. 이렇게 비어 있는 기억의 공간이 내 인생의 보이지 않는 '뇌상'이다.

인생의 한 부분을 잃어버린 듯한 기억의 공백이 안타까울 때가 있다.

기억을 되짚다가 길을 잃은 채, 하늘을 보며 눈물을 삼킨 때도 있다. 이제 더 이상 과거에 안타까워하지 않고, 이 기억의 빈 공간을 하늘의 빛으로 채우려 한다. 이렇게 '뇌상'까지 입은 볼품없는 인생을, 오늘까지 업고 온 이는 하늘이니, 하늘만 기억하며 가득 채우려 한다.

유전을 이기는 법

나에게 '가난의 유전'을 극복하려는 목표를 준 것은, 어릴 적에 흥얼거렸던 노래의 가사였다.

"잘 살아 보세, 잘 살아 보세, 우리도 한번 잘 살아 보세."

힘을 돋우느라 흥겹게 부르던 노래지만, 나에게는 절실하고 한 맺히게 다가왔다. 그 가사, "우리도 한번 잘 살아 보세."에서 "우리도 한번!"이라는 말은, 노래가 아니라 절규였다. 오랜 세월 동안 맺힌 한이 처절한 울부짖음으로 나오는 것이었다.

"죽기 전에, 단 한 번만이라도!"

그것이 나의 한이었고 절실함이었다.

참 독하게 살았다. 그렇다고 남의 것을 빼앗거나 피해를 입히며 살지는 않았다. 내 스스로에게 독하게 살았다. 그렇게 살다 보니, 오늘날에 그 후유증이 남았다. 살면서 재미있는 것이 없다. 그냥 항상 뿌옇게 흐린 기분. 이렇게 감사하게 좋은 환경인데도, 가끔 가슴속이 턱턱 막히면서 근거 없는 울음이 솟아나는 기분을 느낀다. 친구들과 어울리기를 좋아하고 말이 많은 성격이었는데, 사람들 속에 있는 것이 즐겁지 않고, 쓸데없는 말 외에는 내 속의 이야기는 거의 하지 않는다. 나에게 제일 취미라는 검도와 골프도 사실은 별로 재미가 없다. 목표로 삼았기에 포기하지 않고, 그것이라도 하지 않으면 내가 너무 고립될까 두렵다. 혼자서 정원에서 무엇인가를 만들고 노동하면서, 혼자서 이런저런 생각을 하면서 지내는 것이 편하다. 사는 것이 너무 힘들고 피곤했나 보다. 나 혼자 쉬고 싶다. 그냥 이렇게 사는 것이 삶이라면 잘 살려고 독하게 살아온 것이 별 의미가 없다. 그래서 나는, 지금도 그 '의미'를 찾고 있는 것이다.

참 독하게 공부했다. 어린 시절에, 가고 싶은 학교에 응시도 못 해 보고, 집에는 책상조차 없어서 한 번도 피곤하도록 공부를 못 해 본 것이 억울했다. 미국에서도 학비와 생활비를 벌면서 공부해야 했기에 공부할 시간이 없었다. 그래서 성적보다는 생활이 너무 고생스러워서, 졸업을 빨리 하는 것으로 목표를 정했었다. 4년 동안 3-4시간 이상 자 본 적이 없이 일하며 공부했다. 그렇게 독하게 살았던 시절이 거의 기억나지 않는다. 아마, 비몽사몽간에 버텼었나 보다.

내 삶의 큰 변곡점이 된 CPA 자격을 따기 위해서 또 정신없는 3-4년을 보낼 때는 더욱 독했다. 회계나 경제에 관해서는 아무런 관련이 없었던 내가, 갑자기 미국 공인회계사가 되겠다는 목표를 정했다. 그것도 은행에서 직장 생활을 하면서 응시에 필요한 필수과목을 채우는 데 만 3년이 걸렸다. 퇴근 후에 학교를 다니며 또 잠을 4시간 이상 자 본 적이 거의 없었다. 그 시절에 내 아이들이 무슨 생각을 하며 어떻게 자랐는지 기억에 없다. 그만큼 독하게 공부했다. 3년 동안, 주말에 식탁 위에 책을 펴 놓고 공부하면, Wife는 아이들을 데리고 나가 주었다.

나는 독해야 했다. 그것밖에는 내게 허락된 것이 없었다. 그래서 '독한 것'은 자신 있었다. 옛날에 어머니가 말했다.

"내 속으로 낳은 자식이지만, 너만치 독한 애는 처음 본다."

아프다고 비명이라도 지르고 도망이라도 가면 덜 맞을 텐데, 매일 밤에 술 취한 아버지에게 맞으면서 입 꽉 다물고 제자리에 있는 나를 안고 하신 말이다. 나는 도망갈 수가 없었다. 내가 없으면 어머니를 때릴 것이기 때문이었다.

혹시 유전으로 내 속에 있을지 모르는 '술'과 '폭력'은 평생의 경계 대상이다. 젊은 시절, 한국의 어두운 골목에서 그 DNA를 보았다. 체구에 비해서 술을 많이 마시고, 술에 취하면 날카롭고 사나워졌다. 그래서 술을 마시면 무조건 정신을 잃은 척 누워 버렸다. 그래야 싸움에 말려들지 않았기 때문이다. 더 이상 '폭력'은 당하지 않는다는 각오로 무술을 하게 되었는데, 도리어 그 무술이 내 폭력의 유전자를 충동하기도 했다. '사범'이 되니 겨우 통제할 수 있었다. 언제든지 자신이 있으니, 때리는 것보다 맞는 것이 현명함을 깨닫게 되었다. 어린 시절, 우리 가족을 난도질한 술과 폭력 앞에서, 나는 항상 조심하고 자제하며 살았다.

그런데 환경이 어렵다고, 독하게 사는 것만이 '유전을 이기는 법'이 아니더라. 나와 같은 환경에서 어쩌면 나보다 더 힘들게 자랐을 내 동생들, 미국살이에서 나보다 유리한 점은 나보다 5년 일찍, 어린 시절에 온 것뿐인데, 큰 구호단체의 이사장이 되었고, 박사가 되었고, 목사가 되었다. 나와는 달리 모두가 참으로 순하게 살아온 형제들이다. 내가 이만큼이라도 '가난'을 벗어난 것이, 나의 능력이나 의지로 지탱한 '독함' 때문이 아니라는 것이다. 아무리 바둥거려도, '하늘의 축복'이 없으면 그냥 열심히 살다가 산화할 뿐이다. 나는 그것을 깨닫지 못한 채, 너무 오랫동안 독하기만 했다. 그래서 상처가 많은가 보다.

내 아이들은 과연, 나로부터 받은 '유전'에 만족할까? 아니다. 이미 그들은 또 다른 '유전의 극복'을 위해 투쟁하며 살고 있다. 아이들의 목표와 길이 무엇이든 간에 그들의 몫이다. 내가 바라는 것은, 내게 받은 나쁜 유전으로 인생을 허비하고 힘들지 않는 것이다. 그것이 참으로 힘겹고 슬프더라. 내가 아이들에게 유전으로 물려주고 싶은 것은 오직 하나, 내가 받은 '하늘의 축복'이다. 정말 그것이 유전되면 좋겠다.

나의 울타리

 집 주위로 세워진 Chain Link를 타고 Passion Fruit 넝쿨이 무성하게 자랐다. 오늘은 Utility 검침원이 밖에서 계량기를 잘 볼 수 있도록, 그 주변의 잎과 줄기들을 잘라 내고 정리했다.

 La Habra Heights에 이사 들어온 지 23년째다. 이 동네 안에서 두 번 이사를 했을 때마다 가장 먼저 한 것이 울타리를 세우고 Gate를 만드는 것이었다. 울타리와 철문 공사를 우선으로 하는 이유는, 물론 집을 멋있게 하려는 목적도 있지만, 근본적으로는 안전을 위해서다. 나는 주말에만 집에 오니, 주중에는 Wife 혼자서 이 땅 넓은 집에 산다. Wife는 문제없다고 하지만, '만약을 위한 안전'을 우선으로 할 수밖에 없다.

 나는 살아오면서 마음속에 항상 울타리를 세우고 철문으로 굳게 잠가 두었다. 나는 스스로 외롭게 살았다. 다른 사람들과 어울리기에는 내가 너무 뒤쳐져 있었고, 그래서 할 일이 너무 많았기 때문이다. 특히, 개인적으로 어려운 시절에는 형제나 친구들에게도 연락을 안 하고 꽁꽁 숨어 버렸다. 대부분이 어려운 시절이었던 내 삶이었으니 항상 울타리를 세우고 살았던 것이다.

 나는 욕심이 많다. 밖으로는 초연한 척하지만, 속으로 감춘 재물 욕심이 많고, 승부에서 이기고 싶어 비겁한 마음도 품는다. 나는 본성이 유약하다. 나도 잘못이 많으면서, 나에게 잘못한 사람을 쉽게 용서하지 않는다. 속으로 잔혹한 복수를 꿈꾸기도 한다. 나는 음란하기도 하다.

Wife가 옆에 있는데도 예쁜 여자가 지나가면 눈길이 돌아간다. 더러운 생각을 않을지라도 추한 버릇이다. 나는 게으르고 나태하다. 다른 사람들은 나더러 부지런하고 자기 관리를 잘한다고 하지만, 그것은 대부분 억지로 하는 행동이다. 나는 움직이기 싫어하고 그냥 퍼져서 있고 싶다. 나는 짜증이 많고, 말하는 단어에 품위가 없다. 당장 Wife에게 보이는 내 모습이 항상 불안하고 부끄럽다.

그래서 나는 울타리를 높게 세운다. 내 안전을 지키려는 것이 아니라, 내가 넘어서 밖으로 나가지 못하게 하는 울타리다. 정직하게 살려고 노력한다. 감히 '하늘에 부끄럽지 않게'라는 말은 하지 못한다. Wife와 아이들에게 부끄럽지 않게 살아 보려 하지만, 그것도 어렵고 자주 부끄럽다. Wife가 나에게 "당신 뒷주머니 돈은 마르지 않을 거다."라고 하면, 나는 부정하지 못한다. 그것이 Wife에 대한 나의 최소한의 정직이다. 위치가 나쁜 자리에 놓인 골프공마저도 나의 얄팍한 정직을 시험한다. 움직이고 싶은 유혹이 생기면 나는 즉각 왼팔을 들어서 다른 사람이 보게끔 한다. 그것이 나의 울타리다. 사람들이 보는데도 이유 없이 공을 옮길 만큼 뻔뻔하지는 않기 때문이다. 복수를 향한 잔인함과 재물에 대한 욕심을 이기기 위해서, 나는 억지로라도 젊은이들을 돕는 것을 수적 목표로 세워 놓고 실행한다. 나누기 위해서 절약하고 모은 금액 이상을 나누려고 계획하다 보면, 도움을 받는 학생들보다 내가 느끼고 얻는 것이 더 크다. 음란한 마음, 쾌락의 유혹에 대해서는 이길 자신이 없다. 이길 자신이 없는 상대와는 싸우지 않고 피하는 것이 최선이다. 그래서 특별한 일이 아니면 다른 사람들과 밖에서 식사를 하지 않고, 근무하는 주중에는 골프를 치지 않는 원칙을 지킨다. 그래야지 술을 마시지 않고, 다른 유혹들을 애초에 멀리할 수 있다. 그러다 보니, "나이가 들어서는 여유를 가지라."라는 선의의 충고를 자주 듣는다. 나도 그렇게 해 봤지만, 일단 울타리 밖으로 나가니 쉽게 허물어지더라. 결코 강하지 않은 나는, 이렇게 담을 쌓고 아예 나가지 않는 것이 최선이더라.

　Wife를 볼 때마다, "저 사람이 내 울타리다." 하는 심정으로 선하게 대하고 좋은 말만 하려고 한다. 나를 지켜 주는 그 울타리를 장미 넝쿨로 예쁘게 치장해 주고 싶은데, 그것마저도 잘 되지 않는다. 장미꽃으로 웃음을 주기보다는, 장미 가시로 아픔과 눈물을 주는 경우가 아직도 많다. 바르게 살려고 울타리를 치며 노력하며 살면서도, 가끔 한심한 나를 본다. 스스로 세운 울타리를 낮추어 넘기도 하고, 쪽문을 만들어 빠져나가기도 한다. 그러고는 스스로 부끄러워 온갖 핑계를 만들어 정당화하고 자위한다.

　내 생활이 건조하고 재미없어 보일지라도, 가끔은 울타리 속이 답답해서 허물고 나가고 싶을지라도, 나는 이렇게 울타리 속에서 사는 것이 좋다. 에덴동산은 밖으로 못 나가도록 가둔 감옥이 아니라, 그 안에서 모든 것을 누릴 수 있도록 지켜 준 선물이다. 나의 울타리도 그렇다. 내 울타리 안에서 모든 것을 할 수 있다. 내가 울타리를 튼튼히 세우고 잘 지켜야 내 가족이 안전하고 행복해진다. 그렇지만 나는, 내가 세운 울타리를 지키기에도 미약하다. 그래서 경계근무 중에는 항상 경계 수칙을 외우며 중얼거린다. 나는 하늘의 말씀을 중얼거리며 매일 감사한다.

죽고 싶을 때

나는 지난 세월을 살아오면서, 죽고 싶었던 때가 참으로 많았다. 다른 사람들의 마음속에 들어가 보지를 않아서 모르지만, 아마 평균적인 사람들보다는 몇 배 이상 그런 생각을 한 것 같고, 실제 시도마저 몇 번이나 했었다. 나는 그런 기억을 떠올리면서, 내 인생의 여러 고비를 지나서 오늘을 살고 있음을 감사한다.

매일 밤마다 주폭 아버지에게 가슴 졸이며 공포 속에서 사느니, 아예 죽어 버리는 것이 낫겠다는 생각을 가진 것이 중학교 시절이었다. 철이 들면서는 내 삶이 너무 초라해서 죽고 싶었다. 죽어도 비참하게 죽고 싶었다. 그 울분을 부모에게 보이고 하늘에 보이고 싶었다. 한국에서의 대학 시절에는 너무 힘들었다. 사는 것과 죽는 것의 경계가 없이 살았다.

미국 이민 생활도 만만치 않았다. 그래도 처음부터 시작한다는 마음으로, 죽기보다는 오기로 부딪히며 도전할 수 있었다. 그런데 불의에 가정이 깨지면서 잊을 뻔했던 '죽음에로의 유혹'이 되살아났다. 총으로, 약으로, 실제 시도까지 하기에 이르렀다. 그래도 다른 점이 있다면, 하늘에 대한 신앙이 있어서 이겨 냈는지, 하늘이 살려 주었는지, '죽고 싶었을 때'를 추억으로 이야기하는 오늘을 맞이하게 되었다.

나는 가끔 너무 힘들어서 "죽고 싶다."라는 사람의 이야기를 들으면 내 이야기를 해 준다. "그런 이야기를 어찌 그리도 쉽게 하느냐?" 하는 이야기를 들을 때도 있지만, 나는 부끄럽지 않다. 어쨌든 그것은 내 인생이고, 그 모든 순간들이 합쳐져서 오늘이 있기 때문이다. 설사 부끄러운 일이라 하더라도, 내 경험이 다른 사람의 '죽고 싶을 때'에 조금이라도 도움이 된다면 그 '부끄러움'을 광고라도 할 수 있겠다.

'죽고 싶을 때'는, 내가 도저히 이겨 내지 못하거나, 벗어나지 못한다고 느낄 때 오더라. 희망이 없다는 확신이 들 때 오더라. '죽고 싶을 때'는 다른 사람과 비교해서 내가 너무 비참할 때 오더라. 특히나, 그런 부류의 인간들에게 모욕까지 당할 때 오더라. 죽이고 싶도록 미운데 그러지 못하니 내가 죽고 싶더라. 그런데 정말 '죽고 싶을 때'는 아무에게도 말하지 못하고, 아무 데서도 도움이 오지 않을 때 오더라. 결국, 내 감정에 빠져 헤어나지 못하고, 온갖 생각에 잠을 자지 못하면서, 감정과 생각이 육신의 피로와 범벅이 되어서 제어가 되지 않을 때, 내 스스로 죽음에 가까이 찾아가게 되더라.

"인생이 결코 만만치 않다." "인생이 원래 그런 것이다." "이렇게 저렇게 해서 극복하라."라고, 많은 잘난 사람들의 이야기가 있다. 그런데 절망 앞에 선 사람들, 죽고 싶은 사람들에게는 죽고 싶지 않은 잘난 사람들의 '이론'은 들리지 않는다. 정말 죽고 싶을 때가 있다. 결국 죽고 싶을 때는 죽어 버려야 하더라. 그런데 죽는 방법을 조금 다르게 해 보니 다시 살아나더라. '죽고 싶을 때'마다 내 몸으로 경험하며 배운 방법이다.

'죽고 싶은 이유'는 변하지 않는다. '죽고 싶은 이유'를 이기지 못하고 피하지 못하니, 내가 죽어 버리는 것이 가장 쉬운 방법이다. 죽어도 잘 죽기 위해서 '죽는 연습'을 한다. 그래서 일단은 '죽은 듯이 자는 것'이다. 생각이 많으면 잠도 잘 안 온다. 그래도 자는 것이다. 수면제라도 먹고 푹 자는 것이다. 자고 일어나면, 대부분의 '죽을 만한 이유'가 조금 작아지더라. 자고 일어나서 정신이 맑아지면, 그렇게 답답하고 거대하게 느껴졌던 '죽을 이유'가 부딪혀 볼 만해지더라. 며칠 푹 자고 나면 살 만도 해지더라. 그래서 "잠이 약이다.", "시간이 약이다."라는 말이 제일 맞더라.

 이미 스스로 절망해 버린 내 눈에는 다른 사람들은 괜찮아 보일 뿐이지, 모두 큰 짐 한 덩어리씩 짊어지고 산다. 어깨와 등에 짐이 안 보이는 사람들, 그들은 행복해 보이지만, 대부분 그들이 더 불행하다. 남에게 안 보이는 가슴속의 짐이 더욱 힘들다. 그래서 내 인생의 해답은 결코 다른 사람에게서 나오지 않더라. 모두가 자기들 인생의 답을 찾느라, 얼마나 그들도 힘들면, 가까운 친구와 형제의 눈에도 이렇게 죽고 싶은 내가 보이지 않는다. 그들은 그들의 인생을 살고, 내 인생은 내가 사는 것이다. 그래서 내 인생의 역경을 극복하는 답은 결국 나에게서 나온다. 그래서 나는 울부짖으며 소리쳤다. 하늘이 들을 만치 크고 처절하게 울부짖었다. 그것을 하늘과 함께 내가 듣고, 하늘이 나를 통해서 내 인생의 답을 깨닫게 하더라.

 '왜 죽고 싶을까?' 죽고 나면 그것들이 나를 쫓아오지 못하기 때문이다. 그래서 죽어 버리면 제일 쉽다. 방법을 조금만 다르게 죽으면 되더라. 내가 살아서 해결하려고 하니까, 내 능력으로는 도저히 길이 없어서 죽고 싶더라. 그래서 죽어 버렸다. "나는 죽었다." 하고 그냥 하늘에 맡겨 버리니, 살길이 생기더라. 그래서 없어서 못 살고, 힘들어서 못 살게 되지는 않더라. 어떻게든 살아지더라. 그런 과정을 그친 다음에야 다른 기회가 오더라. 어떤 상황도 나를 직접 죽이지는 못하더라. 그 상황에 내가 지레 겁을 먹으니, 내가 '죽고 싶은 때'를 만드는 것이다. "겁시 물에 빠져 죽을 ○○"이라는 말이 있다. 접시 물에 코만 담가져 있는데, 숨 쉬기 힘들다고 포기하는 것과 같다. '죽고 싶은 때'를 지나고 나면, 모든 게 그렇게 하찮은 일이더라.

  앞으로도 나는 더 살아갈 거다. 앞으로도 깊은 계곡, 황량한 사막 같은 상황에 놓일 때가 있을 거다. 그렇지만 나는 더 이상 '죽고 싶은 때'를 만들지 않을 거다. 먼저, 푹 잘 거다. 그다음에는 하늘에 맡긴 채, 나는 뻔뻔하게 살 거다. "죽으면 죽으리라."가 아니고, "죽이려면 죽여 봐라." 하고 살아 낼 거다. 내가 포기하지 않는 한, 나를 죽일 만치 강한 것은 아무것도 없더라. 결국 지나고 보면, 내가 제일 강하더라. 그래서 나는 매일 감사하며 살아 낼 거다.

결혼기념일

내일은 결혼기념일이다. 출근하면서 Wife에게 전화해서 "무엇을 갖고 싶나?" 하고 물었더니, "아무것도 필요 없고, 내일 저녁 식사나 염려하지 않게 해 달라."라고 한다. 무엇이든 Take-Out 해 와도 좋고 외식을 해도 좋으니, '오늘은 무엇을 해 주지?' 하는 고민만 하지 않게 해 달라고 한다. 저녁을 함께 먹으려면 SD에서 늦어도 2시 전에는 퇴근해서 출발해야 한다. 그런데 정말 뭘 먹어야 할지, 나에겐 큰 숙제다. Wife가 뭘 좋아할지 고민해야 하겠다.

대부분의 사람들에게 '결혼기념일'은 중요하겠지만, 나에게는 정말 의미가 깊다. 다 무너져 버린 인생에 새로운 기둥을 세운 날이다. 물론 그 후에도 많은 일을 겪었다. 상처가 많고 심약한 나는, 그 후에도 몇 번이나 '죽고 싶다'는 생각을 했었다. 그러나 그 시절의 나는 정말, '가정'이라는 것, 'Wife'라는 의미를 절감했다. 내가 흔들릴 때 먼저 무너지는 가정이 아니라, 내가 완전히 무너져도 돌아갈 수 있고 재기의 희망을 주며 기도하는 Wife가 있었기 때문이다. 나는 지금도 기억한다. 내가 바닥을 헤매던 수년 동안, 매일 새벽에 기도를 다녀와서 내 아침을 차려 주던 Wife의 얼굴을. 나에게 화를 내지 않고, 기도하면서 실컷 울어서 눈 밑이 부어 있던 얼굴을 기억한다.

Wife가 참 고맙다. 나보다 더 '어른'이다. 사람들과 어울리는 것을 싫어하는 전형적인 IT 전문가이면서 너무 이성적이라, 나처럼 극단적으로 감성적인 성격과는 쉽게 조화되지 못한다. 사실은 서로가 참으로 맞지 않았다. 그래서 긴 세월 동안 많이도 다투었다. 그런데 지나고 보면 대부분 Wife의 말이 옳았다. 60세가 훌쩍 넘어 버린 이제서야 그것을 인정하고 있다. Computer처럼 On/Off뿐인 것 같은 성격으로 그저 평범하고 평탄하게 살고 싶은 Wife가, 유독 삶에 굴곡이 많은 나를 만나서 고생이 많았다. 도리어 내가 힘든 시절에 가장이 되어 나를 지탱하고 지켜 주어서 정말 고맙다.

  이제는 내가 갚으면서 살아야 한다. 요즘도 가끔 다투는 일이 있다. 그렇지만 내가 달라진 것이 있다. 그날의 해가 지기 전에 내가 먼저 화해를 청한다. 그날의 잘잘못을 따질 필요가 없다. 그동안 쌓아 온 내 잘못을 기억하고 Wife의 수고를 생각하면, 내가 매번 무릎을 꿇어도 당연하다. 나라는 사람, 아직도 불같은 성격을 가끔 드러내고, 짜증을 자주 내고, 참을성이 별로 없고, 감정의 기복이 심하다. 그래서 나는 항상 그동안에 쌓여 온 'Wife의 은혜'를 기억하며 살아야 한다. 어버이날, 스승의 날이 있듯이 나에게 결혼기념일은 Wife의 은혜를 기억하는 날이다. 마지막 날까지 이렇게 살고 싶은데 이 변덕스럽고 짜증 많은 내가, 나이가 들수록 잘할 수 있을지 염려된다. 결혼기념일을 맞이하면서, 내 인생에 Wife를 주신 하늘에 감사한다.

TV 앞에서

"나이가 들수록 시간이 더 빨리 흐른다."라고 한다. 그런데 어차피 시간은 누구에게나 같은 속도로 가는데 느끼는 관점에 따라서 다른 것이라면, 나는 나이가 들수록 시간이 느리게 느껴진다. 검도에서의 경험으로 말하면, 젊을 때는 공격해 오는 상대의 칼이 보이지 않고 몸의 움직임이나 칼의 궤적 등으로 순간적인 짐작을 했는데, 이제는 아무리 빠른 상대의 칼이라도 날아오는 것이 보인다. 설사 내 반응 동작이 늦어서 미처 기술을 걸지 못하고 타격을 당하더라도, 칼이 보인다. 시간이 그렇다. 젊은 시절보다 내 반응이 늦어서 많은 일을 하지 못하더라도 그 빠르다는 시간의 흐름이 보인다. 그 순간만 보이는 것이 아니라 그 시간 뒤에 따라올 결과들까지 보인다.

이렇게 시간의 흐름이 보이면, 그 시간들은 그냥 한 방향으로 흘러가는 것이 아니고 순간마다 '결단'에 의해서 방향이 바뀌는 것이 보인다. 검도에 '일도만도'라는 말이 있다. 한 가지의 단순한 기본이 상대와 타이밍에 따라 만 가지 기술이 된다는 것이다. 시간 앞에 선 내가 내리는 순간의 결단이, 곧 만 가지 다른 길을 만들어 내는 것이다. 나는 지금도, 흘러가는 세월을 그냥 살아가는 것이 아니라, 순간마다 내 삶의 궤적을 내 스스로 바꾸며 살고 있는 것이다. 그래서 뭔가 큰 흐름 같은 인생도, 순간마다의 결단으로 이루어지는 것이다.

나는 매일 운전을 할 때도 순간마다 '결단'을 한다. 속도를 얼마만큼 유지할 것인지, 앞의 차를 추월할 것인지, 차선을 바꿀 것인지, 이런 순간의 무리한 결단은 때로는 경찰에 잡히는 결과가 되기도 하고, 큰 사고의 원인이 되기도 한다. 이런 순간의 결정이 중요하다는 것을 인식하지 못한 채 무의식적으로 속도를 높이고 추월하는 것은, 그야말로 운전을 막 하는 것이고, 인생을 막사는 것이다.

나는 요즘, 거의 매일, 이 '결단의 순간'을 후회한다. 그래서 내 인생의 궤적이 조금 비틀거리는 것을 느낀다. 그중에 가장 많은 후회가 'TV 앞에서' 일어난다. 퇴근해서 숙소에 들어가자마자 TV를 켠다. 적막한 것이 싫기 때문이다. 저녁 식사도 식탁이 아닌, TV 앞에서 TV를 보면서 먹는다. 식탁에서 눈을 둘 곳이 없는 것보다 무료하지 않다. 어떤 프로그램을 보고 싶어서 켠 것도 아니다. 그냥 켜 놓고 보다 보면 다음 흐름이 궁금해진다. 그래서 계속 TV 앞에 앉아 있게 된다. 그래도 여기까지는 '그럴 수 있다'고 스스로 봐줄 만하다.

몇 시에 운동을 갈 거라고 Alarm을 켜 놓는다. Alarm이 울리면 '조금만 더, 조금만 더' 하면서 TV 앞에서 당장 일어나지 못한다. 스스로 몸을 피곤하게 하는 운동보다, 안락하게 TV 보기를 내 몸은 더 좋아하기 때문이다. 그래서 나의 결단은 육신의 게으름을 이기지 못한 채, 요즘은 자주 운동을 빼먹는다. 취침을 할 때도 그렇다. 다음 날 출근하기 위해서는 밤 11시까지는 TV를 끄고 일어서야 한다. 그래야 이런저런 정리를 한 후에 기도를 하고 누울 수가 있다. 그런데 내 몸은 매일 꼭 같은 말로 유혹한다. "조금만 더, 조금만 더." 그래서 나는 자주 TV 앞에서 자정을 넘긴다. 그러고는 늦었다는 이유로 치우지도 않고 씻는 것도 미루고, 기도를 하면서 엎드려 졸기도 한다. 그럴 때마다 나는 후회한다. 그리고 다짐을 되풀이한다. '내일부터는.'

요즘 내 삶의 흐름은 'TV 앞에서' 흔들리고 있다. TV 앞에서 내 아랫배는 더 나오고, 내 다리는 가늘어져 간다. TV 앞에서 혼자 사는 SD 집은 더러워지고, 내 몸의 관리도 더러워진다. 나름대로 결단력 있게 살아왔다고 생각했는데, 요즘 나는 TV 앞에서 매번 완패를 당하고 있다. 나는 검도 시합이나 골프 게임에서 지는 것은 부끄럽지 않다. 어쨌든 그 순간에는 최선을 다했기 때문이다. 그런데 TV에게 지는 것은 매일 부끄럽고 후회를 한다. 정말 힘 한번 쓰지 못한 채, 이렇게 허무할 수가 없다.

'주중에는 혼자 있기 때문에 적적해서 그럴 수도 있다'고 스스로를 위로하는 것은 더 이상 용납할 수 없다. 이렇게 계속 살다가는 앞으로의 결과가 뻔히 보인다. 아랫배뿐만 아니라 당뇨에, Cholesterol, 지방간까지. 사는 날까지 건강하게 살기 위해서 지난 40년 동안, 죽고 싶었던 시절에도 운동을 계속해 왔던 내가, 지금 TV 앞에서 무너지고 있다. 오늘, 이번 달 말에 이사할 새 주소로 Internet 이전 신청을 했다. 8월 1일에 이사를 하는데, Internet 설치 Schedule은 8월 2일이 가장 빠르다는 말을 듣는 순간, "그럼 8월 1일 하루 동안은 TV를 못 보는데?" 하는 염려부터 하는 나에게 스스로 놀랐다.

시간의 흐름이 보이는 이 원숙한 시절, 더욱 결단의 순간이 많은 때이다. 이 순간의 결단들이 내 인생의 궤적을 바꾼다. 많은 도전을 이기고 온 내가 지금, 스스로 움직이지도 못하고 스스로 공격하지도 못하는 TV에게 밀리고 있다. 내가 켜 놓고, 내가 끄지 못해서 지고 있는 것이다. 이제 더 이상 밀릴 수 없다. 반드시 이겨야 한다. 내 남은 인생을 바로 살기 위해서는 반드시 이겨야 한다. 이제부터 나는 'TV와의 전쟁'이다.

Poker로 보는 세상

 거의 한 달에 한 번쯤 모여서 노는 'Poker'를 취미 생활이라고 하기에는 무리가 있다. 그것보다는 정원 일을 하고, Project를 세워 뭔가를 만들고, Estate Sale을 돌아다니며 값싼 골동품을 수집하는 것을 더 즐기니, 그것들을 취미라고 할 만하겠다. 그런데 나는 'Poker Game'을 재미있어 하고 즐기고 있다. 얼마를 따고 얼마를 잃었는지는 며칠만 지나면 잊어버리지만, 그 짜릿한 느낌은 제법 오랫동안 기억에 남는다. 너무 자주 하다 보면, 혹시 '도박'으로 가지 않을까 자제해서 한 달에 한 번 정도만 할 뿐이다. Poker를 한 날 밤은 쉽게 잠이 들지 않는다. 짧은 순간마다 끊임없이 계산하고 결정을 해야 하기 때문에, 뇌가 바쁘게 돌았기 때문이다. 어쩌면 나는, 그런 점에서 Poker를 즐기고 있는지 모른다.

 나는 Poker Game에서 작은 세계를 본다. '금수저'를 본다. 애초부터 좋은 기본 패를 가진 사람이 이길 확률이 높은 것이 당연하다. 어떤 때는 그 차이가 전혀 좁혀지지 않고 끝나는 경우도 많다. '흙수저'를 본다. 조건이 안 좋아서 출발할 때부터 '죽을까 말까?'를 고민한다. 처음부터 포기하는 사람도 있고, 조금만 더 버티면서 반전의 기회를 노리는 사람도 있다. Poker 판이 세상보다 공평한 것은 판마다 금수저와 흙수저가 바뀔 수 있고, 이번 판을 지거나 포기해도, 다음 판이 있다는 것이다. 세상과 비슷한 점은 끗발 좋은 사람이, 하늘이 돌보는 사람이 최고라는 것이다.

 Poker에서는 항상 내 것을 남의 것과 비교한다. 내 것이 아무리 좋아도, 상대보다 한 끗이라도 낮으면 진다. 내 것에 만족하지 못하고 비교하며 경쟁하는 세상을 본다. 내가 가진 것을 숨긴 채 표정 관리를 하고, 때로는 개뿔도 없으면서 허세 Bluffing을 부려 상대의 기를 죽여서 포기하게 만드는 뒷골목도 본다. 확률적으로는 가망이 없어 보이는데도 '요행'을 바라면서 끝까지 포기 안 하는, 그야말로 '도박'을 본다. Poker 판에서 이기기 위해 온갖 속임수를 쓰는 사람도 있다고 하니, 이것이 정말 세상의 축소판 같다.

나는 Poker Game에 참석하기 전에 다짐을 한다. '어떤 상황에서도 기본을 지키자'는 것이다. '감이 아니라 비교와 계산'이라는 것이 내가 생각하는 Poker의 기본이다. 결국 Poker는 '숫자'이고 '확률'이기 때문이다. Table에 깔린 카드들을 보면서, 눈에 보이지 않는 흐름을 읽어야 한다. 경제와 사회, 정치 뉴스를 보면서 Stock Market의 흐름을 예견하는 것과 마찬가지다. 그러나 예견은 근거 없는 '감'이 되어서는 안 된다. 헤아리고 계산해서, 적어도 '확률'로 나와야 하고, 그 확률에 의해서 진퇴를 설정해야 한다. 나는 이런 점이 특히 사업의 기본, 경영의 기본이라고 생각한다. 돌이켜 보면, 내가 실패했을 때는 모두 기본을 무시하고 '감'과 '인간의 믿음'을 중시했던 때였다. 또 하나의 기본은, '7장의 Card 중에서 5장까지의 Card를 받을 때까지, 50% 이상 이길 만한 계산이 안 되면 포기하라'는 것이다. 다른 사람이 뭐라 해도 이것은 내 기준이다. 지인들과 몇 시간을 Poker 치고 몇십 불을 잃거나 따는 것이 승부가 아니다. 이긴 사람은 다음에 간식을 사면 되는 것이다. 내가 즐기는 Poker의 승부는 나 자신과의 대련이다. 어떤 상황에서도 평정심을 잃지 않고 잘 버텨 냈느냐는 것이다. 이겼다고 흥분해서 내

지르지 않고, 졌다고 초조해서 과욕을 부리지 않고, 정말 Poker를 돈을 따기 위한 Gamble이 아니라, 우리 집에 사람들을 초대해서 재미있는 Party로 보냈느냐 하는 것이 나의 승부이다. 모두가 "재미있게 놀았다." 하고 헤어질 때, 나는 승자의 기쁨을 느낀다.

   Poker를 하다 보면, 가끔은 Poker가 아닌 다른 사소한 부분에서 감정싸움이 일어난다. 오랜 시간 머리를 맞대고 신경을 날카롭게 세워서 Game을 하다가, 가볍게 던진 농담 한마디에도 예기치 않은 반응이 나오기도 한다. 그런 경우에 선을 넘어서 실수하는 사람은 대부분 정해져 있다. 어차피 함께 Game을 계속할 거라면, 서로 이해하고 다독거리며 넘어가야 한다. 여기에도 작은 세상이 있다. 세상 어디에도 그런 사람이 있고 그런 상황이 있다. 치열하고 복잡한 세상에서 많은 경험을 하며 살아왔는데, 내가 지금 매일 살아가는 세상은 제한되고 단조롭다. 잊었던 세상의 모습을 Poker Game을 하면서 가끔씩 돌이켜 본다. 쓸 만한 패 한 장 손에 쥐지 못하고 세상에 나와서, 이만큼 살아온 내 삶을 하늘에 감사한다.

Lane Change 차선 변경

출근길에 Highway 5번 South 방향을 달리면서 Wife에게 전화를 했다. 통화를 하는 중에, 앞의 차가 조금 느린 것 같았다. 거의 무의식 중에 오른쪽 차선으로 바꾸려고 핸들을 돌리면서 사이드미러를 힐끔 보았다. 빨간 승용차가 바로 오른쪽에 있었다. 놀라서 핸들을 원위치로 돌렸다. 빨간 차가 내 차를 추월하면서, 운전하는 여성이 매서운 눈으로 나를 보며 지나갔다. 큰일 날 뻔했다. 아무리 차에 장착된 Hand-Free Phone이지만, 통화를 할 때는 정신이 집중되지 않은 상태이고, 앞차가 조금 느린 것이 특별한 불편함을 주지도 않았는데, 그것을 참지 못해서 '순간적인 판단'이라는 것도 하기 전에 핸들을 돌려 Lane Change를 하려고 했고, 자칫 큰 사고를 낼 뻔했다. 전화를 하느라 신중하지 못한 상태에서, 이유 없이 서두르는 버릇으로 위험한 상황을 만들었다.

나는 평소에 운전을 하면서 Land Change를 거의 하지 않았다. 주로, 두 번째 Lane에 들어서서 고집스럽게 목적지까지 가는 것이 버릇이었다. 그런데 집과 SD를 오가는 장거리 운전을 하면서부터 속도가 빨라지고 Lane Change를 자주 하게 되었다. 월요일 새벽에는 Traffic 걸리기 전에 회사에 도착하고, 금요일에는 집에서 저녁을 먹으려고 속도를 낸다. 요즘은, Highway 제한 속도 65마일에, 보통 80마일을 달린다. 거기에다가 앞차가 조금이라도 느리게 느껴지면 바로 추월을 한다.

나는 살아오면서 Lane Change를 많이 했다. 내가 탄 차는 고물 차이고 Engine도 시원치 않았는데, 다른 차들보다 빨리 달리고 싶었다. 소리가 요란하도록 속도를 높이고, 급하게 Lane Change를 하면서 달려왔다. 어떤 때는 Engine이 과열되어 연기가 나고, 길 위에서 멈춰 서기도 했다. 과속으로 달리다가 사고도 여러 번 당했다. 어쨌든, 지금은 제법 평탄한 길을 달리고 있다. 이제는 속도를 늦추면서 창문을 열고, 맑은 공기와 주변 경치를 즐기면서 종착지로 가야 할 때다.

그런데 나는 지금도 조급한 것 같다. 이제 시간도 얼마 없을 테니, 아직도 몇 군데를 더 들러서, 뭔가를 챙겨서 가고 싶은 모양이다. 내 마음 속의 조급함 때문에 속도를 높이고 있다. 그렇지만 별생각 없이, 무의식적으로 속도를 높이는 것은 위험하고 죄악이다. 나뿐만 아니라 다른 사람을 다치게 할 수도 있다. 내가 여기서 또 한 번 사고를 내면 내 가족은 큰 낭패를 당할 텐데, 나는 또 달리고 있다.

나는 4차선 도로의 3차선에서 달리고 있다. 1차선은 HOV (High Occupancy Vehicle) Lane이다. 소위 '금수저'들만 달린다. 2차선은 '성공했다는 사람들'이 달린다. 그 성공의 기준이 주로 '돈'이라는 것이 불편하지만, 그게 이 사회의 도로이니 할 수 없다. 4차선은 막 Highway에 올라왔거나 곧 내려야 하거나, 아니면 아직 속도를 내지 못하는 힘든 차들이 달리고 있다. 물론, 아직 Highway에 올라오지 못한 사람들도 많다.

나는 계속 왼쪽으로 Lane Change를 하고 싶어서 열심히 달리면서 기회를 보고 눈치를 보면서 살아왔다. 이제는, 일단 Highway에 올라와서 한 Lane을 왼쪽으로, 4차선에서 3차선으로 들어온 것만 해도 다행이고 감사하다. 많은 사람들이 Lane Change를 하려다 사고가 나고, 빠른 Lane으로 들어와서 능력보다 빠르게 달리다가 무너지기도 한다. 아직도 한 가지 남은 내 욕심은, 종착지까지 이 3차선을 계속 달리고 싶은 것이다. 그런데 운전석이 왼쪽에 있다 보니, 4차선의 차들은 안 보이고, 나보다 한 칸 높은 2차선에서 쌩쌩거리며 달리는 고급차들이 보인다. 요즘 내가 만나는 대부분의 사람들이 2차선을 달리는 사람들이라 그런가 보다. 무의식중에 그들과 비교하게 되고, 무의식중에 내가 가진 것이 모자라다는 생각을 하게 되고, 그리고 '더 가지고 싶다'는 욕심을 품게 된다. 그래서 답답함을 느끼나 보다. 그래서 무의식중에 속도를 높이고 조급하게 Lane Change를 하고 싶은가 보다.

내 차는 애초부터 성능이 좋지 않았다. 고맙게도 지금까지는 잘 달려왔지만, 이제부터는 고장 없이 달리는 것만으로도 감사하다. 잠을 줄이며 열심히 일하고 공부했고, 항상 목표를 정해서 채근하며 달려왔다. 이제 더 이상은 빨리 달릴 능력이 안 된다. 내 능력 이상으로 무리를 하면 무엇인가 고장이 나서 아예 4차선 밖으로 차를 세워야 할 수도 있다. 이만한 차로 3차선을 달리는 것만으로도 감사하다고 하면서, 나의 욕심은 자꾸 2차선을 부러워하고 힐끔거린다. 나는 이제 안다. 종착지에 도착하면, 어느 Lane을 타고 왔는지 아무도 묻지 않는다. 남보다 빨리 도착했다고 상을 주지도 않는다. 어쩌면, 쉬엄쉬엄 가는 것이 지혜일지도 모른다.

이제 더 이상, Lane Change를 꿈꾸지 않는다. 2차선으로 올라갈 것을 꿈꾸지 말고, 4차선으로 밀려날 것을 준비하며 신중하게 속도를 지키자. 어차피 목적지에 도착하면 4차선으로 바꾸고 Highway에서 내려야 할 것을, 자꾸 왼쪽을 보면서 욕심내지 말자. 지금도 3차선을 달리게 해 주신 하늘이 감사하다.

좌우 비교

 지난 주말에, San Francisco에 살고 있는 첫째와 둘째 딸애 집으로 갔었다.
 일요일 새벽에 SF에서 집을 향해서 출발했다. 괜히 우리 아침 식사를 차리느라 아이들을 번거롭게 할 것 같아서 커피만 준비해서 나왔다. 101번, 5번 Highway South로 집까지는 6시간 30분 걸린다고 GPA에 나왔다. 이렇게 장거리 운전, 특히 오전 운전은 Wife가 주로 한다. Wife는 운전을 즐기는 것이 큰 다행이다.
 오전 10시를 지나면서 배가 고파 왔고, 차에 Gas도 넣어야 할 때라서 'Bravo Farm'이라는 광고판이 붙은 Exit에서 내렸다. Wife가 좋아하는 In-N-Out Burger 가게가 있었다. 거의 Brunch로 Burger를 먹기로 하고 가게로 들어갔다. 일반적으로 In-N-Out Burger는 Take-Out을 주로 하기 때문에 Drive Thru가 긴 줄을 이루는데, 이곳은 Drive Thru에는 전혀 사람이 없고 In Store가 넓고 Table이 많았다. 모두가 장시간 운전하던 중이라, Hamburger를 먹을 때라도 잠시 쉬어 가자는 공통된 마음들인가 보다.
 한 테이블에 네 사람이 마주 앉도록 디자인이 된 테이블인데, 2인용 의자치고는 두 사람이 앉기에는 좁았다. 우리 왼쪽 테이블에는 백인 부부가 왔는데, 자리를 잡자마자 남자는 겉옷을 두 의자에 걸쳐 놓고 주문하러 가고, 부인은 옆자리에 핸드백을 놓고 앉았다. 다른 사람이 앉지 말라는 것이다. 채 몇 분이 지나지 않아서 가게 안은 만원이 되어 사람들은 빈자리를 찾으러 두리번거리고 있었다. 어느 70대 백인 남성이 우리에게 와서 옆에 앉아도 되겠느냐고 묻길래 Welcome 했더니, 곧 그의 부인도 와서 앉았다. 남편은 일상용 반바지에 장거리 여행 하기 좋은 간편한 복장, 부인은 그냥 수수한 차림이었는데, 조용하고 품위 있게 보였다. 대화도 서로 웃으면서 조용조용했다. 왼쪽의 부부는, 자리를 찾는 다른 사람들이 그 빈자리에 놓인 핸드백과 자기들의 얼굴을 번갈아 보고 있는데도 모른 척하는 모습이 역력했다. 그런데 사람들이 그냥 다가가서 "옆에 앉아도 되겠느냐?"라고 물어보지 못할 특별한 이유가 있어 보였다. Wife 말이, 당장 그 자리에 놓아둔 핸드백이 아주 비싼 명품이란다. 그리고 그 부인은 머리에서 발끝까지 '최고급' 표시가 나는, 귀티가 나는 보석과 옷으로 덮여 있었다. 남편도 마찬가지였다. 머리카락 한 올 흐트러짐 없는 모습에 비싸게 보이는 명품 옷들, 손목에 찬 시계에서는 '최고급'이라는 소리가 나는 듯했다. 그들은 대화 없이 햄버거를 먹으면서 소리 없이 모두에게 말하고 있었다.

"우리가 할 수 없이 당신들과 함께 햄버거를 먹고 있지만 너희와는 달라. 같이 앉을 수는 없어."

조금 후에 오른쪽 부부의 햄버거가 나왔다. 두 사람은 햄버거를 앞에 두고 손을 맞잡더니 남편이 조용히 기도를 했다. 그리고 웃으면서 대화하며 먹기 시작했다. 나는 일어나면서 그 남자에게 "오늘 일찍 출발하느라 교회에 가지 못했는데, 당신 부부의 조그만 행동을 통해서 하늘이 우리 부부에게 깊은 Message를 주신 것 같다. 참 고맙다. 건강하고 복 많이 받으라." 하고 인사했다. 그 부부도 참 좋아하면서 인사를 했다.

Wife와 나는 같은 마음이었다. 그 좌우의 부부를 보면서 비교하게 되었고, "우리는?"이라는 도전을 받았다. 우리가 어떤 생각을 가졌는지, 우리가 어떻게 사는지는 말과 행동에서 묻어 나오는 것이다. '우리도 나이 들어 가면서 저렇게 익어 가자'는 대화를 했다.

아직도 나는 '헤아려 보면 가진 것이 별로 없는데, 무엇을 가지고 은퇴하나?' 하는 걱정을 가끔 한다. "내 인생에 이만한 풍족함도 누려 봤으니, 앞으로 어떤 환경에 처하더라도 감사하면서 살 수 있다고."라고 말을 하면서도, 나는 이런저런 계산으로 욕심을 끊지 못하고 있다. 적어도 우리 부부의 눈에는, 누가 봐도 풍족하고 Class가 달리 보였던 왼쪽 테이블의 부부보다, 하나도 고급지지 않았지만 부드럽고 사랑스러운 오른쪽 부부가 더욱 품위 있게 보였고 닮고 싶었다. 오늘 In-N-Out Burger에서 만난 두 부부들은 나와 Wife에게 꼭 같은 Message를 주었다. '우리의 선택은 어느 쪽인가?'

아이들을 보고 집으로 돌아오는 길, 아이들은 모두 잘 살고 있고, 우리는 내일 또 출근할 일터가 있다. 그것도 남보다 고급스러운 집, 남보다 고급스러운 직장에서의 위치. 이만하면 우리의 고급은 이미 차고 넘친다. 이번 여행에서, SF의 요양원에 계시는 외삼촌을 뵙고 느낀 것은, 앞으로 우리가 건강한 몸과 정신으로 살 수 있는 세월은 길어야 20년쯤 같다. 지난 세월을 감사하며 은혜를 갚기에도 짧은 세월 같다. 남은 것에 만족하며 감사하고, 모자라면 모자라는 대로 부부가 손잡고 기도하며 살자. 이름도 모르는 오른쪽 테이블의 부부에게 감사하며 하늘의 축복을 기도한다.

이삭줍기

말 한 마디, 글 한 줄이 사람의 마음을 감동시키고, 때로는 인생의 큰 좌표가 되어 영향을 미칠 때가 있다. 그래서 신앙을 가진 사람은 성경이나 불경 구절을 외우며 스스로에게 되새긴다. 어린 시절에 위인전을 많이 읽게 하는 교육 과정도 비슷한 맥락일 것이다.

나는 책을 읽거나 TV를 볼 때, 메모지와 펜을 가까이 둔다. 주로 두 가지 용도로 쓰인다. 모르는 단어가 나오면 적어서 찾아보고, 좋은 말들이 나오면 적어서 모아 둔다. 어릴 적에 만화를 보면서도 좋은 말이 나오면 쪽지에 적어 두었다가 공책에 옮겨서 모아 두었다. 그냥 '좋다'는 순간적인 감동만으로 지나칠 수 있는 것들을 모아 두니 큰 쓸모가 생기더라. 웅변 원고를 쓸 때 큰 도움이 되었다. 이것이 마치 '이삭줍기' 같다. 땅에 떨어져서 밟히고 묻히고 새들의 모이가 될 것들이 모아져서, 배고픈 이의 한 끼 양식이 될 수 있는 것이다.

오늘도 TV를 보다가 멋진 대사를 듣고는 메모지에 적었다. 그러고 보니, 최근에는 이런 빈도수가 많이 떨어졌다. 가끔 적어 놓기는 하는데, 그 메모지들을 정리해서 Computer에 입력해 두는 정성이 끊어졌다. 모르는 영어 단어를 찾은 메모지를 모아 두었다가 한 번씩 훑어보면 영어 공부에 크게 도움이 되었고, 좋은 대사를 적은 노트를 읽으면 새로운 감동을 받았는데, 이제 그런 열정이 식었다. '이삭'을 줍지 않아도, 나만의 철학으로 살 수 있다는 자만에서 나온 것 같다.

'돈'에 대해서도 그렇다. 집의 현관 입구에 조그만 통을 두었다. 밖에 나갔다가 집에 들어올 때마다 호주머니 속에 있던 동전들을 모아 두는 통이다. 1Cent짜리부터 Quarter까지, 한 달쯤 지나면 제법 모인다. 그러면 그것을 Garage에 있는 5Gallon짜리 생수 통으로 옮긴다. 투명하고 병 입구가 커서 동전을 모아 두기에 좋다. 연말에 동전을 포장하는 봉투를 구해서, 동전들을 쏟아 내고 단위별로 포장해서 은행에서 환전하면 제법 큰돈이 된다. 어느 때부터인가, 이 동전을 모으는 통이 우리 집에서 사라졌다. 현금 대신에 Credit Card를 많이 쓰게 된 영향도 크지만, 현금을 쓴 후에 거스름돈을 받을 때 동전이 따라 나오면 귀찮아졌다. 호주머니나 차 안에 두기도 성가시다. 그래서 아예 안 받기도 하고, 모금 통이 있으면 주저 없이 넣어 버린다. 마치 휴지통에 쓰레기 버리듯이. 이제는 '이삭'을 모으지 않아도 살 수 있다는 건방짐에서 나오는 것이다.

'시간'에 대해서도 그렇다. 나는 적어도 시간 속에서는 열심히 살아 왔다. 당장 무엇이라도 해야 했고, 움직이지 않으면 가라앉을 수밖에 없었기에 죽으라고 발버둥 치며 살아왔다. 그런데 지금의 나는, 소파에 앉아서 흘려보내는 시간이 너무 많다. 나이가 들수록 남아 있는 시간이 줄어드는데, 그 시간들을 버리고 있는 것 같다. 10분, 20분의 단위가 아니라 몇 시간을 넘어서 하루 이틀의 시간마저 자주 허비한다. 그것도 특별한 이유 때문이 아니라, '조금만 더, 조금만 더' 하면서 TV를 끄지 못하고, 게으름에 빠져서 그렇다. 이건 더 이상 '이삭'이 아니다. 내가 언제부터 먹고살 만해졌다고, 이삭이 아닌, '볏단'이 쓰러져도 줍지 않고 있는 것인가?

'인간관계'에서도 그런 현상을 본다. 나는 친구나 지인들에게 먼저 연락을 하는 편이다. 그래서 제법 인맥이 넓고 좋은 편이다. 그런데 몇 년 전부터 이런 것들이 귀찮아졌다. 내가 먼저 연락을 안 하면 전혀 연락이 없는 사람들에게 실망하고, 때로는 작정하고 연락을 했는데도 시큰둥한 반응이 나오면 회의가 들었다. '내가 굳이 이렇게 살 필요는 없겠다.' 싶었다. 요즘은, 명단을 훑어보고 주기적으로 연락을 하던 습관이 없어졌다. 별로 궁금하지도 않다. 나이가 들어 가면서 '주변 정리'를 하는 과정인가? 아니다. 이제, 이삭을 모으지 않아도 외롭지 않다는 배부름에서 나온 것 같다.

 내 나이, 아직 어두워지지는 않았지만, 이제 서쪽 하늘에 노을이 생기는 시절이다. Millet의 작품 「The Gleaner 이삭 줍는 여인들」의 배경이 이때쯤일 거다. 이제부터 이삭줍기를 할 때다. 좋은 말과 글도, 적은 금액의 동전도, 흘려 버리는 시간도, 나의 지인들과 Network도, 빠뜨리지 말고 주워 모으자. 공사장에서 버린 돌이 어느 집의 기둥을 받치는 돌이 되듯이, 필요 없다고 소홀히 버린 것들이 언제 어디선가 귀중하게 쓰일 곳이 있을 것이다. 설사, 훗날 쓰일 일이 없더라도, 작은 것을 귀중히 여기고, 사람들에게 연락을 먼저 하는 것이 마땅하다. 언제부터인가, 내 허리가 곧고 뻣뻣해졌나 보다. 하늘 아래서, 사람들 앞에서, 겸손하게 허리를 깊이 숙이고 떨어진 이삭을 줍자.

홀로 살아왔다

요즘 부쩍 주위 사람들이 나에게 이런 질문을 한다.

"SD에 혼자 떨어져 있는 것이 힘들지 않아요? 조 사장이 그만두든지, 부인이 일을 그만두든지 해서 함께 살아야지."

나를 진정으로 염려해 주는 마음임을 안다. 그런데 그들은 쉽게 이해하지 못한다. 이것이 나에게 얼마나 큰 축복이고 감사한 일인지.

고교 1학년 때 집을 나왔을 때부터, 나는 '홀로 산다'는 것을 몸으로 겪었다. 그때의 '홀로'는 비참했다. 나를 '동생'이니 '후배'니 하면서 '노예'처럼 이용하는 것을 알면서도 참아야 했다. 집에 들어가서 밤마다 술 취한 아버지에게 맞을까 공포에 떠는 것보다는 나았다. 하루 두 끼 밥과 잠자리를 받는 대신에, 하루 서너 시간 소리 지르며 웅변을 가르치고 학원 청소를 했다. 학교 갈 버스비와 학비는 받은 적이 없는데, 어떻게 해결했는지는 기억이 안 난다.

대학 1학년 때, 나만 한국에 둔 채 가족이 미국으로 이민을 떠난 후 4년 반 동안, 그때의 '홀로'는 참 불쌍하고 안타까웠다. 공부를 거의 포기할 뻔했는데, 다시 도전해서 대학에 입학했더니 남보다 잘할 수 있겠더라. 그런데 책상이 없었고, 책상에 앉을 시간이 없었다. '여기에서 누군가 조금만 도와준다면' 하는 망상이 많았다. 하고 싶은 것도 많았는데, 가난이 부끄러워 사랑 고백조차 못 한 채 포기하고 억누르며 살았다.

미군 복무 시절의 '홀로'는 그야말로 '깡'에 맡긴 세월이었다. "이 모진 인생아. 그래, 한번 붙어 보자." 하고 덤볐다. 영어로 "모여, 헤쳐."

라는 말도 못 알아들으면서, 세계 어느 곳이든 제일 먼저 참견하는 미 육군의 의무병이었으니, 그야말로 외국인 용병 같았다. 근무를 마치면 군복을 입은 채로 1시간을 걸어서 인근 대학에서 강의를 들었다. 그런 '깡'은 제대 후에도 이어졌다.

제대 후에 LA에 와서 대학을 다니던 '홀로' 시절은 그래도 희망이 있었다. 밤새도록 일하고 새벽에 쪽잠을 잔 후에 학교 가기를 4년, 새로 출발하자는 각오가 있었기에 대학 1학년부터 다시 시작했다. 내가 신앙생활을 가장 열심히 했던 시절이기도 하다.

내 아이들과 함께 못 살고 '홀로'가 되었을 때는 정말 '절망'이었다. 죽으려고 여러 방법으로 몇 번을 시도했지만 죽지 못하고, 사는 것이 죽는 것보다 더 힘들다는 것을 느낀 시절이었다.

약 11년 전에, 사업을 한다고 한국에 나가서 3년 동안을 스스로 '홀로'가 되었을 때는 '공포'의 시절이었다. 한국은 나에게 외국이라는 이유로 배타적이었고, 나를 속이고 내 것을 빼앗아 갔다. 은퇴연금과 집의 Equity까지 탕진하고 미국으로, 가족에게 돌아오기도 힘들었다. '이제 어떻게 사나?' 이제 '영원한 홀로'가 될 것 같았다.

그런 것들에 비교하면, 내가 SD의 사업을 맡아서 주중에는 홀로가 된 것은 축복이다. 뒤돌아보면, 내 인생은 '홀로'의 연속이었다. 그런데 지금의 홀로는 지금까지의 '홀로'와는 다르다. 사는 데 모자람이 없고, 도리어 넘친다. 주말에 집에 올라가면 항상 반겨 주는 Wife가 있고, 또 홀로 내려가서 주중을 홀로 지낼 거라는 애틋한 생각에 서로 많이 양보한다. 주중에 홀로 있으면서 외롭고 무의미한 시간을 보낼 때도 많지만 생각을 많이 하고, 기도를 많이 하고, 이렇게 글도 쓸 수 있다. 그리고 꾸준히 운동도 할 수 있다. 좋은 집에 좋은 차, 이젠 어떻게 하면 다른 사람들과 나누며 의미 있는 은퇴를 할까 기도한다. '하늘에서 뭔가 떨어져서 이 죽을 만큼 힘든 상황 좀 벗어났으면' 하고 중얼거리던 내 입에서, '나눔'이 나오고 '감사'가 나온다.

내 인생에서 '홀로 산다'는 것은, 외롭고 힘들고 슬프고 무섭고 비참했지만, 이제 수양과 기도와 감사로 마무리할 수 있는 기회가 된 것 같다. 다시 옛날로 돌아갈 수 있다고 해도 난 그럴 생각이 전혀 없다. 좀 더 오래 살고 싶은 생각도 없다. 각본으로 쓴다고 해도 어려울 만큼 충분하게 힘들었고, 이만큼이면 충분하게 감사하다. 그래도 이제 앞으로 몇 년간의 '홀로'가 마지막 '홀로'이기를 바란다. 마지막에는, 외롭지 않으면서 감사하며 살고 싶다.

뒤처리

운동을 다녀와서 샤워를 마친 후에 Bathtub을 닦으면서, '내가 언제부터 이렇게 뒤처리를 깔끔하게 하지?' 하는 물음이 들었다. 나는 사무실 책상 외에는 대부분의 뒤처리를 깨끗하게 하는 편이다. 사무실의 책상 위에는 주로 숫자를 계산하는 서류들이 많다. 어느 순간에 계산이 맞지 않거나 예상한 사업 결과가 나오지 않으면 Stress가 생긴다. 그럴 때는 계산을 멈추고 그대로 둔다. 이 서류들을 정리해서 넣으면 다시 펼칠 때, 어떻게 해서 그때까지의 결과에 이르게 되었는지, 지난번에 어디에서 멈추었는지를 찾아내는 데 애를 먹는다. 그런 책상 위의 서류들 외에는 매번 일을 마칠 때마다 정리를 잘하는 편이다.

월요일 새벽에 집을 떠나 SD로 오기 전에는, 마치 집에서 내 흔적을 지우려는 듯 말끔히 정리를 한다. TV Remote Control들까지 줄을 맞추어 놓고 나온다. 샤워를 마친 후에는 바닥에 떨어진 머리카락 한 올까지 휴지로 닦아 내고, 내가 누웠던 침대의 주름진 시트도 펴 놓고 나온다. 나는 변기 뚜껑을 닫은 후에 Flush를 한다. 그런데 뚜껑이 닫힌 상태에서 Flush를 하면, 정말 깨끗하게 되었는지 보이지 않는다. 그래서 Flush가 끝난 후에 다시 뚜껑을 열어서 확인한다. 내가 뒤처리를 철저히 하는 이유는, 뒷사람을 위한 배려이면서, 내가 그런 상황을 당하기 싫기 때문이다. 내가 떠난 후에 Wife가 TV Remote Control을 못 찾아서 두리번거리는 경우를 만들기 싫고, 내가 다른 사람의 머리카락이 떨어져 있는 샤워장에서 샤워하기 싫기 때문이다. Wife가 잠자리에 들 때 깔끔한 침대를 만들어 주고 싶고, 누군가가 미처 내리지 못한 Toilet을 마주할 때가 가장 짜증 나는 순간이기 때문이다.

집에서 일할 때는 여러 가지 공구를 쓴다. 특히나 시멘트나 페인트 작업을 할 때는 쉽게 어질러진다. 계획대로 일을 끝내지 못하고 중간에 그만두게 되더라도, 일단 공구를 모두 닦아서 창고에 정리해서 놓고 주변 청소까지 마친다. 내일 다시 꺼내서 쓰더라도, 내일에는 또 어떤 변수가 생길지 모르기 때문이다. 내일은 아직 내 것이 아니기 때문이다. 내일 바쁜 일이 생겨서 일을 계속하지 못하고 공구를 그대로 두었다가, 누군가가 지나가다가 다칠 수도 있다.

나는 요즘 회사에 대한 걱정이 많다. SD와 집을 운전으로 오가는 것도 힘들고, 주중에 혼자 있는 것도 지쳐 간다. 앞으로 2-3년 안에는 뭔가 잘 짜인 Business Structure를 만들어서 넘겨주고 싶다. 그것은 후배들을 위하고, 회사를 위한 것일 뿐 아니라, 내 은퇴 후의 삶을 더 윤택하게 만드는 일이다. 내가 10년쯤 CEO를 맡은 회사의 뒤처리를 잘해서, 좋은 후배에게 물려줄 수 있으면 좋겠다.

혹시 내가 일찍 세상을 떠난다면 Wife와 세 딸은 별로 걱정이 안 된다. 모두 강하고, 성실하고, 나름대로 기반을 잘 잡고 있다. 그런데 내 가슴속에 항상 안타까운 아들, 내가 살아 있을 동안 정신을 바로 차리지 못하면, 그 인생이 불쌍해서 어떡하나 싶다. 아비라는 것이 그런가 보다. 앞에서는 냉정한 자세를 지켜 왔지만, 그런 상황을 예상하면 가슴이 돌덩이로 굳어지는 것 같다. 이에 대한 뒤처리를 어떻게 할지, 항상 고민하고 기도한다. 그러나 아들의 인생은 아비에게 달린 것이 아니고, 본인의 선택과 하늘에 달렸다. 아비로서 최선을 다하되, 내가 떠나게 될 때는 미련을 가지지 않도록 기도한다.

내 인생의 뒤처리, 만약의 준비들을 매일 하면서 살려고 한다. 만약의 경우를 대비해서 항상 깨끗한 속옷을 입고, 자동차에 여분의 옷을 넣고 다닌다. 그리고 내가 무엇인가 숨기고 있는 것은 없는지를 돌이켜 본다. 살아 있을 때, 감추고 싶은 것이 있을 수 있다. 그러나 내가 떠난 후에 그것들이 들춰지고 부끄럽게 되어서는 안 된다. 부끄러운 것은 숨기지 말고 반성하고 고백해서, 용서받아서 뒤처리를 해야 한다. 만약을 위해서 조금씩 만들어 둔 투자 구좌는 어디엔가 기록으로 남겨서, Wife나 자식들이 애초의 목적에 맞게 사용하도록 뒤처리를 해 놓고, 갑자기 후원이 끊기면 곤란을 겪을 학생들을 위해서는, 내가 없어도 두세 달은 더 후원해서 준비할 여유를 주도록 뒤처리를 해 놓아야 한다.

내가 숨기고 덮었던 부끄러운 것들이 내가 떠난 후에 나와서, 내 삶과 내 가족이 욕되지 않도록, 하루하루를 살아가는 단위로 말끔한 뒤처리를 하는 것이 중요하다. 그런 점에서는, 이렇게 일기를 쓰는 것이 참으로 유익하고 감사하다.

아버지

나는 어릴 적부터 '아버지'라는 단어조차도 싫어했다. 열심히 사는데도 지독한 가난에서 벗어나지 못했던 내 아버지는 그 답답함을 애꿎은 가족에게, 매일 밤 술에 취해 들어와서 장남인 나와 어머니를 때리는 것으로 화풀이했다. 나는 아버지가 지긋지긋했고 하루빨리 돌아가시기를 빌면서 살았다. 그랬던 아버지가 84세로 돌아가신 지 6년째다. 나는 가끔 아버지가 보고 싶다.

아버지는 60세쯤에 완전히 바뀌셨다. 매일 새벽 4시에 일어나서 교회로 가서 파킹장과 예배당을 청소한 후에 새벽기도를 마치고 돌아와서 출근하셨다. 교인들이 아버지를 교회에서 월급을 받는 탁사로 알았단다. 가게에서 장사를 마치고는 저녁에는 밤늦도록 성경을 읽으셨다. 70세에 은퇴하신 Bakersfield의 잡화 가게는 아버지의 영어 이름을 딴 "Dan's Discount"로 내가 만들어 드렸는데, 그 가게가 잘되어 노년에는 돈에 쫓기지 않고 사셨다. 아버지는 감사하는 마음, 속죄하는 마음으로 그렇게 교회에 봉사하며 사셨던 것 같다. 연세 70 중반에는, 교회의 담임목사님이 출장으로 자리를 비우면 아버지에게 대신 설교를 부탁했고, 외부 목사님들이 Bakersfield를 방문하면 일부러 아버지를 만나고 가는 일들이 벌어졌다. 교계에서도, 한인 사회에서도 재야의 고수쯤으로 인식이 되었나 보다. 나에게는 정말 생소한 상황이었다.

Wife와 우리 아이들과 조카들이 기억하는 '시아버지', '할아버지'는, 내가 가진 '아버지'에 대한 기억과는 너무 다르다. 항상 웃고 인자한 얼굴, 큰소리 한 번 내지 않으시는 분이란다. 우리 아이들은 지금도, "아빠는 할아버지처럼 귀여운 할아버지가 되세요."라고 말한다. 그런 아버지는 항상 나에게 미안해하셨다. 아버지 연세 70쯤에 내가 먼저 찾아가서 아버지와 화해를 했다. 아버지는 "부끄러우니, 더 이상 옛날이야기를 하지 말자."라고 하셨다. 그 후로도 나에게는 별말씀을 않으셨다. 가끔 아버지 댁에 들렸다가 나올 때, 말없이 환갑이 다 된 내 엉덩이를 툭툭 치셨다. 그것을 본 Wife가, "아버님께서 당신이 참 고맙고 장하다고 생각하시는 것 같다." 하고 말했다. 아버지를 통해서 느낀 것이 있다면, '사람도 변할 수 있다'는 것이다.

그런 아버지를 가졌던 나는, 결코 '그런 아버지'가 되고 싶지 않았다. 그래서 나는 술 취하는 것을 싫어한다. 내 앞에서 술 취한 모습을 보이는 사람도 싫어한다. 가끔 술을 마시는 경우에도 술 취하는 기분이 싫고, 취기가 오르면 바로 자 버린다. 가족들에게, 아이들에게 절대 손찌검을 하지 않는다. 가족에게 폭력을 쓰는 날이 내 인생의 마지막 날이라고 다짐하며 산다. 그리고 아이들이 학비가 없어서 하고 싶은 공부를 못 하는 경우를 만들지 않으려는 것이 아비로서의 최소한의 내 목표였다.

정말 좋은 아버지가 되고 싶었다. 그런데 나는 좋은 아버지를 본 적이 없다. 친구들이 부러워서 일부러 자세히 보려 해도, 어머님들은 보이는데 아버님들은 만나기도 힘들었다. 어떻게 하는 것이 좋은 아버지가 되는 길인지도 모르는 채 좋은 아버지가 되려고 했다. 그런데 지나고 보니, 내가 한 것은 술 안 취하고 때리지 않은 것밖에 없다. 아이들이 자랄 때, 아이들 옆에서 아비의 사랑을 주기보다는, 어떻게든 돈을 벌어 와야 행복하게 해 줄 수 있다는 생각에 쫓겨서 악착같이 바쁘게 살았던 기억뿐이다. 사랑을 받아 보지 못했으니, 아비의 사랑을 어떻게 표현하는지도 몰랐던 것 같다.

내 나이가 되고 아이들이 장성해서 독립을 하고 나니, 이제서야 '아비의 길'이 조금 보이는 것 같다. 나는 참 모자라는 아비, 부끄러운 아비였다. '좀 더 나은 아비가 되었더라면, 저 아이들이 더 행복하게 자랐을 텐데.' 내가 옛날에 내 아버지에게 가졌던 아쉬움을, 내가 아버지의 자리에서 안타까워하고 아이들에게 미안해한다.

그래도 아직 희망을 가진다. 그렇게 미웠던 내 아버지가 희망을 남겨주고 가셨다. '내가 바뀔 수 있고, 나에 대한 마지막 기억을 바꿀 수 있다'는 것이다. 내 아버지가 내 가족에게 남긴 좋은 기억, 내가 가끔 보고 싶어 하는 아버지의 기억으로 바뀐 것처럼, 나도 지금까지의 못난 아비로서의 기억을 바꾸고 싶다. 앞에 나서지 않고 조용히, 아이들을 위해서 기도하며, 하늘 앞에서 겸손하고, 사람들 앞에서 품위 있게 나이 들어 가는 것이다. 내 아버지가 교회 청소를 하면서 하늘 제단을 쌓은 것처럼, 나는 주위를 돌아보며 조금이라도 나누며 감사의 제단을 쌓으며 바뀌어 가고 싶다.

권총

집에 총을 한 자루 준비해 두려는 생각을 하고 있다. 총기 소지 면허를 받아 놓은 지는 석 달쯤 되는데, 아직 구입하지 않았다. 애초에는 M16 같은 Rifle을 구입하려 했는데, 지금은 Shotgun이나 권총 가운데서 결정하려 한다. 지난달에 SF의 큰딸네 집에 갔더니, 이제 군에서 예편한 지 열 달쯤 되는 딸과 사위의 개인 총들이 곧 이삿짐으로 도착할 거라고, 권총과 Shotgun 중에서 어떤 것이 좋은지 사격장에 가서 직접 써 보고 마음에 드는 것을 가져가라고 한다. Wife는 반대를 하지만, 나는 어떻게든 총 한 자루를 마련해 두기로 결심하고 있다.

작년에, 아직 우리 집 입구에 Gate를 설치하기 전에, Wife가 혼자서 정원에서 일을 하고 있는데, 웬 승용차 한 대가 우리 집으로 들어와서는 사람이 내리지도 않았다. 그래서 다가가서 물었더니, 엉뚱한 주소를 대기에 아니라고 했다. 그런데 이왕 경치 좋은 곳에 올라온 김에 차 안에서 조금 자고 가겠다고 했단다. Wife가 전화기를 꺼내서 경찰을 부르겠다고 했더니, 그때서야 중얼거리며 나간 일이 있었다. 이 사건이 내가 집에 무장을 하기로 마음먹은 시점이다.

그 전에는, 지나가던 자전거가 우리 집에 올라와서 마당을 한 바퀴 돌고 내려간 것이 CCTV에 찍혔다. 경찰에 신고했더니 살펴보고는 "순찰하다 가끔 만나는, 이 동네를 자주 지나가는 자전거 운동 하는 사람인데, 경치가 궁금해서 올라온 것으로 보인다."라고 했다. 무단 침입은 맞지만, 특별히 체포할 정도까지는 안 된다고 했다. 그러면서 내게 조언을 한 것이, 상대가 무단 침입을 했다고 폭력이나 무기를 써서는 안 된다는 것이다. 내가 물리적 위협을 당하지 않은 상황에서 먼저 무력을 쓸 수는 없단다. 내 생명을 위협받지 않은 상태에서는 무기를 써서는 안 된다는 것이다. 정당방위, 자기방어, Self Defense 법이 California 에서는 더욱 까다롭게 되어 있다는 것이다.

가끔 시절이 어수선할 때가 되면, 주변에 비정상적인 생각을 가진 사람들이 정말 많다는 것을 실감한다. 그들이 어떤 일을 벌일지 예측할 수 없는 불안감이 들 때가 자주 있다. 더구나, 많은 사람들이 총기류를 가지고 있다. 나는 죽음을 크게 두려워하지는 않지만, 그런 비정상적인 사람들에게 당해서 억울하고 비참하게 죽음을 맞이하고 싶지는 않다. 그래서 나는, 만약의 경우에 나와 가족을 지킬 수 있는 기본적인 무장을 하려는 것이다.

약 25년 전에 나는 권총을 가지고 있었다. 검은색 Revolver였는데, 미등록 총이었다. 탄환까지 장전해서 가지고 있다가 결국에는 자살을 시도했지만, 실행하지 못하고 바다에 버렸다. 당시 젊었던 시절에 참으로 힘든 시간들이 길었다. 그러다 보니, 권총을 머리에 갖다 대는 유혹까지 받게 되었고, 꿈속에서도 권총이 나왔다. 내가 권총을 소지한 것이 아니라, 권총이 나를 지배하고 있었다. 그러나 지금은 그런 무모함이나 비겁함은 없다고 생각한다. 이제는 무기를 소지해도 능히 Control 하고, 정말 냉정히 사용할 수 있다고 생각한다. 그리고 지금은, 내가 계획하는 일이 옳은지 확인하기 위해서, 당장 총을 구입하지 않고, 오랜 기간 동안 기도하면서 하늘을 본다.

미국은 많은 개인들이 총기를 소유하고 있고, 가끔씩 비정상적인 사람들이 총기 사고를 내는 뉴스를 접하면서, 만약을 위한 총기 소지를 오랫동안 생각했다. 절차가 복잡한 것도 아니고 크게 비싸지도 않다.

신원 조회에는 전혀 문제가 없었고, 총기 소지 시험은 가장 안전하게 보이는 문항을 택하면 대부분 정답이었다. 시험도 총기 상점에서 보면 바로 점수를 알려 준다. 가격은 제품에 따라 천차만별이지만, $500 정도면 보편적인 권총을 살 수 있다. 물론 탄환과 Safety Box 등을 구입하면 $100쯤 더 든다.

불의의 상황을 대비해서 방어용 총기를 준비해 두고자 하는 내 의도에 대해서 너무 심각하게 도덕을 따지고 깊은 고민을 할 필요는 없는 것 같다. 남을 공격하자는 것이 아니고, 나와 우리 가족을 지키고자 하는 것이다. Wife의 우려처럼, 총이 있으므로 생길 수 있는 실수나 사고 문제는 '총'의 문제가 아니라 '사람'의 문제다. 그것을 안전하게 관리하고, 순간적인 충동으로 사용하지 않을 정도는 충분히 된다고 생각한다. 우리 집에는 날카롭게 날이 선 일본도가 있다. 정작 검도 사범이면서 일본도의 움직임을 터득하지 않을 수 없기에 가끔 뽑아서 휘둘러 보기도 하는 것이다. 이것 역시 살상 무기다. 내 생각에는, 일본도나 총이나 별로 다름이 없다.

따지고 보면, 총이나 칼이 아니고 '사람'이 무기다. 마음먹기에 따라서 다른 사람을 공격할 수 있다. 나 자신에 대한 과신과 교만인지 모르겠지만, 그만한 수양은 되어 있다고 생각한다. 이렇게 마음먹고, 이런 생각을 가졌으니, 나는 조만간 권총이나 Shotgun을 장만할 것이 틀림없다. 나를 너무 과신하지 말고, 더욱 조심하고 신중하기를 기도한다. 그리고 내 스스로가 총기를 소유함으로써 마음의 평안을 얻지 않기를 기도한다. 총기가 있어서 마음이 평안해진다는 것은, 내가 이미 총에 진 것이다. 총기는 하나의 날카로운 Tool, 연장일 뿐이다. 꼭 필요할 때를 대비하는, 편리한 도구일 뿐이다.

나는 왜 글을 쓰는가?

　어린 시절부터 웅변 원고를 직접 쓰면서, 제법 글쓰기를 잘했던 나의 '글'에 대한 생각은, '남이 읽는다'는 것을 전제로 한다. 생각을 정리하기 위해서 글을 쓰기도 하지만, 그것은 '글'이라기보다는 'Memo'에 가깝다. 그래서 나는 '일기'의 취지로 글을 쓰지만, 언젠가 가족이 읽을 수 있고, 친구들이 읽을 수 있다는 전제를 두고 쓰기 시작했다. 그리고 아예 친구들에게는 대부분의 글을 공유한다.

　친구들이 내 일상을 기록하는 글을 읽고, 내 삶의 고민과 살아가는 생각들을 읽는다는 생각을 하니 조심스럽기도 했다. 비록 오랫동안 떨어져 있었지만, 내가 틀리고 실수하더라도 이해해 줄 수 있는 것이 친구라는 믿음이 있었기에 시작할 수 있었다. 그리고 내가 글을 올리는 것이 동기들의 모임에도 도움이 된다는 것에 더욱 동기부여가 됐다. 한편으로는 염려도 있었다. 괜히 내가 올리는 글들 때문에 지겹거나, 생각이 다르고 기분 상하는 부분이 있어서 어렵게 모인 동기 모임에서 나가는 사람이 생길까 걱정도 되었다. 초기부터 여러 동기들이 응원하고 멋진 댓글로 응원해 준 덕분에, 나는 요즘 일주일에 3일 정도는 정기적으로 글을 쓰고 있다.

　애초부터 나는 글의 방향을 정하고 글을 쓴다. '내 이야기'를 쓰는 것이고, 과거의 삶에서 지금까지 하늘이 나를 지켜 주신 것을 이야기하면서, 내 삶의 '감사'를 글로 남기고자 한다. 이런 목적으로 글을 쓰니까, 정말 내 삶을 적나라하게 돌아보고 솔직해질 수밖에 없더라. 내 가슴속에 박혀서 아물지 않은, 친구들이 다 아는 담임과 동기의 이야기를 쓰는 것에 고민도 하고, 내 아버지의 부끄러운 시절까지 쓸 필요가 있을까에 대해서 고민도 했지만, 그런 것들이 나오지 않고는 내 삶에 솔직해질 수 없었고, 그런 것들을 쓰지 않고는 내 이야기를 쓸 수가 없었다. 내 가정이 깨어졌던 내 인생의 흑역사도 빠질 수 없고, 그런 것까지 공유하냐는 친구의 염려도 있었지만, 나는 내 삶의 모든 것을 열어 버린다는 마음으로 글을 썼다. 그렇게 모두 뱉어 버리고 나니까, 어차피 기록으로 남아서 다른 사람이 읽을 수 있다는 전제로 솔직하게 쓰다 보니까, 감정에 박혀서 '울화'로 남아 있던 기억들이 냉정한 사실의 복기로, 그리고 그 사실을 글에 뱉어 내면서 내 마음이 크게 진정되고 치유됨을 느끼게 되었다. 그리고 내가 모든 상황의 피해자고, 내가 모두 억울하다고 생각했는데, 내가 지금 무엇을 잘못하고 있는지도, 내가 글을 쓰면서, 내가 쓴 글을 통해서 느끼게도 되었다. 가장 큰 변화는, 평생 용서할 수 없었던 '내 아버지'에 대한 것이다. 아들인 내가 아버지를 용서하고 말고 할 수 없다는 것을 깨달았다.

아버지는 그 시대에서 혹독한 삶을 사셨고, 어쩌면 술과 폭력만이 아버지로서는 죽지 않고 버티는 절박한 방법이었는지도 모른다는 생각을 하게 되었다. 돌이켜 보면, 아버지가 삶이 힘들다고 포기하는 것보다는 내가 맞고 자란 것이 나을 수도 있다는 생각까지 들었다. 그래서 용서가 아니라, 내 마음속에 있는 아버지에 대한 미움을 지울 수 있었다. 참으로 감사한 것은, 아버지가 나이가 드시면서 하늘의 빛에 변화되어 좋은 모습을 보여 주시고 가셨다. 그것으로 충분하고, 그것으로 감사하다. 이것이, 글을 쓰면서 변화된 것이다.

'일기'를 쓴다는 취지로 글을 쓰게 된 후부터, 평범하고 반복적이었던 일상이 매일 다른 모습으로 다가왔다. 평범한 하루도 쪼개어 보면 어찌 그리도 생각할 것이 많고 글이 되는 소재가 많은지, 순간순간의 삶이 얼마나 의미가 있는지 보이게 되더라. 그런 삶과 생각을 묵상하고 글을 쓰면서, 내 스스로가 얼마나 수양이 되는지 실감을 한다. 남의 이야기나 허구가 아닌, 내 생활을 들여다보고, 그것을 쪼개고 다듬다 보니, 이것이 정말 수양이고 훈련이라는 생각이 든다.

나의 지난 삶이 너무 어둡고 힘들어서, 그것들을 다시 글로 돌이키려 하니 쓰리고 슬플 때가 있었다. 그런데 그 삶을 돌이켜 보면 현재의 내 삶이 얼마나 축복받았는지를 실감하게 된다. 내가 지금 힘든 부분까지도 축복의 조각이더라. 그리고 지금 어디에선가 내 어린 시절에 겪었던 고통을 겪고 있을 한 명의 생명이라도 찾아서 내가 받은 축복을 나누어 주고 싶은 간절함이 생기더라. 내가 기억조차 하고 싶지 않은 그 시절의 나를 외면치 않고, 건져 주신 하늘의 은혜에 매일 감사하게 되더라.

현재의 하루하루를 적다 보면, 정말 모든 것이 감사할 일들이다. 이것저것 항목들을 나열할 필요도 없다. 내 나이, 이 시절에, 이런 생각으로 글을 쓸 수 있다는 것이 소위 '배부른' 삶인 것을 인정한다. 내 인생에 이런 날이 있구나. 그래서 나는 미래에 대해서 조금은 긴장은 해도, 결코 두려워하지 않는다. 이만큼 누려 보았으면, 앞으로 어떤 상황이 되더라도 감사하며 살 수 있다.

'나는 왜 글을 쓰는가?' 스스로에게 물으며 의미를 찾는다. 일기를 쓴다는 것은, 미래의 공상을 적지 않는 한, 대부분 뒤를 돌아보는 것이다. 내가 글을 쓰는 방향은 더욱 그렇다. "살아가면서 앞을 보지 않고 뒤를 돌아보는 것이 마땅한가?" 하는 것이 내 스스로의 질문이었다. 그리고 그 답을 찾았다. 뒤를 돌아보며 쓰는 글인데, 그 배움과 깨우침은 현재의 내 가슴에 새겨지고, 그것은 오늘과 내일을 사는 데 GPS가 되더라. 내가 지금 어디에 있고, 어디로 가야 하는지 명확히 가르쳐 준다. 그래서 나는, 내일을 잘 살기 위해서 글을 쓴다. 앞으로 남은 삶을 잘 살기 위해서 일기를 쓴다.

집에 가고 싶다

출근할 때, SD Downtown을 벗어나서 Freeway 5번이 크게 복잡하지 않은 상황이 되면 Wife에게 전화를 한다. 그때쯤이면 Wife도 출근하는 중이다. 퇴근길에는 Freeway 905의 전화가 잘되는 지역에 들어서면 Wife에게 전화를 한다. 이때도 대부분 Wife는 퇴근 중이다. 주중에 서로 떨어져 있으면서, 출퇴근 시간에 정기적으로 통화를 하는 것이 일상적인 Schedule이 되었다. 이때 wife가 전화를 안 받으면, 처음에는 걱정이 되다가 나중에는 큰 화가 나기도 한다.

오늘 출퇴근할 때는 전화할 곳이 없었다. Wife는 지금쯤 한국행 비행기를 타고 있다. 친구들을 만나러 10일간의 휴가를 떠났다. 서울에 있는 친구 집에서 머물면서 친한 친구 대여섯 명과 지내다가 돌아온단다. 몸이 불편한 친구가 있어서 멀리 나가지는 못하지만, 친구들과 그렇게 지내다 오는 것이 최고의 휴가라고 한다. 결국, 여행이 아니라 친구들을 만나러 한국으로 갔다. 지난 6월에, 내가 한국으로 10일간의 휴가를 가서 친구들을 만나고 온 상황과 꼭 같다. 우리 부부는 친구들을 만나는 기쁨이 얼마나 큰지를 이해하기에, 서로 적극 성원한다.

지난 6월에 내가 한국으로 나가기 위해 기쁜 마음으로 준비하다가, 막상 떠나기 하루 이틀 전이 되니까 갑자기 집을 떠나기 싫어졌다. 막상 한국에 도착해서는 매일 친구들을 만나느라 바쁘니 집 생각이 별로 나지 않고, '역시 한국에 오길 잘했다'는 생각이 들었다. 그런데 열흘은 너무 긴 것 같더라. 친구들도 각자의 삶에 바쁘고, 나도 빨리 집에 돌아오고 싶어지더라. Wife도 한국으로 떠나기 며칠 전부터 갑자기 '가기 싫다'는 생각이 든다고 했다. 그러나 나는 안다. 앞으로 며칠 동안은 집 생각, 내 생각도 나지 않고 재미있고 바쁠 거다. 그리고 나는 바란다. 며칠 내로 집이 그립고 내가 보고 싶어지기를.

'집이 그립다'는 것은, 그곳에 내 행복이 있기 때문이다. 가족이 보고 싶다는 것은, 그 속에서 내가 행복을 느낀다는 것이다. 거의 평생 동안 집을 떠나서 가족과 떨어져 사는 생활을 반복한 나는 이것을 지금도 체험하면서 산다. 집이 지긋지긋하면 돌아갈 마음이 안 생기더라. 가족에게 사랑을 느끼지 못하면 보고 싶은 마음도 없더라. 그 경험들을 통해서, 나는 지금 확실히 '행복' 속에 있다는 것을 안다. 집을 떠나 살면서 빨리 집에 가고 싶고, 항상 잔소리하는 Wife가 보고 싶으니, 나는 틀림없이 행복한 것이다. 나의 평범한 일상이 행복 속에 있다는 증거다.

젊은 시절에 수년 동안, 고아처럼 한국에 혼자 남았을 때도 집이 그립지 않았고, 말도 안 통하는 이국의 군대에서 근무하면서도 집에 가고 싶은 생각이 없었다. 행복할 곳이 없었고, 사랑할 사람이 없었다. 그래서 나는, 조금만 행복하면 큰 행복을 느낀다. 사랑하기 시작하면 간이라도 빼 줄 정도로 사랑한다. 나에게 주어진 것들이 남들 눈에는 보잘 것없는 듯이 보일지라도, 애초 아무것도 없었던 나에게는 너무 크고 감사하다. 그래서 지금의 우리 집이 나에게는 천국이다. 그래서 나는 주말마다 천국에 간다. 금요일 오후에는 Traffic에 막혀서 5시간, 6시간이 걸릴 바에는, 2시간이면 올 수 있는 토요일 새벽에 오라고 하지만, 나는 한시라도 빨리 집에 가고 싶어서 금요일 오후마다 장시간 운전에 졸음과 싸운다.

Wife가 여행을 떠나고 나니, 많이 허전하다. 따지고 보면 수요일에 떠나서 다음 주 토요일에 도착하는데, 나는 어차피 주중에는 SD에 있으니 결국 이번 주말만 못 보는 것이다. 그런데 집에 Wife가 없다고 생각하니, 별로 집에 가고 싶은 생각이 없다. 그래도 가야 하는 이유는, 닭장에 물과 모이를 챙겨 주는 것과, 토요일 오전의 골프 약속 때문이다. 집에는 가는데, 그 속의 '행복'이 느껴지지 않는다. 집에 가는데 재미가 없다. 결국 집에는 사랑하는 사람이 있어야 하는가 보다. 그래서 '집'이란, '사랑하는 사람이 나를 기다리는 곳'이다. Wife가 여행을 떠나고 나니, Wife가 우리 집의 본채임을 깨닫게 된다.

이제 정말 나이가 들었나 보다. Wife가 잠시 휴가를 떠났는데도 허전하면서 소중함을 느낀다. 그리고 청승맞은 생각도 든다. 언젠가 이 땅을 떠날 때는, 내가 Wife보다 먼저 떠나기를 바란다. 물론 마음대로 되는 것은 아니지만, 나는 진정으로 그렇게 기도한다. 아이들에게도 그것이 나을 것이고, 혼자서 살아갈 생활 능력도 나보다는 Wife가 탁월하다. 그렇지만 내 개인적으로는 다른 이유가 있다. 나는 지금 이 세상에서 내가 경험하는 가장 큰 행복, 사랑하는 사람이 있는 집에서 떠나고 싶다. 이제 드디어 행복을 실감하고 감사하는데, 다시 외로움 속에서는 하루라도 살고 싶지 않다. 틀림없이 나의 이기적인 생각이다. 그렇지만 정말 간절히 기도한다. 내 삶이 너무 힘들었고, 너무 오랫동안 외로웠다. 더도 말고 덜도 말고, 이만큼의 행복에서 마지막을 살고 싶다.

Salad Bowl

아이들이 어릴 적에, "엄마, 오늘 저녁은 이걸 먹고 싶어요." 하는 말을 듣고 몇 번이나 혼을 낸 적이 있었다. "해 주는 대로 감사하게 먹어야지, 이것저것 해 달라 한다."라고. 시간이 지난 후에, 내가 잘못했다는 것을 깨달았다. Wife 입장에서는 '오늘 저녁은 무엇을 해 주지?' 하고 고민하는 것보다, 아이들이 먹고 싶은 것을 해 달라고 하면 더 준비하기 쉽고 즐겁다는 것이다. 그리고 대부분의 사람들은 먹고 싶은 것이 있다는 것이다. 내 아이들이라도 나와 다르다는 것을 몰랐던 것이다. 나는 특별히 먹고 싶은 것도 없고, 그저 배고프지 않게 먹을 것이 있으면 되기 때문에, 세상 사람들이 모두 나 같은 줄 알았다.

선천적으로 맛에 대한 감각이 별로 없는 사람도 있겠지만, 나는 그 정도는 아니다. 냄새에도 민감하고 맛에도 민감한 편이다. 그렇지만 상한 음식만 아니면, 내 앞에 주어진 음식에 대해서 평가하지 않고, 남기지 않고 다 먹으려고 한다. 외로웠던 시절에 배고프기까지 했던 나에게는 음식이 소중했고 감사했기 때문이다. 후천적인 경험과 기억들이 선천적인 맛에 대한 감각을 눌러 버린 결과이다.

나는 오랫동안 모든 사람들이 같다고 생각했다. 가끔 특별한 사람들이 보이기는 했지만, 결국에는 비슷하다고 생각했다. 슬픈 일에는 함께 슬픔을 느끼고, 화낼 일에는 모두가 같은 감정을 가진다고 여겼다. 그런데 그렇게 알고 있었던 것이 잘못된 것이고, 내가 그렇게 미리 생각하고 있었기 때문에 내가 다치고 상처받고, 또한 다른 사람에게도 상처를 주고 힘들게 했음을 깨닫는 데 오랜 시간이 걸렸다. 이제서야 '사람은 모두 다르다'는 사실을 인정한다. "상대가 나와 다른 것을 인정하라."라는 말이 무슨 뜻인지를 이제야 안다.

동물을 좋아하는 사람들이 참 많다. 함께 자고 먹기도 한다. 요즘은 '반려동물'이라고까지 한다. '그렇게 외로우면 불쌍한 아이 한 명 입양하지.' 하는 생각을 하지만, 그만큼 책임은 지기 싫어하는 세태이니 당연하기도 하다. 내 아이들도 개와 고양이를 참 좋아한다. 그런데 나는 싫다. 강아지가 꼬리 치며 내 다리 가까이에 오는 것도 싫고, 앉아 있을 때 무릎 위로 뛰어오르면 질색이다. 고양이는 더욱 싫다.

요즘 SD의 Padres 야구팀이 기대 이상의 성적을 내고 있다. 그 팀에 한국의 김하성 선수가 뛰어난 활약을 하고 있다고, 한국의 친구들이 SD의 분위기를 궁금해한다. 그런데 나는 정말 아무런 관심이 없다. 야구든 축구든 풋볼이든 궁금하지도 않고, 중계는 전혀 보지 않는다. 자기들 직업으로 큰돈 벌면서 게임하는 것에 몇 시간씩 내 인생을 멈추고, 내가 희비를 느낄 필요는 없다고 생각하기 때문이다. 내가 즐기는 Sports는 내가 직접 하는 것뿐이다.

'내가 다른 사람과 다를 수 있다', '다른 사람이 나와 다를 수 있다'는 것을 깨닫게 된 것은 Wife와 아이들 덕분이다. 다른 사람에게는 실망하고 화가 나면 그냥 포기하고 안 보면 되는데, Wife와 아이들이 그럴 때는 처음에는 화가 치밀어 오르다가 생각을 하게 되더라. 당분간은, '가정의 평화를 위해서 내가 참아야지.' 하고, 마치 내가 희생하는 것으로 여겼는데, 시간이 지나면 내가 틀리고 Wife가 맞고 아이들이 옳았던 경험을 자주 하게 되었다. 오랜 세월을 함께 살아도, 아직도 완전히 알 수 없는 Wife가 내 스승이고, 이제 사회인으로 독립해서 내가 먼저 인정하고 존중해 주어야 하는 아이들이 내 스승이 되었다.

내 Wife마저도 나와 판이하게 다르고 아직도 서로 이해할 수 없는 부분들이 많은데, 다른 사람들에게서는 무엇을 기대할 수 있을까? 이 세상은 얼굴 모습처럼 제각기 다른 사람들이 모여서 서로 부대끼며 섞여 살고 있는 것을 인정해야 한다. 미국 사회를 'Salad Bowl'이라고 한다. 이 말은 애초에 인종과 국적을 가리키는 것이지만, 따지고 보면, 사람 사는 세상이 모두 Salad Bowl이다. 각각 다르고 특색 있는 것들을 불로 데워서 변화시켜 조화를 맞추는 것도 필요하지만, 세상에서 만나는 사람들을 있는 그대로 인정하고 존중해야 영양가를 최상으로 보존할 수 있다. 생김새와 향과 맛이 가지각색이라도 그것들이 모여서 최상의 맛을 낸다. 그것들이 모두 내 인생을 맛있게 만드는 것이다. 오늘도 내 앞에 놓인 Salad Bowl을 주신 하늘에 감사한다.

Vaccine

　토요일에 다섯 번째 COVID Vaccine을 맞았다. 지난 5월의 Booster Shot까지 네 번의 Vaccine을 맞은 후에 한국에 갔었는데, 한국에서 돌아오는 날쯤에 COVID에 걸려서 고생을 했었다. COVID에 이미 걸렸어도 완치 후 세 달쯤이 지나면 면역력이 떨어진다 하고, 계속 변이가 생기므로 Vaccine을 맞는 것이 낫다는 생각으로 다섯 번째를 신청해서 맞았다. Wife는 네 번째 Vaccine을 맞은 후에 며칠 동안 크게 아팠던 기억 때문에 맞지 않겠다고 한다. 혹시 검도나 골프를 할 때 지장이 있을까 봐 오른쪽 팔에 맞았다.

　일요일 새벽에 아파서 잠이 깼다. 너무 아파서 움직이기도 힘들 정도였는데, 곤히 잠든 Wife를 깨우기 미안해서, 혼자 일어나는 데까지 한참 걸렸다. Tylenol 두 알을 챙겨 먹고 다시 누웠는데, 아파서 더 이상 잠을 자지 못했다. 두어 시간쯤 지났는지 닭 울음소리가 들리고, 곧 Wife가 잠을 깼다. 교회에 가기 힘들다고 이야기하고 계속 누워 있었다. 그때쯤에야 진통제 기운이 드는지 고통이 줄고 잠깐 잠이 들었다.

　주로 근육이 아픈 증상인데, 양쪽 어깨와 팔꿈치까지의 근육이 가장 아프고, 양쪽 허벅지도 많이 아팠다. 그리고 등도 아프고, 속이 거북스러웠다. 내 짐작에는 운동을 많이 하는 근육 부분이 주로 아프다. 낮이 되니 약기운 때문인지 고통이 많이 줄었다. 집 안에 있기 답답해서 작업복을 입고 정원에 나가서 잡초들을 뽑았다. 우리 집엔 고약한 종류의 잡초들이 많다. 꽃이 피면 마치 국화를 닮았는데, 꽃이 지고 나면 온통 가시인 풀이 있다. 그 가시들이 씨앗인데 너무 뾰족하고 단단하다.

과일나무들은 Wife가 담당하는 구역이라 자주 둘러보지 않았더니, 그 잡초들이 무성했다. 그것들만 뽑는 데 약 4시간이 걸렸다. 늦은 점심을 먹은 후에 다시 약을 먹고 안마 의자에 앉아서 졸다가 일어나니 개운한 기분이 들었다. 그 후부터는 약을 먹지 않아도 크게 아프지 않았다. 생각보다는 고통이 짧았다.

내가 살아온 세월 속에서, 이렇게 Vaccine을 맞고 잠시 힘들고 아팠던 덕분에 더 큰 고통과 어려움을 피하거나 이길 수 있었던 일들이 기억난다. 수산대학교 2학년 때에는 한 달 동안, 3학년 때는 거의 한 학기를 배를 타고 나가는 선상실습을 했다. 어차피 목숨이라도 걸고 원양에 나가서 큰돈을 벌어 보겠다고 수대로 갔지만, 태평양 한복판에서 태풍을 만나고, 엄청난 바다의 요동을 경험한 후로는, '땅에 발을 붙이고 사는 것이 최선'이라는 생각이 들었다. 내가 살아가는 방향을 바꾼 Vaccine이었다. 미 육군 훈련소에서 내게 큰 실수를 하고서도 사과하지 않고 도리어 인종차별 욕설을 하던 폴란드계 병사를 때려서 병원에 실려 보내고는 하마티면 전과자가 될 뻔했다. 한국의 뒷골목에서 주먹질하던 버릇이 남아 있었다. 그 이후부터는 단 한 번도, 시비가 붙어서 한 대 맞은 기억은 있지만 내가 폭력을 쓴 적은 없다. 군대에서 Vaccine을 맞은 덕분이다. 미국에서 친했던 사람들과 한국의 정치하는 사람들의 말을 믿고 한국에 나가서 재산과 세월을 잃어버린 시절이 있었다. 그것이 내 인생의 최악의 선택이었고, 그것으로 내 인생이 결국 파멸인 줄 느꼈던 시절이 있었다. 그러나 지나고 보니 감사하게도 그것마저도 Vaccine이었다. 내 삶의 목표를 어디에 두어야 하고, 무엇을 믿고 무엇을 위해 살아야 하는지를 깨닫게 해 준 내 인생의 Vaccine이었다.

내 젊음은 참 많이도 아팠다. 가난과 멸시와 폭력과 배신, 사고와 실패와 자살과 파탄, 파산까지. 사전에 나오는 거의 모든 고통들이 내 이야기였고, 내 경험이었다. 그때에는 그 고통들로부터 벗어날 길이 없어 보였다. 그래서 아예 죽는 것이 낫겠다 싶었다. 그런데 그것들이 모두 하늘이 내 인생에 주신 Vaccine이었다. 이제는 가난도 무섭지 않다. 이만큼 살아 봤으니 앞으로 어떤 상황에서도 감사하며 살 수 있다. 그렇지만 가난이 얼마나 힘들고 죽고 싶은지를 경험했기에, 혹시 그런 젊은이가 있으면 능력 안에서 돕고자 하는 마음이 생겼다. 멸시와 폭력과 배신에 아파 보았기에, 신의를 지키고 사납게 굴지 않고, 나를 믿고 사는 가족을 실망시키지 않으려고 최선을 다하며 산다. 다시는 방심해서 사고를 당하지 않으려고, 운전하다가 졸음이 오면 빨리 차를 세우고 잠시라도 잔다. 실패하지 않기 위해서 준비를 철저히 하고, 내 능력 밖의 헛된 욕심을 버리고, 하늘의 도움을 구하며 기도하며 계획한다. 어떤 상황에서도 다시는 자살을 꿈꾸지 않는 것은, '그것도 결국 지나간다'는 것을 내가 직접 경험했기 때문이다. 그 고통의 시간을 지나고 난 후에, 그것마저도 내 인생의 Vaccine이라는 것을 깨달을 때, 그 기쁨과 감사가 얼마나 큰지 모른다.

다섯 번째 COVID Vaccine을 맞고 많이 아팠다. 그러나 잠자고 있는 Wife를 챙길 만큼 정신은 말짱했고, 기분도 나쁘지 않았다. 그 고통은 더 큰 아픔을 당하지 않기 위해서 잠시 겪는 것임을 알았고, 하루나 이틀만 아프면 끝날 것임을 알았기 때문이다. 내 삶속에서 당시마다 닥쳐왔던 그 어려움과 아픔들, 그것들이 모두 죽을병이 아니라 Vaccine인줄 알았더라면 좀 더 지혜롭게 버텨 낼 수 있었을 것을, 나는 당장 죽을병에 걸린 것처럼 너무 발버둥 치고 자해까지 하면서 지나왔다. 그래서 내 가슴속에는, 그 고통이 남긴 상처보다, 내 스스로 만든 상처와 흉터들이 더 많다. 미움과 증오와, 아직도 남아 있는 복수의 욕망까지. 이것들이 모두 Vaccine이었는데, 이것들로 말미암아 내가 오늘까지 살 수 있었고 더욱 건강하게 살고 있는데, 그래서 이제 그 상처와 미움들을 내려놓아야 하는데, 나는 이렇게 머리로는 알면서도 가슴으로는 아직도 내려놓지 못하고 있다. 내 삶 속에 많은 것을 Vaccine으로 주신 하늘에 감사하면서도, 한편으로는 그 찌꺼기를 부여잡고 이빨을 앙다물고 있는 내 스스로가 참으로 애처롭다. 그래서 어깨는 아직도 무겁고, 내 가슴은 지금도 아프다. 그래서 나는 기도한다.

지렁이 머리

하루를 마치고 잠자리에 들며 침대 앞에 무릎을 꿇고 기도하기 전에 하루의 일을 돌이켜 보며 묵상을 한다. 그날의 일을 조용히 되돌아보는 이 시간에, 깜박 잊었던 일들이 기억나고, 낮에는 그렇게 어려웠던 일을 쉽게 풀어 나가는 지혜를 자주 얻는다. 어젯밤에는 불현듯, 언제부터인가 내 기도에는 내가 앞으로 어떻게 살지에 대한 염려가 없어지고, 주위의 약한 사람들, 아픈 친구들, 후원하는 젊은이들, 그리고 그들을 좀 더 도와줄 수 있는 용기를 구하는 기도를 하고 있음을 깨달았다. 내 인생에서 어떻게 이런 일이 가능할 수 있는가? 이것이 기적이다.

세상은 모든 것에 등수를 매기면서 평가한다. 나도 등수 매기는 사회 속에서 좀 더 앞에 서기 위해서 바둥거리며 살아왔다. 그러면서도 나는 세상이 불공평하다고, 그 등수가 불공평하다고 저항하며 살아왔다. 모든 사람이 출발점이 다른데 결승점은 한군데 두고 등수를 매기기 때문이다. 어차피 한계가 있어서 순서를 정해야 하고, 완전히 공평하게 순서를 정할 방법이 없으니 할 수 없기는 하지만, 나처럼 척박한 환경에서 태어난 죄로 맨 뒤에서 출발할 수밖에 없는 사람은 그런 사회를 경멸할 수밖에 없다.

나는 지금까지도 '공부'에 대해서는 회한이 있다. 국민학교 6학년 1학기 때, 딱 한 번 반에서 1등을 해 봤다. 중학교에서는 3년 내내 반에서 5-8등에서 맴돌았고, 고등학교 성적은 58명 중에 57등이었다. 대학 평점은 2.5를 간신히 넘어서 지도교수님의 대학원 원서 승인을 받아 내는 데 눈물의 호소가 필요했다.

한국에서, 제일 넓은 집에 살 때가 조그만 두 칸짜리 셋방이었다. 부모님과 2남 2녀에 병든 할머니까지 계셨다. 책상도 없었고, 밤마다 주폭을 부리는 아버지가 무서워서 밥상이라도 펴 놓고 공부할 수가 없었다. 그나마 상위권 등수를 유지한 것은, 학교를 마치면 82번 버스를 타고 부산대학 종점까지 가면서, 외울 수 있는 과목은 웅변 원고처럼 달달 외웠기 때문이었다. 중학교 때 두 번의 IQ Test 후에, 점수가 높은 학생들을 교장실에 불렀는데, 나는 두 번 다 그 자리에 있었다. 그 기억이 나에게는 평생 자산이 되었다. '나도 언젠가는 맨 앞 등수에 설 수 있다'는 생각을 갖게 해 주었다.

"청소하고 심부름할 테니 가르쳐 달라." 하고 사정해서 배운 웅변으로, 나는 '전국 최고'라는 등수를 오랫동안 유지했다. 그 시절에 자가용 타고 웅변학원에 오던 부잣집 아이들을 모두 이기고, 빌어 배운 내가 대통령기 대회에서 우승을 하고는 "나는 하면 된다." 하는 확신을 가졌었다.

'한 번 1등을 해 보면 놓치기 싫어서라도 열심히 하게 된다'는 경험은, 내 아이들에게 적용할 수 있었다. 큰아이의 고교 진학을 앞두고, 전국에서 최고 학군에 속한 동네에서 학군이 한참 뒤진 동네로 일부러 이사를 했다. 마침 Wife와 내 의견이 맞아서 정말 다행이었다. 그곳에는 백인과 아시안보다 Hispanic 학생들이 절대 다수였다. 학군 좋은 곳에서는 상위 성적쯤 냈을 내 아이들은 그 학교에서는 수석을 했다. 한 번 수석을 하고 나더니, 더욱 신이 나서 항상 수석을 했다. 어차피 대학에서도 바깥으로 드러난 '등수'를 우선시한다. 그래서 아이들은 명문대학으로 진학했고, 지금도 그것을 감사하게 생각한다.

"용 꼬리가 되기보다는 뱀 머리가 낫다."라는 말이, 지금까지 내가 살아온 세상에서는 맞는 말이더라. 그 말은, "위를 바라보며 비교하지 말고, 아래와 비교하며 만족하라."라는 말과도 통한다. 그래서 나는, 지금 내 지경까지 된 것에 참으로 기뻐하고 감사한다. 과정이야 어쨌든지 간에, 은행 지점장, CPA, 검도 관장, 중소기업체 사장을 하며 뱀 머리까지도 못 되었지만 지렁이 머리쯤은 되는 것 같다.

참으로 열심히, 힘들게, 아끼면서 살아왔다. 30대까지는 주말에 잠 한 번 푹 자 보는 것이 소원이었다. 50대 중반에 처음으로 새 차를 샀다. 지금도 Wife와 함께 Shopping을 가서 마음에 드는 물건을 고르면, "이것이 정말 내 인생에 필요한가?"를 따지다가 대부분 제자리에 놓고 온다. 처절하게 살면서 여기까지 올라왔는데, 정말 '여기가 아닌 것 같은데?'라는 생각이 든다. 배가 불러서가 아니고, 행복에 겨워서도 아니다. 이제 나는, 이 등수 매기는 세상이 틀렸음을 확신한다. 나도 그랬지만, 대부분의 사람들이 '허상'을 쫓고 있었다. 모두 '용의 머리'가 되고자 평생을 달려왔는데, 실제로는 '용'이라는 것이 존재하지 않더라. 전설 속에서 만들어 낸 동물이더라. 아예, 닭 머리, 뱀 머리, 지렁이 머리가 더욱 현실적이다. 하늘에 오를 수 없는 한낱 미물들이 하늘에 오르고자, 그것도 용의 머리에 타고 오르고자 도전을 한 것이다. 겨우 올라서 자리 깔고 앉으니 '용'이 아니다. 그 자리가 허상인 줄 깨달았을 때는 이미 끝없이 추락한다.

지금도 내 주위에는 용이 되어 오르고자 애쓰는 사람들이 있다. 경제적으로 성공해서 이미 용이 된 듯이 날고자 하는 사람들도 있다. 한때는 나도 그렇게 되고 싶었고, 부러워서 헛된 꿈을 꾼 적도 많았다. 그러나 그 모든 것이 허상이었다. 이제 뒤늦게나마 '인생'을 본다. 내가 이 세상을 떠날 때, 내 손에 가지고 가지 못하는 것은 어차피 내 것이 아니다. 결국 꿈이고 허상이다. Computer Game Room에 들어가서 점수를 따고 이기기 위해서 그렇게 애쓰고 고함치다가, 이기든 지든 빈손으로 집으로 돌아가는 모습이 인생이라면 얼마나 허망한가?

오늘날 내가 깨닫고, 내 가족에게 이야기하고, 친구들에게 전하는 것은 '감사'이다. 보이지도 않는 지렁이 똥 같은 환경을 타고 태어났던 내 삶이, 살벌하게 등수를 매기는 세상에서 지렁이 머리까지 올라와서 살게 해 준 축복이 너무도 감사하다. 나는 오늘도, 내일도, 배를 깔고 땅을 비비면서 기어서 살지라도 만족하고 감사한다. 지렁이처럼 늦게 도착할지라도 하늘의 등수 매기는 법을 알기에 감사한다. 아무것도 가져갈 수 없는 하늘에서는, 내 손에 무엇을 쥐었느냐가 기준이 아니라 내 손을 통해서 얼마나 나누어졌느냐가 기준이다. 하늘의 답을 살짝 보여 주신 은혜에 감사한다.

낙법

11년 전, Fullerton에 CPA 사무실을 열면서 인근에 검도 도장을 함께 열었다. 도장도 필요했고, 새로운 지역에서 이름을 빨리 알리고 기반을 잡기 위한 마케팅 전략이기도 했다. 내가 속한 골프장도 그 동네에 있다. 나와 함께 오랫동안 골프를 치던 멤버들은, 내가 검도 사범인 줄은 알았지만 실제로 본 적이 없으니, '잘하겠지.' 하는 정도로 여기고 있었던 것이 당연했다.

어느 날 골프를 치면서 친구가 카트를 운전하고 내가 옆에 탔는데, 내리막 커브에서 급회전을 하는 바람에 내가 돌밭으로 튕겨져 나갔다. 중상을 입을 상황이었다. 그런데 나는 긁힌 자국도 없이 일어섰다. 떨어지는 순간에 낙법을 쓴 것이다. 튕겨져 나가는 순간에 머리를 왼쪽 겨드랑이 밑으로 넣으면서 몸을 둥글게 만들어 굴렀다. 한번 구르고 나니, 떨어진 속도 때문에 균형이 안 잡혀서 한 번 더 굴렀다. 돌밭이라 손을 잘못 짚으면 다친다는 판단을 했기 때문이다. 마지막 착지에는 단거리 선수의 출발 장면 같은 폼이 나왔다. 그 광경이 있은 후에 함께 골프를 치는 멤버 여러 분이 도장에 등록했다.

검도에서는 '낙법'을 가르치지 않는다. 나는 검도 이전에 합기도를 했다. 검도 사범이 되어서는 '단검술'을 연구하느라 다시 합기도 도장에 나가면서 낙법 연습을 했던 결과가 골프장에서 무의식적으로 나온 것이다. 그 후에 우리 도장에는 일반 검도 도장과 다른 과정을 만들었다. 초보 단계에서 낙법 훈련을 시킨다. 나는 이제 두어 번만 구르면 어지럽다. 그래서 합기도 사범을 초청해서, 바닥에 매트를 깔아 놓고 연습을 했다. 나는 '낙법'을 중요하게 생각한다. 서서 하는 운동은 반드시 쓰러질 때가 있기 때문이다.

'낙법'은 넘어질 때 피해를 최소화하는 기술이다. 앞으로 넘어질 때는 손과 머리를 보호하고, 뒤로 넘어질 때는 충격을 줄여 허리에 무리가 가지 않도록 하며 머리를 보호한다. 가능하면 온몸을 안전하게 하는 방법이다. 그래야 다시 일어나서 싸울 수 있고, 다음 기회를 기약할 수도 있다.

나는 살아오면서, 내 환경을 넘어서려고 남보다 많이 싸우고 쓰러진 것 같다. 그렇지만 Penalty Kick을 얻으려고 엄살을 부려서 일부러 쓰러진 적은 없다. 나보다 약한 상대와 붙어서 쓰러진 적도 없다. 세월을 Tournament처럼 살아온 것 같다. 목표로 한 상대와 붙어서 이기면 다른 것에 또 도전하고, 때로는 무리한 목표에 깨져서 부상도 입으면서, 그래도 포기하지 않고 꾸역꾸역 승 수를 쌓고 랭킹을 올려 왔다. 그러다 보니, 어느 때든지 져서 쓰러질 경우를 준비하지 않을 수 없었다. 실패했을 때는 충격을 최소화하기 위해서, 얼른 구르고 일어나서 또 다른 일거리를 찾아야 했다.

나는 모질게 공부해서 딴 CPA와 오랜 세월 동안 배운 '금융' 업무를 내 주업으로 하지 않고, 나에게 가당치 않은 사업을 해 보겠다고 덤볐다가 몇 번이나 심하게 쓰러졌다. 그리고 다시 일어설 때마다 나는 공인회계사 사무실과 융자 사무실을 열었다. 나에게는 그것이 '낙법'이었다. 허망하게 실패를 한 후에도, 뻔뻔하게 다시 내 이름을 간판에 적어 놓고 사무실에 앉아서 새출발할 수 있는 낙법이 내게 있다는 것이 얼마나 감사한 일인지 모른다. 한국에서 실패하고 돌아와서 미국에서 '재기한다'고 사무실을 열었을 때는 "이제 더 이상 딴 길로 안 가고 이것을 끝까지 하리라."라고 다짐했건만, 지금도 나는 다른 길에 서 있다.

 다른 사람들도 마찬가지겠지만, 난 이 세상을 떠나는 순간까지 계획하고 도전하며 살아갈 것이다. 모든 것이 계획대로 되는 일은 거의 없으니, 난 또 쓰러지게 될 것이다. 그래서 계속 낙법을 연습해야 한다. '내가 은퇴를 하면?'을 예상하고 많은 계산을 한다. 그러나 그 계산이 들어맞지 않더라도, 가진 것에 감사하며 처지에 맞추어 사는 것이 내가 연습하는 낙법이다. '내가 아프면?'을 생각하면 생각이 복잡해진다. 어느 순간 아무것도 할 수 없을 만큼 심하게 아파서 Wife와 자식들에게 부담되고 싶지 않아 조그만 보험은 들어 놓았지만, 혹시 정신이 온전하지 못한 경우가 가장 걱정된다. 그 상황을 준비하는 낙법은 쓰러지기 전에 열심히 구르는 것이다. 운동 열심히 하고, 글 쓰고 기도하면서 몸과 정신을 깨운다. 이제 나이가 제법 들었는지, 죽음을 가끔 생각한다. 마무리를 깔끔하고 품위 있게 하고 싶다. 정말 감사하며 가고 싶다. 헛된 애착 부리지 않고, 하늘에 감사하고, Wife에게 '고맙다'는 인사하고 하늘의 부름에 순종하면서 가고 싶다. 그래서 나는 매일 '낙법'을 연습한다. 매일 쓰러지는 가상을 하며, 어떤 환경에서도 구르는 연습을 한다.

San Diego

SD에 온 지 7년째다. 잠시 방문하고 가는 가족들과 친구들은 참 아름다운 도시라고 하고, 미국인들이 은퇴 후에 가장 살고 싶은 도시로 SD가 항상 3위 안에 든다는 조사 결과도 있지만, '어떤 시각으로 어디를 보느냐'에 따라서 확연히 다른 곳이 SD이다.

SD는 지형적으로 천혜의 항구 도시이다. 항구 속은 바다가 넓고 깊은데, 태평양과 통하는 항구 입구는 산맥으로 둘러싸인 채 좁아서 1년 내내 큰 파도가 없다. 그래서 평소의 항구 한쪽은 정박된 요트로 가득 찬다. 다른 쪽의 항구는 최신 해군함정들의 전시장 같다. 파도가 없으니, 미 해군의 함정 수리처로 최적인 곳이다.

SD의 특이한 점은, 시내 중심에 모든 시설이 있는 것이다. 시청에서 사방 5분 거리 안에 Downtown, 국제공항, 항구, 고속도로, 기차역, 해군 부대, 그리고 최고급 주택가까지 모여 있다. 그래서 편리하기도 하지만, 온갖 소음들이 시도 때도 없이 뒤엉켜서 아주 시끄러울 수밖에 없다. Downtown에서 남쪽으로 15분만 가면 멕시코와의 국경이고, 북쪽으로 30분 가면 Camp Pendleton이라는 초대형 해군 부대가 있는데, 고속도로가 부대를 통과한다. Highway로 부대를 통과하는 데만 20분쯤 걸린다. 부대 양쪽에 위치한 오렌지 카운티와 샌디에고 카운티의 생활권이 격리되는 이유다.

SD의 치안은 미국 내에서 손꼽히게 안전하다. 멕시코와 맞닿아 있으니 강력한 국경 수비대가 있고, 바다로의 밀입국을 막기 위한 해안 경비대, 출동이 빠른 지역 경찰, 그리고 시내를 덮고 있는 해군 부대가 있기 때문이다. 그래서 국경도시지만 범죄율과 불법체류자들이 가장 적은 도시이다. 해안의 대부분은 해군 부대가 위치하고 있고, 그 외의 해안 지역은 아주 고급 주택가로 형성되어 있어서 일반인들이 접근하기 힘들다. 그래서 샌디에고의 팽창은 내륙 쪽으로 진행된다. 동쪽으로 10분 정도만 들어가면 완전히 사막기후가 된다. 샌디에고 해변에서의 수영과 서핑 등의 물놀이는 안 하는 것이 권고 사항이다. 바로 국경 너머 멕시코의 도시 Tajuana는 공장 지대이고, 인구는 많은데 배수시설이 아주 취약해서 조류 방향에 따라 폐수가 미국 쪽으로 넘어오기 때문이다. 이렇게 여러 관점에서 SD를 보면, 관광하기는 아름답지만, 주거 환경으로는 그렇게 좋지만은 않다. 관광객들은 아름답고 날씨 좋은 해변만 들렸다 갈 뿐이지, 그나마 사막기후가 있는 내륙 쪽은 SD 북동쪽의 Casino 도시, Temecula에 가기 위해서 그냥 지나치는 정도이다. 그러나 나는 어차피 앞으로도 몇 년은 살아야 하는 SD, 좋은 것만 보며 감사하며 살려 한다.

  SD를 통해서 나와 내 가정을 본다. 태평양의 파도가 아무리 높아도 항구 안은 큰 파도 없이 요트들이 평화롭고, 지친 전투함들을 재정비하는 것처럼, 내 가정이 그런 항구가 되어야 한다. 나뿐만 아니라 Wife에게도, 독립한 아이들도, 집에 오면 편히 쉬고 힐링을 받아 갈 수 있는 항구가 되어야 한다. 그러기 위해서 나는 항구를 감싼 산맥이 되어 바깥의 큰 파도를 내 몸으로 막아야 하고, 내 스스로 바람을 일으키고 파도를 만들지 않아야 한다. 내 마음도 그렇게 되고 싶다. 항상 잔잔함 속에서 평화롭고 은혜롭고 싶다. 내 마음의 항구는 무엇으로 바깥의 파도를 막을 수 있나? 하늘에 대한 믿음이라고 믿고 산다. "하늘에 맡겼으니 모든 것이 잘될 거야."라는 믿음. 그렇다고 포기가 아니다. 지금까지 살아 보니, 내가 마음대로 할 수 있는 것이 없더라. 내 몸의 생리현상도 내 맘대로 할 수 없는데, 하물며 사업이고, 자식이고, 인간관계, 건강, 경제적 문제까지 내 계획대로 되는 것은 하나도 없더라. 그래서 내 마음의 평화를 위해, 내 손에서는 포기하고 하늘에 맡기려고 노력한다.

   Wife도 SD가 좋단다. SD에서 살고 싶단다. 한 달에 한 번쯤 내려와서 좋은 것만 보고 가니 그럴 거다. 겉보기에 말끔하고, 내 입에서 감사와 행복이라는 소리가 자주 나오니까, 혹시 다른 사람들은 지금의 나를 유복하게 볼지도 모른다. 그러나 나의 삶 속은 마치 SD Downtown 같다. 비행기의 이착륙 소음, 배의 기적 소리, 고속도로에 타이어 긁히는 소리, 그리고 멕시코에서 흘러 들어오는 폐수처럼, 가슴속엔 걱정이 많고, 불안하고, 검은 유혹도 받는다. 그래서 항상 긴장하고 조심한다. 온갖 병력이 모여 있는 SD처럼, 온갖 방법으로 나를 추스르고 긴장하며 나와 가정의 평화를 지키고자 한다 복잡하고 다난한 내 인생에, 주말마다 돌아갈 수 있는 가정, 안식할 수 있는 가정을 허락하신 하늘에 감사한다.

My English 부끄러운 내 영어

나는 '내 영어'에 대한 부끄러움이 있다. 한국에서 대학을 마친 해에 미국에 와서, 미국 군대를 제대하고, 미국에서 다시 대학을 졸업하고, 미국 회사에서 직장 생활, 미국 은행의 지점장, 미국 공인회계사, 그리고 현재는 사업체의 사장으로서 일주일에 두 번 이상의 미팅에서 1시간 이상씩 영어로 이야기를 하는 데 불편함이 없어 보이지만, 내 머릿속과 입술은 항상 긴장되고 바쁘고 부끄럽다.

내가 생각하는 영어 능력은, 듣기와 단어, 발음, 그리고 문장력이다. 그중에서 내가 잘하는 것은 문장력이다. 내가 알고 있는 단어들을 최대한 조합해서 말을 하고 글을 쓰는데, 결국 기·승·전·결을 잘 배치해서 만드는 것은 한글과 마찬가지다. 그래서 말하기보다는 쓰기를 잘하는 편이다. 쓰기에는, 내가 제일 약한, '발음'이 필요 없기 때문이다. 나의 경력을 보는 사람들은 모두 내가 영어를 아주 잘하는, 그야말로 본토인 수준으로 짐작한다. 그러나 나도 알고, Wife도 알고, 내 아이들이 아는, 내 영어 단어와 발음은 정말 부끄러운 수준이다.

한국에서 대학을 졸업할 때까지의 내 영어 실력은 중하위권쯤일 거다. 중학교 때는 영어 교과서를 통째로 외울 만큼 열의가 있었는데, 공고로 진학해서 학업에의 열의를 잃어버린 결과가 영어에서 가장 비참하게 나왔다. 그래도 대학 시절에 서클 친구들을 따라가서 부산의 하야리아 미군 부대에서 영어 회화 교습을 받은 것이 도움이 되었다.

미국에 도착해서 넉 달 만에 미 육군에 입대했더니, 신병훈련소에서 난리가 났었다. 필기시험에 합격을 해서 들어온 신병이 "앞으로 가.", "뒤로 가."조차도 못 알아듣는데, 계급은 조교보다 높은 것을 달고 있었기 때문이었다. 반복되는 군대용어를 익혔고, 상스러운 욕과 저급 영어부터 배웠다. 1년쯤 지나니까, 꿈에서도 영어로 말하게 되었다.

제대 후에 대학을 1학년부터 다시 다니면서 영어를 기초부터 철저히 공부할 기회가 있었다. 어차피 새로 출발하는 것, '영문학'을 공부해서 변호사나 의사에 도전해 볼까 하는 마음도 있었지만, 내 형편이 너무 바빴다. 당장 돈을 벌어서 먹고살면서 학비를 벌어야 했으니 기초를 돌아볼 여유가 없었다. 최대한 빨리 졸업해서 취직을 하는 것이 목적이었으니, 당장 강의를 들을 수 있는 영어 실력에 만족했고, 많은 대화나 작문이 필요 없는 Engineer의 단어 실력으로 그냥 할 만했다. 한편으로는 미국 군대를 제대했으니, 당시 미국에서 살아온 연수가 비슷한 학생들 가운데서는 내가 영어를 잘하는 편이라는 생각이 그릇된 출발점이었다. 그리고 대학의 Engineering학과에는 '인도계'와 '중국계' 교수들이 많았다. 그들의 발음은 정말 알아듣기 힘들었다. 그러나 그들은 거리낌 없이 자기들의 영어를 했다. 어차피 그 말을 알아들으려고 노력하는 것은 학생들 몫이었다. 그때에 나는 또 하나의 그릇된 판단을 했다. '결국 영어보다는, 위치가 높아지면 되는구나.'

"위치가 높은 사람의 영어가 맞는 영어다."라는 잘못된 인식은, 내가 Bank of America의 지점장을 오랫동안 하면서 더욱 진실처럼 느껴졌다. 직원들도, 손님들도, 모두 내 영어를 알아들으려고 노력을 하더라. 그러다 보니, 영어를 더 잘해야 하겠다는 생각과 노력이 없어져 버렸다.

CPA 시험에 합격을 하고 나서, 더 큰 착각을 했다. 미국의 공인회계사 시험에까지 합격했으니, 객관적인 기준에서도 내 영어면 이젠 충분하다는 생각을 한 것이다. 그 영어로 참으로 많은 사람들을 만나면서 미팅을 했다. 하물며, Bank of America에서는 직원들을 대상으로 강의를 하러 다니기도 했다. 그런데 언제인가 내가 회의에서 도표를 그려서 긴 설명을 하고 질의응답을 받는 것을 찍은 영상을 보았다. 온몸에 소름이 돋고, 부끄러움에 혈압이 떨어져서 쓰러질 것 같은 경험을 했다. 집에서 아이들과 영어로 대화하다가, 아이들이 내 잘못된 발음을 교정해 주면, 나는 자존심이 상하고 화가 나서, "내가 여기서 태어난 너희와 같냐?" "내 영어면 이민자 중에서는 뛰어난 것이다."라고 했는데, 그게 아니었다. 내 영어는 딸들이 부끄러워할 만했다. 내가 부끄러워해야 할 영어다.

그 이후로, 나는 여러 가지 방법으로 영어 공부를 하려고 노력한다. 요즘은 초등학교 4학년용 Phonics 교과서를 읽고 있다. 이런 것도 전혀 읽어 보지도 않고 미국 대학을 졸업하고 미국 사회에서 떠들고 다녔다는 것이 소름이 끼치도록 창피하다. 경상도 발음이나 악센트는 여지껏 내 입에 남아 있지만, 지금까지 그것을 개선해 보려는 노력은 하지 않았다. 새로운 단어가 나와도 대충 넘어가고, 발음도 대충 하면서 살았다. 그런 것보다는, 살아남기 위해서 더 신경 쓰고 부대끼는 일들이 많았다는 것이 내 핑계다.

요즘은 영어 공부에 신경을 쓰는데, 정말 나이 탓인지 어렵다. TV를 보면 꼭 자막이 나오게 해 놓고, 모르는 단어가 나오면 바로 찾아본다. 그런데 이제는, 10분 전에 찾았던 단어가 기억이 안 나서 또 찾게 된다. 그만큼 기억력이 떨어지는가 보다. 내 발음이 틀린 것은 TV 대사를 따라 하기도 하지만, 그것도 오래가지는 않는다. 그렇지만 포기하지는 않는다. 내 영어가 이토록 부족한 것을 자각한 이상, 조금이라도 고치려고 노력하는 것이 앞으로의 내 정신 건강에도 좋을 것이다. 그렇다고 영어를, 정신 건강을 위해서 공부하려는 것은 아니다. 이 땅에서 40년을 넘게, 소위 Main Stream에서 살아왔다는 내 영어, 내 자신이 부끄럽다. 옛날에, 영어 때문에 변호사가 아닌 공인회계사로 목표를 잡았을 때, '그때 영어에 도전했어야 했는데.' 하고 후회 중이다. 그렇지만 후회만으로는 아무것도 나아지지 않는다. 기억력이 떨어지는 지금이라도 기초를 밟으려 간다.

California의 겨울이 춥다

이번 겨울은 예년에 비해서 비가 많이 내린다. San Francisco 쪽은 며칠간의 폭우로 사고가 많단다. 지난 몇 년 동안 우기인 겨울인데도 비가 거의 안 와서 심각했는데, 올해는 조금 나아진 것 같다.

출근하면서 스웨터에 두툼한 겨울 재킷, 그리고 겨울용 Newsboy 스타일 모자까지 썼다. 오늘 기온이 최고 58°F, 최저 45°F다. 최근 들어서 가장 춥다. 섭씨로는 14.5℃, 7℃쯤 된다. 한국이나 동부의 기온으로는 가을 날씨 정도일 거다. 그런데도 참 춥게 느껴진다.

내가 겪은 가장 추운 겨울은 1983년이었다. New Jersey의 육군 기지 Fort Monmouth에서 근무하며 퇴근 후에 대학을 다닐 때, 겨울 학기는 시작되었는데 운전 실기시험에 계속 떨어져서 운전을 못 했다. 부대에서 학교까지, 보통 때는 걸어서 1시간 거리인데, 12월에 눈이 쌓이면 2시간쯤 걸렸다. 군복을 입은 채로 수업을 마치고 숙소로 돌아가는 밤길은 참으로 춥고 멀었다. 눈이 안 치워진 길을 걸을 때는 무릎 위까지 빠질 때도 있었다. 보도 옆 잔디밭 너머에 보이는 미국의 전형적인 중산층 가정집들, 식탁 주위에 둘러앉아서 밝은 모습으로 웃으며 식사하던 어느 가족의 모습이, 40년이 지난 지금도 내 기억 속에 그림처럼 남아 있다. "나도 이 땅에서 저렇게 살고 싶다." 하는 꿈과 도전이 생긴 겨울이었다.

이젠 나도 추운 겨울에, 밖에는 비바람이 불어도, 밝은 불빛 아래서 따뜻한 저녁을 먹으며 와인을 마신다. 그 시절의 나처럼, 어느 청년이 지나가면서 언덕 위의 큰 집에서 멋진 저녁 식사를 하는 내 모습을 부러워하며 가슴에 담을지도 모른다. 그런데 나는 지금도 만족하지 못하고 무엇인가를 부러워하고 있는 것 같다. 최근에는 Retire 후의 삶에 관한 생각과 계산을 많이 한다. 특히 Wife는 올해 8-9월쯤에 회사를 그만두고 싶어 하는데, 아직 회사에서 필요로 하고 일할 능력이 남아 있을 때 몇 년을 더 일하면 좋겠다. 그런데 Wife를 위한 것이 아니고 내 계산 때문이다. Wife가 몇 년을 더 일하면 Retire 후의 생활이 좀 더 여유로울 것 같기 때문이다.

나는 자주 자신 있게 말한다. "살아오면서 온갖 어려움을 많이 겪었고 이만한 축복까지 받았으니, 이제는 어떤 상황에서도 감사하며 살 수 있다." 하고. 말은 그렇게 하면서, 나는 지금 계산을 하고, 그 계산이 어긋나면 뭔가 불안하다. 그렇다면 나는 지금 '이중인격'을 부리고 있다. 확실하게 내 계산으로 살든지, 믿음 속에서 감사함으로 살든지 선택을 해야 한다.

Wife는 오랫동안 정말 수고했다. 여성이 사회생활을 하는 것이 보편적인 미국에서도, Wife 또래에서는 그렇게 오랫동안 열심히 직장 생활을 한 사람은 드물다. 올해 60세가 될 때까지 지난 38년을 쉬지 않고 일했다. 내가 실패해서 쓰러졌을 때도 Wife가 일하며 지탱해 주었기에 재기할 수 있었다. 이제 Wife가 일을 그만두고 손주를 돌보며 정원 일을 하면서 살고 싶다는데, 나는 계산을 하면서 말리고 있다. 우리의 은퇴 후의 삶을 위해서, 조금만 더 버티면 더 나은 숫자가 보인다고 설득을 한다.

나는 무엇을 걱정하는가? 이만큼이면 정말 차고 넘치지 않는가? 내가 애초에 어디에서 출발했던가? 한국에 갈 때마다 영주동 고개를 걸으며, 내가 지금 누리는 축복에 얼마나 감사했던가? 하늘의 축복을 다른 사람에게로 흘려보내고자 시작한 기부들, Wife의 은퇴 이야기가 나오자 그것부터 줄일 계산을 떠올리는 나는 참으로 부끄러운 인간이다. 1983년의 추운 겨울에 Fort Monmouth 인근 Eatontown 도로면 집들의 아름다운 광경 이상을 나는 이미 영위하고 있으면서, 나는 그 추웠던 New Jersey의 겨울을 잊어버리고 있다. 제대 후 38년을 살아온 California의 겨울에 익숙해져서, 이만큼만 추워져도 코트가 필요하고, 모자가 필요한가 보다. 이제는 제법 안락한 생활에 익숙해져서, 이보다 불편한 경우가 두려워서 비겁해지는가 보다. 육신이 편하고자 영혼이 초라해진다.

나는 앞으로도 2-3년쯤 더 일할 수 있어서 얼마나 감사한가? 사장자리에서 큰 월급을 받으면서 일하는 것이 얼마나 큰 축복인가? 지금까지 수고하며 나를 지탱해 준 Wife를 이제 편히 쉬게 해도 무엇이 모자라는가? 돈을 모으는 대신, 은혜를 흘려보내야 한다고 믿으며 그렇게 살아 놓고, 이제서야 노년을 위해서 돈을 모아 두지 않은 것을 후회한다면, 지금까지 그 가치관으로 살아온 내 인생이 비참한 것이 되고, Wife의 인생마저 초라하게 만드는 것이다.

지금까지 내가 받은 하늘의 은혜가 너무 크다. 지금까지 받은 것만으로도 감사하며 살아도 충분하다. 가끔씩 이렇게 일어나는 의심과 걱정, 후회들은 내가 나약한 인간이기에 당연히 받을 시험이다. 그렇지만 흔들리지 않고 내 인생을 살아야 한다. 지금까지 받은 것으로 어떻게 지혜롭게 살 것인지를 계산하되, 더 많은 것을 남기고 가지기 위한 계산은 그만둔다. 우리는 우리답게 살자. 사랑하는 Wife의 은퇴를 열렬히 축하하고 응원한다.

어떻게 살까?

젊고 시간이 많이 남았을 때, 나는 '앞으로 어떻게 살까?' 하고 깊이 고민해 본 적이 별로 없었다. 아무리 고민해 본들 별수 없어서, 그냥 하루하루를 살았을 뿐이다. 그때는 그랬다. 아무리 고민해도 내가 선택할 수 있는 길이 없었다. 현실을 포기하고 죽을 것이 아니라면, 어떻게든 버티고 살아남아서 인생이 또 어떻게 변할지 기다릴 수밖에 없었다. 물론, 어둠에 두 눈이 가린 나에게는 보이지 않았을 뿐이지 다른 선택이 있었을 거다. 그렇지만 그때는 아무것도 보이지 않았다. 이제 나는 선택을 할 수 있게 되었나 보다. '앞으로 어떻게 살 것인가?'에 대해서 자주 생각을 하게 되고, 답을 찾기 위해서 고민하고 기도한다. 내 인생에, 내 의지로 살아갈 방향을 정할 수 있는 기회가 있는 것만으로도 감사하다. '어떻게 살아 낼 것인가?'가 아니라, '어떻게 살 것인가?'라는 제목 자체가 부자 같다.

며칠 전, 내가 어떻게 살 것이지를 생각하면서 무엇인가를 포기할 것을 찾고, 포기할 순서를 정하고 있다는 것을 자각했다. SD에서의 10년을 채우고 직장 생활을 은퇴하고, 젊은이들과 몸싸움을 못 할 바에야 '사범'이라는 허울 버리고 검도를 은퇴하고, Saxophone 연주는 이제 호흡이 힘드니 그만두고, 골동품 수집하는 취미도 결국 떠날 때는 고물만 남기게 되니 이쯤에서 그만두고, 수입이 줄게 되면 먼저 골프장 Membership을 그만두고, 학생들을 돕는 일도 수입이 없을 그때쯤에는 그만두고, 더 이상 힘든 노동이 필요한 집 가꾸기도 그만두고….

'앞으로 어떻게 살까?'를 생각하면서 계획하는 것들이, 모두 '그만두는 것'들 뿐이더라.

며칠간의 묵상 끝에 내가 얻은 지혜는, 이것들을 '거꾸로' 생각하면서 긍정적이고 도전적으로 '어떻게 살까?'를 고민하는 것이다. 직장 생활을 그만둔다고 일을 그만두는 것은 아니다. 내 몸이 건강하고 정신이 맑은 동안은 내 가슴속에 있는 사업을 새롭게 펼쳐 보자. 검도에서 '이기려는' 마음을 버리고 내 건강과 자존을 위해서, 두 발로 서서 칼을 휘두를 수 있을 때까지 수련하자. Saxophone이 힘들면 건반을 배우자. 지금부터 또 10년을 연습하면 Master가 될 수 있다는 목표로 또 한 번 도전하자. 결국에는 고물 집을 남기게 되더라도, 계속 Estate Sale에 다니며 다른 사람들이 살아온 자취를 구경하고 마음에 드는 것을 수집하며 즐기면서 살자. Private Golf Membership을 가지고 있으니 다른 골프장에는 안 가게 되더라. 직장을 그만두고 조금이라도 부담이 되면 미련 없이 포기하고, 여기저기 다니면서 골프를 치자. 또 다른 재미가 있을 것이다. 은퇴를 하고 나면 학생들을 경제적으로 돕는 것은 힘들어진다. 그렇다고 미안하거나 안타까워하지 말자. 내가 나눌 수 있을 때 최선을 다한 것으로 감사하자. 지금까지 건강한 몸으로 집을 이만큼 가꾼 것으로 충분하다. 이제부터 더 만들거나 꾸미지 말고, 이 모습의 집을 즐기면 되는 것이다.

주중에 SD에 혼자 있으면서, 매일 잠자리에 드는 시간마다 후회를 한다. 이 나이에 혼자 생활하는 것이 힘들기는 하지만, 한편으로는 나만의 시간을 가질 수 있다는 것이, 내 몸과 정신을 단련시킬 수 있는 좋은 기회이기도 하다. 그런데 언제부터인가 몸이 게을러졌다. 게을러진 내 몸을, 내 의지와 정신이 쉽게 이기지를 못한다. 그래서 하루를 마치는 시간에는 '오늘도 잘못 살았구나.' 하는 후회가 생긴다.

　퇴근 후에 저녁을 먹고 나면 6시 반쯤, 검도나 GYM으로 가는 8시까지는 시간이 있다. 잠시 TV 앞에 앉았다가 8시에 나갔다가 돌아와서 샤워를 마치면, 검도를 가는 날은 밤 11시, GYM에 가는 날은 10시쯤이 된다. 보통 자정에 잠자리에 드니, 한두 시간의 여유가 있다. 그런데 이 시간마저 잠시 쉰다고 TV 앞에 앉았다가 결국에는 졸린 눈으로 침대로 간다. 일기를 쓰는 날은 그래도 좀 나은데, 요즘은 집에서의 대부분 시간을 TV 앞에서 허비하고 있다. 내가 시간을 가볍게 여기고 있다. 앞으로 내 삶에 남은 시간을 가볍게 여기고 있다. 지금만큼의 육체적, 정신적 건강을 앞으로 얼마나 유지하며 살 수 있을까? 그런데도 나는 지금 하루의 시간을 이렇게 보내고 있다. 올바르게 사는 방법은 아닌 것 같다.

　지금 나에게는 Choice가 너무 많은 것이 아닐까? 그래서 한 가지를 선택히지 못하고 망설이다가 목적 없이 하루를 살아가는 것이 아닐까? 나는 열심히 산다. 부지런히 산다. 그런데 열심히 살고 부지런히 사는 것이 올바로 사는 것은 아니다. 삶의 방향이 맞아야 한다. 방향이 틀린 채로 열심히 살면, 골프에서처럼 OB가 난다. 올바른 방향과 목적을 가진 삶의 항해가 아직도 끝나지 않았다. 내 인생의 배가 마지막 항구에 도착할 때까지는 포기하거나 방심해서는 안 된다. '어떻게 살까'를 고민하면서, 가장 먼저 '올바른 방향'을 잡아야 한다. 내 방향은, 나의 소망인 '하늘'을 향해서 올바로 잡혀 있는가?

나의 실체

 모든 작품에는 재료가 있다. 같은 재료로 더 맛있게 만드는 이가 요리사고, 보이지 않던 아름다움을 찾아내는 이가 예술가다. 맛있어지고 아름다워지는 과정 속에서, 애초의 재료는 다른 것들과 조화를 이루기도 하고 본질이 변화되기도 한다.

 나를 만들고 있는 여러 가지 재료들이 있다. 평균 키에 왜소한 체격과, 평균 이상은 되는 것 같은 두뇌가 있다. 모질지 못하고 크게 악하지 않은 인성인 것 같고, 감정은 유달리 섬세한 편이다. 그리고 평균보다 나쁜 성격을 가지고 있는 것 같다. 더욱 나쁜 것은, 이 성질을 밖에서는 잘 참는 편인데, 집에 들어와서 Wife에게 거침없이 부린다는 것이다. 항상 후회하고, 고치려고 기도하며 노력하지만, 참으로 진전이 더디다.

 나는 짜증이 많고, 화가 나면 가라앉히기보다는, 더 나쁜 경우를 상상하거나 지난 일까지 들추며 스스로 화를 키운다. 그렇다고 내가 항상 옳은 상황에서 화를 내는 것도 아니다. 화를 내고 고함을 지른 후에, 상황을 파악하면 부끄럽고 후회되는 경험을 자주 한다.

 내 성격은 사업을 하면서도 나온다. 답답한 상황이 생기면, 그 생각의 끝을 잠시라도 놓지 못한다. 별다른 답도 찾지 못하면서 밤에 잠을 이루지도 못한다. 그와 연결해서, 아직도 일어나지 않은 미래의 상황까지 염려하며, 더 나쁜 경우로 생각을 몰고 간다. 그래서 잠이 들어도 깊은 잠을 자지 못하고, 대부분 그날 밤에 그 일에 대해서 꿈을 꾼다. 이런 성향들이 지난날에 '자살'의 유혹 앞에 자주 서게 만들었다.

 나는 오랜 세월을 잘 참고 살았다고, 스스로 대견하게 생각했다. 아파도 내 속을 드러내지 않고, 배고파도 남에게 구차스럽게 보이지 않으면서, 아무것도 없으면서도 자존심을 지키며 살아왔다. 그런데 그것이 잘 살아온 것이 아닌 모양이다. 참았으면 잊은 듯 지나가야 할 것을, 나는 하나도 버리지 못하고 쌓아 왔던 것이다. 그래서 그 시절에 버리지 못한 더러운 것들을 지금에야 쏟아 내고 있다.

　나는 경험을 통해서 외부 환경에 의해서 사람의 본질, 성격이 바뀌는 것을 안다. 그것은 금속공학의 이론처럼, 계속 Stress가 가해진 부분에는 분자 정렬의 변화가 일어나서 약해지고 결국에는 금이 가고 부러지는 것이다. 그래서 나는 아이들을 키울 때, 그런 Stress를 주지 않으려고 노력했다. 그렇지만 내 아이들도 내가 만든 환경에서 어떤 모양이든 Stress를 받았고, Wife는 내가 만든 환경뿐만 아니라 직접 준 Stress로 이미 가슴속에 많은 Crack 금이 생겼을 거다. 좀 더 젊은 시절에 이렇게 깨달을 수 있었으면 얼마나 좋았을까? 그런데 깨달아도 잘 고쳐지지 않는다.

　고상해지려고, 품위 있게 나이 들도록, 말과 행동을 절제하지만 그리 오래 가지 못한다. 억지로 만든 삶의 맛과 겉모습은 잠시뿐이다. 시도 때도 없이 내 부끄러운 실체가 튀어나와서 짜증이 나고, 화가 나고, 잠을 못 자며 뒤척인다. 잊으려 하면 더욱 선명하게 되새겨질 뿐이다. 결국, 나는 나를 변화시킬 수 없다. 그래서 나는 내 실체를 변화시키는 하늘을 앙모하며 산다. 하늘의 빛이 내 가슴에 들어오면 내 가슴속의 어두움이 변화하고, 내 가슴속에 남아 있는 나쁜 기억들과 함께, 분노와 짜증과 화가 소멸되기를 기도한다. 나는 언제쯤 정말 '어른'이 될 수 있을까? 하늘빛을 가슴에 담은 어른이 되고 싶다.

일기 쓰기

　일기를 쓰면서 가장 좋은 점은, 하루를 항상 조심하고 생각하면서 살게 되는 것이다. 하루를 지난 다음에 지난 시간을 정리하면서 또 후회되는 일을 없게 하기 위한 노력을 하게 되더라. 결국 하루를 일기 쓰듯이, 많이 신중하고 생각하며 살게 되더라.
　일기를 쓰면서 부담스러운 점은, 자꾸 과거를 돌아보게 되고, 내 경우에는 힘들고 아픈 기억들을 자꾸 소환하게 되더라. 나는 애초부터 일기의 방향을 '감사'로 잡았다. 그것이 현재 내가 살고자 하는 생활과 마음의 방향이다. 내 삶 속에서 감사할 부분을 찾다 보니, 어려웠던 과거와 비교하게 되고, 그것들을 돌이켜 글로 쓰다 보니 잊힌 것 같았던 기억들이 더욱 또렷이 살아난다. 그러면 잊었던 미움과 분노도 되살아난다. 그것들이 묻혀 있었을 뿐이지 가슴 깊은 곳에 숨어 있었다. 그 기억들을 일기로 쓰다 보면 잠시 분노와 원망이 타오르듯이 솟아나는 것은 틀림없는데, 글을 쓰면서 정리가 된다. 마음속의 것을 풀어서 글로 쓴다는 것은 그만큼 이성적으로 객관화시킨다는 것이다. 기억해서 아무것도 나아질 것이 없는 것들을 글 속에 화풀이하며 내던져 버리고 나면, 더 이상 가슴속으로 되돌아가지 않는다. 그러다가 또 남은 찌꺼기가 기억나면, 또 일기에 써서 내보내면 되더라. 그래서 일기를 쓰면서는, 처음에는 과거의 기억으로 분위기가 어두워지다가, 점점 내 스스로 글 속에서 정리가 되면서 그 어둠이 걷히고 다시는 그런 기억 때문에 내 삶이 어두워지지 않더라.

정기적으로 일기를 쓰다 보면, 그것이 자칫 '의례적'인 행사가 되고, 그렇게 되면 내 스스로 받는 '감동'이 떨어진다. 내가 일기를 쓰면서 느끼는 것은 진한 감동이다. 내가 살았던 하루, 나에 대한 감동이 아니라, 그 하루를 살고 난 후의 깨달음에서 오는 감동이다. 일기를 쓰지 않았다면 느낄 수 없는 삶 속의 감동을 느낀다. 그래서 하루하루가 기적 같고 감사하게 되더라. 그런데 어느 날, 일기를 쓰는 작업이 의례적이고 시간표의 일부분이 되면 그 감동을 잃게 되더라. 그러면 매일 쓰는 일기를 멈추었다가, 다시 마음이 차오르면 일기를 썼다. 이런 것을 몇 번 반복하다 보니까, 내가 일기를 쓰는 때와 쓰지 않는 날의 차이를 느낀다. 일기를 쓰지 않는 날들은 뭔가 생각을 깊이 하지 않고 막사는 느낌을 받는다.

지난 몇 주간 일기 쓰기를 멈추었던 나는 이제, 다시 일기를 쓰고자 한다. 지금까지 살아오면서, 일기를 쓸 때만큼 내 인생을 솔직하고 심각하게 되돌아보는 시간이 없었다. 앞만 바라보면서, 어디엔가 목표를 정한 채, 정말 죽기 살기로 투쟁하며 살았다. 그런 마음으로 살았으니, 실패할 때마다 자살을 꿈꾸었던 것이 당연한지도 모르겠다. 그렇게 살아오면서, 내 삶은 정말 피폐해졌다. 여러 가지 상황이 조금씩 나아질 때도 나에게는 구체적인 감사가 없었다. 내가 모두 이겨 낸 것 같았고, 내가 드디어 성공한 것 같았다. 그런데 일기를 쓰면서는 앞이 아니라 뒤를 돌아보게 되고 옆을 보게 되었다. 내가 바둥거리면서 오늘까지 살아온 것이, 내가 살아 낸 것이 아니라 하늘이 살려 준 것이고, 그런 은혜와 축복들이 구체적으로 보이기 시작했다. 자신이 비춰진 거울을 보면서 좀 더 나은 모습으로 가꾸는 것처럼, 나는 일기를 쓰면서 일기에 비춰진 나를 보면서 조금씩 더 나은 사람이 되는 것 같다.

　일기를 쓰다 보니, 다른 사람의 글들이 나에게 큰 감동을 주지 못하게 되더라. 그 이유가 나의 '교만'인가를 조심스럽게 생각했고, 나름대로 답을 찾았다. 작가가 되어 글을 쓴다는 것은, 다른 사람에게 하고 싶은 말, 어떤 Message를 주고자 한다. 나이 70을 향해 가면서, 정말 학벌도 철학도 부질없어진다. 다른 사람을 가르치려고 하는 그런 인생의 '잔소리'는 내 삶과는 별로 상관이 없어 보인다. 내 스스로 하루를 돌이켜 보고 내일을 묵상하면서, 내 방식과 내 언어로 깨닫는 반성과 감사보다 나에게 더 큰 감동을 주는 글은 찾기 힘들다.

　벌써 2년이 지났는가 보다. 하루를 바쁘게 살다 보면 손바닥의 모래알처럼 흩어지는 시간, 시간을 유용하게 보내기 위해 무엇인가 가치 있는 취미를 찾던 때에, 유기성 목사의 『영성일기』를 내용으로 하는 Message를 들었고, 몇몇 친구들의 응원에 용기를 내서 일기를 쓰기 시작했고, 친구들과 공유했다. 일기를 쓰면서 내 과거를 돌이켜 보고, 많이 아팠던 과거가 현실과 비교되면서 '감사'로 바뀌는 경험을 하게 되었다. '감사'로 방향을 정한 채 내 과거와 현재의 순간들을 돌이켜 보니, 저주받은 것 같았던 내 삶 속에 얼마나 감사할 것들이 많은지, 내가 내 인생을 통해서 감동을 받았다.

　일기라고 해서 매일 써야 한다는 강박감을 가지지 않고 자유롭게 일기를 쓴다. 모든 것을 친구들과 나눌 수는 없어도 대부분을 올리는 것은 나 스스로를 경계하는 장치이다. 친구들이 읽을 수 있다고 쓰는 글에 거짓이나 허언을 보탤 수는 없다. 가끔은 내 욕심과 의지로는 지키기 힘든 약속을 담은 일기를 친구들이 읽게 한다. 그 약속을 떠벌리는 것이다. 그러면 그 약속 때문에라도 처음에는 지키게 되고, 그 과정이 지나면 편안하게 된다. 그렇지만 나의 생각과 일상을 친구들의 동의나 응원을 받고자 공유하는 것은 아니다. 나는 일기를 통해서 하늘에 감사한다. 나의 일기를 통해서, 내 삶을 통해서, 나의 하늘을 친구들에게 알리고 싶다. 그런데 그렇게 감사하고자 쓰는 일기 쓰기가, 하루하루 조금씩 나의 생각과 행동을 좀 더 나은 사람이 되게 만들어 주는 실제적인 변화를 느낀다. Wife가 가끔 이야기한다.

"당신, 약 2년 전부터 참 많이 달라졌어요."

물론, 좋은 쪽으로 달라졌기를 믿는다.

포도밭에서

 몇 주 동안 미루었던 작업을 드디어 마쳤다. 포도나무에 생기는 백색 곰팡이를 예방하기 위해서 미지근한 물에 Neem Oil과 Dishwash Soap을 배합해서 뿌리는 일이다. 작년에 처음 수확한 포도 농사에서 반 이상 실패한 이유가 백색 곰팡이 때문이었다. 올해는 이른 봄부터 두 차례를 뿌렸더니, 작년과 달리 포도알들이 윤기가 나고 곰팡이가 앉은 자국이 없다.

 포도 묘목을 심을 때 어떻게 물을 공급하고, 자라는 줄기 형태를 잡고, 언제쯤 순 따기를 하는지 등의 기본적인 농법들을 Internet을 통해서 공부하고, 중요한 사항들은 Print 해서 모아 두었다. 그런데 미처 포도나무에 생기는 병과 그 예방과 치료에 대해서는 신경을 쓰지 못했었다. 포도 잎들이 하얗게 변하며 말라 갈 때도, '물이 모자라서 그런가?' 하고 급수 파이프만 몇 번을 고쳤다. 결국에는, 다 자란 포도송이들마저 하얗게 변하더니 말라 버렸다. 알고 보니 곰팡이였다. 포도나무에 일반적으로 생기는 병이라고 한다. 불현듯, 태어난 지 돌도 채 안 되어 세상을 떠난 남동생 생각이 났다. 내가 5살쯤 된 때라 기억이 남아 있다. 아기가 갑자기 놀란 '경기'라고 했다. 당장 업고 병원으로 달려가야 할 상황에서, 가난하고 무지한 엄마는 안절부절못하다가 아기를 잃었다. 작고 하얀 영구차에 실려 신작로를 떠나던 광경이 지금도 생각난다. 아기가 죽고 나니, "너무 예쁘고 영특해서 시샘으로 일찍 데려갔다."라고 하더라. 포도나무에 약을 뿌리면서, 작년에 나의 무지로 실패한 포도 농사가 미안하고, 어른들의 무지와 가난으로 생을 살아 보지도 못한, 오랫동안 잊고 있었던 예쁜 아기 동생이 생각난다.

포도 농사는 손길이 많이 간다. 거의 주말마다 거를 수가 없다. 특히 요즘처럼 포도송이들의 모습이 생기기 시작할 때는 더욱 신경을 써야 한다. 그런데 다른 농사보다는 편한 편이고, 일을 하면서도 운치가 있고 여유가 있는 모습을 스스로 느낀다. 가장 근본적인 이유는 허리를 굽히거나 쪼그려 앉지 않아도 되기 때문이다. 포도 묘목을 심을 때부터 가슴 높이까지 나무가 자라도록 지지대를 만들어 놓고, 거기까지 자라면 옆으로 나무의 수형을 만들어서 포도송이들이 가슴 높이에서 열리고, 잎들도 눈높이 이상으로 뻗어 나가지 않게 만든다. 그래서 선 채로 대부분의 일을 한다. 도구도 작은 가지와 잎을 자르는 '전지가위' 하나면 된다. 그러니 정말 영화처럼 여유롭고 평화로운 모습이 나올 수 있다. 그렇지만 가장 힘든 부분이 남아 있다. 바로 포도밭의 잡초들이다. 지난겨울에 California에는 평년보다 비가 5-6배가 더 내려서, 올해 봄에는 잡초들이 너무 많다. 그렇지만 포도밭이니 제초제를 뿌릴 수도 없다. 결국 손으로 뿌리까지 뽑아내야 한다. 그런데 이미 땅이 굳은 후라 잡초 뽑기가 쉽지 않다. 쪼그려 앉아서 왼손에 괭이를 들고 뿌리 부근의 땅을 찍은 다음에, 오른손으로 줄기 아래를 잡고 뿌리까지 뽑는다. 종일 일해도 진도가 별로 나가지 않는다.

포도나무 잘 키워 보겠다고 인터넷을 뒤져서, 그중에서도 쓸 만한 정보들을 Print 해 둔 것이 수백 장은 된다. 병충해를 예방한다고 여러 가지 약품을 사서 시도해 봤고, 포도나무의 수형을 좋게 하느라 버팀목을 사고 지지대를 만드는 노동과 비용을 아끼지 않았다. 자동급수 시설을 해 놓고도 못 미더워서 주말마다 물을 틀어 놓고 나무마다 점검을 한다. 실하고 큰 열매를 얻기 위해서 순 자르기, 가지치기를 때맞추어 하고, 잡초제거제를 뿌리면 자칫 포도나무 뿌리가 상할까 손으로 잡초를 뽑으면서도 힘든 줄 모르고 재미있다. 포도주 만드는 법을 열심히 공부하고 있고, 올해에는 포도주를 짜는 조그만 설비도 구입할 계획이다.

포도밭을 가꾸면서, 깊은 반성과 후회와 미안함을 느낀다. 나는 아이들을 키우면서, 어떻게 하면 잘 키울지 고민해 본 적이 없는 것 같다. 육아나 자녀 교육에 관련된 책 한 권을 읽어 본 적도 없다. 아이들이 어떤 과목이 약한지 유의해서 과외 선생을 붙여 준 적도 없고, 어떤 친구들을 사귀고 학교생활은 어떤지 주변을 챙겨 본 적도 없다. 성적표에 의해서 아이를 판단하고 은근히 채근했을 뿐이다. '좋은 아비'가 되겠다고 말만 했을 뿐, 어떻게 하면 좋은 아빠가 될지, 고민도 공부도 하지 않았다. 나는 당시에는 부끄러운 아비였고, 지금은 미안한 아비다. 작년에 포도 농사의 일부를 실패한 것을 안타까워하는 내 마음을 느끼면서, 포도나무보다도 정성을 쏟지 못한 자식 농사가 후회스럽고 미안하다. 밤마다 무릎 꿇고 미안한 아이들을 위해서 기도한다.

Sauvignon Cabernet이 우리 집 토양에서 잘 자라는 포도나무 종류 같다. 나무의 굵기가 이미 다른 종류보다 3-4배는 더 굵어졌고 열매도 많이 열린다. 이렇게 자라는 포도나무는 계속 껍질을 벗겨 줘야 한다. 병충들이 껍질 속에 알을 낳고 번식하는 것을 예방하기 위함이다. 이미 성장한 아이들에게, 나는 그냥 껍질이라도 벗겨 주는 아비가 되고 싶다. 그들의 인생을 존중하고 간섭하지 않으면서, 아이들의 삶 속에 병충해 들지 않도록 매일 밤 무릎 꿇고 기도하는 것이 아비의 사명이다. 내 인생에 부터 나도록 소담스러운 포도밭과 아름다운 아이들을 허락하신 하늘이 감사하다.

노인 냄새

오늘, '노인 냄새'에 관한 Article을 읽었다. 나이가 들어 가고, 아직 사회생활을 하고 있으니, 이런 부분에 신경이 많이 쓰인다.

피지 속의 지방산이 산화되어 '2-Nonen Aldehyde'라는 물질이 만들어지면서 모공에 쌓여 퀴퀴한 냄새가 나는 것을 '노인 냄새'라고 부르는 이유는, 젊을 때는 거의 생기지 않다가 40대 이후부터 만들어지고, 노년기가 되면 더 많아지기 때문이다. 노인들은 몸의 대사가 활발하지 않고 운동량도 적어서 Nonen Aldehyde가 땀으로 배출되기도 어려워 모공에 쌓이고 냄새가 심해진다고 한다. 이 냄새를 줄이기 위해서는 노폐물을 잘 배출시킬 수 있도록 물을 자주 마시고, 땀이 날 정도로 운동을 하는 것이 도움이 된다.

나는 물을 적당히 마시는 편이고, 운동을 많이 하고, 샤워도 신경을 써서 하는 편이다. 가끔은 출근할 때 향수를 살짝 뿌리기도 한다. 그렇지만 내 몸에서 나는 냄새, 입 냄새 등은 내가 모르는 경우가 대부분이다. 가끔 그런 냄새가 나는 사람들을 만나면, 그 앞에서 숨쉬기가 힘들 때가 있다. 내가 그런 모습을 보이지 않도록 조심해야 한다. 그런데 내 몸이나 입에서 나는 냄새가 아닌, 내 행동이나 말 속에서 '노인 냄새'가 나지는 않는가? 그래서 다른 사람들을 거북하게 만드는 모습을 보이지는 않는가? 오늘의 묵상 제목이다.

내 아이들이나, 주변의 젊은이들을 보면 뭔가 간절한 마음이 생긴다. 선의의 마음으로 한마디라도 더 도움이 되는 말을 해 주고 싶다. 그런데 이것이 바로 '노인 냄새'인 것 같다. 내가 틀리고 실패하면서 배운 것처럼, 그들도 비슷한 과정을 거치면서 성장한다. 직접 겪어 보기 전에는 이해하지 못하는 것들이 많다. 그것은 잔소리가 되고 '노인 냄새'가 된다. 어떻게 살아왔든지, 나이가 들면 고집이 생긴다. 상대가 말을 하더라도 애초부터 듣지 않고, 자기의 주장으로 비집고 들어갈 틈을 기다린다. 그것도 '노인 냄새'다.

  내 행동과 겉모습에서도 '노인 냄새'를 지워야 한다. 자세는 꼿꼿하고 움직임은 빠르도록 노력하고, 젊은 사람들을 부르는 호칭이나 말도 조심하자. 그래서 '노인 냄새'가 아닌, '노인의 향기'를 내면서 나이 들면 좋겠다. '노인의 향기'는 품위에서 나온다. 겸손에서 나온다. 사랑에서 나온다. 섬김에서 나온다. 오래 참음에서 나온다. 내 주변의 모든 것을 분석하고 비판하는 관점에서 보지 말고, 있는 그대로 받아들이고 존중하는 사랑의 마음, 그들 앞에서 나는 뛰어난 것도 없이 도리어 나이 들며 배우는 겸손의 자세를 지키자. 이웃과 젊은 사람들을 섬기는 마음으로 대하고, 어떤 상황에서도 이견이나 분을 내기보다는 오래 참으며 기다리자.

  몸에 뭔가를 많이 걸치고 있으면, 나도 모르는 사이에 어디선가 냄새나는 부분이 생긴다. 나이가 들수록 몸과 삶을 간편히 하자. 인생의 짐과 인연도 점점 간편히 가자. '혹시나', '그래도' 하는 생각으로 당장 필요 없는, 앞으로도 쓸데없는 물건들을 끌고 다니면, 마치 Homeless의 수레 같은 모습이 된다. 필요 없는 욕심, 쓸데없는 물건, 의미 없는 인연들을 정리하며 간결한 삶을 만들자.

  '사람의 향기'는 그 사람의 인격이다. 대부분의 인격은 '말'로 나온다. 향수가 든 병에서는 향수 냄새가 나고, 오물이 든 병에서는 썩은 냄새가 난다. 내 몸에서 나는 냄새, 내 입에서 나는 냄새는 내가 모를 수 있지만, 내 입에서 나오는 말은 내가 참고 고칠 수 있다. '노인 냄새'를 없애기 위해서 말을 줄이고 고쳐 보자. 꼭 필요한 말을 간단하고 예의 있게 하자. 그것이 연륜의 품위이다. 내 입에서 경박한 단어, 음란하고 더러운 단어들이 나오지 않도록 항상 경계하자.

거울을 본다. 노인이 되어 가는 나를 본다. 아쉽지도 슬프지도 않지만, 왠지 조금은 싸-하다. 너무 진흙탕을 뒹굴고 돌밭을 구르며 살았다. 아직도 나에게는 그 시절의 냄새가 배어 있을지 모른다. 오래 묵은 채 아물지 않은 상처일수록 더 썩은 냄새가 나는데, 나는 아직도 버리지 못한 미움과 원망과 후회들을 가슴에 품고 더러운 찌꺼기를 입으로 뱉어 내기도 한다. 내가 용서할 줄 알아야, 나도 용서받을 수 있다. 남보다 더럽고 거칠게 살아온 나이기에, 남보다 더욱 죄짓고 살아온 나이기에, 내가 먼저 용서하고, 내 용서를 빌어야 한다.

'삶의 향기', '노인의 향기'를 은은하게 풍기며 나이 들고 싶다. 태어날 손주에게, 할아비의 냄새보다 '할아비의 향기'를 맡게 하고 싶다.

하늘을 보자

 친구 사이, 때로는 가족 간이라도, 해서는 안 되는 말들이 있다. Private 한 상황을 들춰내고 비교하고 비판하는 것은 심각한 결과를 초래한다. 나는 경험으로 다음의 몇 가지를 조심한다.
 가정사. 개인의 삶 속에서 가장 아픈 상처일 거다. 3자의 눈에 보이는 것은 극히 일부분일 뿐이다. 아는 체해서 말해서는 안 되고, 먼저 그 사람이 Open을 하더라도 들어 주고 위로할 뿐, 말을 아껴야 한다.
 수입과 재산. 모자라는 것을 도와주거나 훔칠 목적이 아니라면 궁금할 필요가 없다. 사는 것이 만만치 않다. 애초 금수저가 아닌바, 열심히 산다고 해서 벌리는 돈이 아니더라. 거기에다, 비교하고 모욕까지 하면 원수 되길 신청하는 행위다. 그다음은 종교라고 생각한다. 종교 이야기는 결국, 누가 옳고 그르다는 논쟁으로 번지기 쉽다. 자기가 옳다고 믿는 삶의 가치관을 비판하는 사람과는 가까이 지낼 수 없다. 정말 자기의 종교가 옳은 것을 알리고 싶으면, 말로 하기 전에 본인의 삶으로 증거해야 한다는 것이 내 생각이다. 그런데 나는 오늘 친구들에게 '종교' 이야기를 하고자 한다. 다른 사람의 종교나, 내가 믿는 신앙에 대해서 설명하고 비교하고자 하는 것이 아니라, 내가 살아온 이야기, 내가 살아가는 이야기를 하고자 한다.
 나보다 힘들게 살아온 사람들도 많겠지만, 내가 살아온 세월이 만만치 않게 힘들었다. 내가 아는 사람들 가운데서는, 내가 가장 밑바닥을 오랫동안 기면서 살아온 것 같다. 이런 환경을 극복하기에는, 내 신체가 너무 작고 약했다. 내 성격은 유약하고 못났다. 그래서 거친 인생과 맞붙어 싸우기보다는 항상 도망치기에 바빴다. 이렇게 사는 것보다 죽는 것이, 나뿐만 아니라 가족을 위해서라도 더 나을 거라는 생각으로 몇 번이나 자살을 시도했다.

내가 요즘 일기를 쓰면서, 지나온 이야기들을 담담히 돌아보며 내 삶이 감사하다고 마무리를 하니, 그 힘들었던 조흥래의 삶이 이제는 '고생 끝, 행복 시작'이라고 읽는 친구도 있을 거다. 나는 '가난'이 가장 무서운 줄 알았고, 돈에 쫓기는 인생이 가장 불쌍한 줄 알았다. 희망도 재수도 없으니 죽고 싶었다. 지금 나는, 이 나이에도 그런대로 괜찮은 직장 생활을 하며, 번듯한 집에서 살고 있다. 모아 둔 것은 없지만 이제는 가난하지 않고, 아끼며 욕심내지 않으면 돈 때문에 쫓길 일은 없다. 그런데도 내 인생이 너무 힘들다. 오랫동안 힘들고 아프니 철학자가 되더라. '산다는 것이 무엇인가?' 물으면서 산다.

인생의 짐이라는 것이 세월에 따라서 형체가 변하고 더욱 무거워지더라 반면에, 세월을 사는 내 몸과 마음은 나이 들고 약해져서 감당할 수가 없다. 예전과 달라진 점은 나는 더 이상 도망갈 생각을 하지 않는다. 더 이상 죽음을 꿈꾸지 않는다. 내 인생의 무게가 가벼워졌거나, 내게 감당할 능력이 생겨서도 아니다. 드디어 나에게도 믿는 구석이 생겼다는 것이다.

내가 절망했던 이유는, 고난의 무게가 너무 무겁고 벗어날 희망조차 없었기 때문이다. 내 인생에 별 관심이 없는 사람들을 찾아다니며 도움을 구걸하기보다는 죽고 싶었다. 너무 간절하니 땅을 보고 걷게 되더라. 재수라도 있어서, 누군가가 떨어뜨린 것을 줍는 행운을 기대하게 되더라. 땅을 살피며 걸어도 도저히 답을 찾을 수가 없어지니, 포기하는 심정으로 드디어 하늘을 보게 되었다. 그래서 내가 살아났다.

　내게 꼭 필요하지만 내가 도저히 할 수 없는 것, 제발 하늘이 해 달라고 빌었다. 너무 간절했던 20-30대 젊은 시절에 수년간을 새벽기도에 나가서 처절하게 빌었다. "정말 죽을 만큼 힘드니, 이 짐을 없애 주지 않으려면 잠시 맡기라도 해 달라."라고 새벽마다 가슴 치고 통곡하며 빌었다. 그때는 미처 몰랐다. 이제 숨을 돌리며 돌아보니, 지금까지 내가 지나온 길이, 내 힘으로는 도저히 헤치고 나올 수 없는 길이었다. 아무 대답 없이 느껴졌던 하늘이, 내 기도를 듣고 나와 함께 걸으며 나를 여기까지 데려다주었다.

　그래서 나는 내 삶으로 하늘을 증거한다. 내가 지금까지 기도했던 것들을 기억한다. 당장에 변화가 없어서 나도 잊은 것들이 결국에는 이루어져 있는 현실을 본다. 그래서 나는 믿는다. 지금의 내 아픈 기도도 언젠가는 이루어질 것을. 그래서 나는 쉬지 않고 하늘에 기도한다. 친구들과 그 가족들을 위해서도 기도하고, 안타까운 내 아들을 위해서도 간절히 기도한다. 그리고 결국에는 내 기도가 이루어질 것을 믿는다. 그래서 지금의 내 인생도 너무 무겁고 힘들지만, 소망이 있어서 살 만하다. 그래서 나는 매일 감사하며 살 수 있다.

　사랑하는 내 친구들아, 어디서 어떤 모습으로 어떻게 살든, 우리 인생에 무슨 특별한 것이 있겠나? 지금까지도 수고했지만, 아직도 가슴에 안고 등에 짊어지고 가는 삶의 무게가 힘들고 슬프다. 언제쯤 우리가 홀가분하게 자유로워질까 싶다. 친구들아, 나는 하늘에서 도움이 오더라. 자네들의 하늘을 찾아서 우러러보라. 진정한 도움은 사람에게서 오지 않고 하늘로부터 오더라. 우리가 나이가 들어 가면서는 더욱 하늘을 보며 살아야 한다. 우리가 결국에는 하늘로 갈 것이기 때문이다. 무겁고 힘든 일들, 이제 나이 든 우리가 짊어지지 말고, 하늘이 해결해 달라고 억지 부리면서 우리의 짐을 하늘에 맡기자. 그래서 매일 조금 더 평안한 친구들의 삶이 되기를 기도한다.

길을 묻다

나는 심각한 '길치'다. 운전을 하면서도 어찌 그리도 방향 감각이 없는지, 몇 번을 다녔던 길에서도 자주 헤맨다. 나는 비교적 기억력이 뛰어나고, 눈썰미는 예리한 편인데, '길'에 들어서면 '바보'가 된다. 내가 길 위에서 바보가 되는 이유는 두 가지다. 첫째로, 때로는 정말 방향 감각을 잃어버리는 것이다. 길이 없는 바다 한복판에서도 방향을 찾는 훈련을 받은 내가, 곧게 뻗은 길 위에서 방향을 헤맨다. 두 번째는, 운전을 하는 중에 어떤 생각에 몰두하는 경우가 많다. 출근할 때는 오늘 할 일들, 퇴근할 때는 오늘 했던 일들을 되돌아보다가 길을 놓친다. 오늘도 황당한 경험을 했다.

퇴근길에, FWY 805 쪽에 있는 Home Depot에 RV에 설치할 Lamp를 사러 갔다. 평소에 다니는 길은 아니지만, 한 달에 몇 번은 이곳을 거쳐서 숙소로 가는 길이다. 805에서 북쪽으로 10분쯤 가다가 94번 West를 타면 SD 숙소에 10분 내에 도착하는 거리다. 오늘은 평소와 달리, 가깝고 잘 아는 길인데도, 'Navigation을 켤까?' 하는 생각이 들었지만, '설마' 하는 마음으로 그만두었다.

운전 중에 잠깐 어떤 생각에 몰두하다가 정신을 차리니, Mira Mesa Exit 간판이 보였다. 94번 FWY를 이미 한참 지났다. 일단 Mira Mesa에서 내려서 다시 805 남쪽으로 오기위해서 GPS를 켰더니, 현재 남쪽 방향은 모두 Jam 상태다. 결국 예상 시간보다 40분을 더 걸려서 집에 도착했다. 오늘은 Las Vegas의 Kenneth 사범이 우리 도장에 운동을 하러 온다고 연락이 왔었는데, 결국 내가 손님보다 늦게 도장에 도착했다. 나는 이렇게 길을 잃어버리면 등에 식은땀이 나고 머릿속이 하얘지는 것 같다. 그나마 요즘은 자동차에 GPS가 있어서 이런 경우가 많이 줄었다. 오늘은 다짐을 한다.

"어차피 GPS가 차에 설치되어 있으니, 어디를 가든지 켜고 가자."

오늘은 내가 '길치인 것이 감사하다'는 생각이 들었다. 나는 지금까지 살아오면서 방향을 올바로 잡은 적이 거의 없는 것 같다. 목표를 정해서 전력 질주 하다 보면 막힌 길이었고, 더 이상은 한 발짝도 나아갈 수 없는 낭떠러지였고, 더럽고 추악해서 빠져나오기 힘든 길도 있었다. 길을 물을 만한 사람도 없었다. 내 어린 시절에, 내 주위에는 학교 선생님들 외에는 '대학 나온 사람'이 없었다. 나의 장래를 의논하고, 나를 염려해서 이야기해 줄 사람이 없었다. 그나마 웅변학원에서 마음을 주고 의지했던, 대학 나오고 잘난 척하던 사람들이, 결국에는 나를 노예처럼 부리고, 자기들의 나쁜 짓에 이용하는 것을 확인한 후로는 누구도 믿을 수 없었다. 그러다 보니, 모든 길을 나 혼자 선택해야 했고, 그 길 앞에 무엇이 놓여 있는지도 모르고, 일단 방향을 정하면 초조함을 안고 전력 질주 하며 살았다. 그러다가 쓰러지고 망가지고, 그래도 포기하지 않고 되돌아 나와서 달리고 또 달려온 세월이었다.

이렇게 그릇된 길, 헛된 길을 달리면서 나이가 들다 보니, 어느덧 나는 '길'을 선택할 때가 되면 아주 신중한 모습이 되어 있었다. 나는 그렇게 신중한 성격이 아니었다. 불같이 일어나고 거침없이 번지는 성격이었다. 그렇지만 넘어지고, 부러지고, 죽을 고생들을 겪고 나니, 새로운 길을 가는 것이 겁나기 시작했다. 그래서 묻고 연구하고 생각하고 기도하게 되었다. 나의 능력이 모자람을 드디어 알았기 때문이다. 내가 그렇게 잘난 인간이 아니라는 것을 '길'에서 깨달았다.

  그래, 나는 아주 심각한 길치다. 내 경험으로, 내 감각으로, 선택한 길에서마다 나는 길을 잃었고 낭패를 당했다. 운전하는 길에서도 그랬고, 내 인생길에서도 그랬다. 그래서 이제는 아무리 가깝고 익숙한 길이라도 Navigation을 켠다. Navigation은 목적지의 방향뿐만 아니라, 그 길이 Jam이 나서 막히면 다른 길을 안내해 준다. 아무리 짧고 익숙한 길이라도, 예상치 못한 상황을 Navigation이 알려 주고 바른 길로 인도한다. 내 삶의 Navigation은 하늘이다. 어떤 길을 선택할 때마다, 이제는 두리번거리지 않고, 바로 무릎을 꿇고 고개를 숙이고 길을 묻는다. 그러면 하늘이 길을 가르쳐 준다. 때로는 그 길이 멀고 힘들어서 의심이 들 때도 있다. 그러나 결국에는, 그 길이 나에게는 최선의 길이더라.

  내가 스스로 '길치'인 줄 자각하지 못했으면, 나는 지금도 어느 곳에서 헤매며 돌아 나올 길을 찾고 있든지, 망가진 채로 포기하고 있을 거다. 내가 '길치'인 것이 감사하고, 그래서 하늘에 물을 수 있는 것이 감사하고, 그래서 하늘이 Navigation이 되어 인도하심이 감사하다.

어디가 나의 집인가?

내가 가진 '집'의 의미는 '돌아갈 곳'이다. 하루 경기를 마치고 Home Base로 돌아가는 것이 집이다. 그 집에 사랑하는 가족이 있으면 최고다. 집에서는 긴장하지 않고 몸과 마음을 안식할 수 있다. 그런데 나는 요즘 이 부분에서 조금 헷갈린다. '나의 집은 어디인가?'

San Diego에서 주중을 혼자 지내고, 주말에 La Habra Heights의 집으로 올라가는 생활이 7년을 지났다. 나는 어렸을 때부터 가족과 떨어져서 혼자 지낸 시간들이 너무 길었던 탓인지, 혼자 있는 것이 참 싫다. 그래서 퇴근해서 SD의 숙소에 들어가면 제일 먼저 TV를 켠다. 적막한 공간보다 사람 소리를 듣고 싶기 때문이다. 저녁도 TV 앞에서 먹는다. 그리고 1시간쯤 늘어져 있다가 검도나 운동을 하러 간다. 다녀와서 씻고 나면 약 11시가 된다. 위스키 한 잔 놓고 글을 쓰거나 읽거나, 졸릴 때까지 TV를 본다. 그것이 월요일부터 목요일 밤까지의 SD에서의 건조한 일상이다.

금요일에는 퇴근하면서 바로 집으로 간다. 늦은 시간이라도 Wife와 함께 저녁을 먹는다. 매일 두 번쯤은 통화를 하니 특별한 뉴스는 없다. 그래도 금요일 저녁 식사 시간의 대화가 가장 길다. 계획한 것은 아니지만, 대부분 대화의 끝이 '감사'로 매듭지어지는 것이 참 좋다. 식사 후에, 한국 TV의 노래 경연 프로그램을 주로 본다. 요즘은 「국가부」라는 것을 본다. 굳이 전 편과 연결해서 볼 필요 없이, 함께 가볍게 볼 수 있는 것이다. 그리고 토요일의 골프를 위해서 잠자리에 든다. 나와

Wife는 토요일 아침 일찍마다, 비슷한 시간에 각각 골프 약속이 있다.

　토요일 오후에는 골프와 점심을 마치고 오후 2시쯤에 집에 도착한다. 그때부터 나는 바빠진다. 주말에 집에 가기 전에, 나는 주말 동안 집에서 할 일들의 구체적인 계획과 시간표를 만든다. 토요일 오후에는 Wife와 함께 정원 일을 한다. Wife는 과일나무들을 정리하고, 나는 주로 포도밭을 돌본다. 일요일에는 Wife는 내가 SD에서 일주일간 먹을 점심, 저녁 도시락을 만들고, 나는 정원 일을 한다. 이번 주말에는 드디어 포도를 수확해서 포도주를 담글 계획이다. YouTube에서 포도주 만드는 법을 찾아서 정리해 두었다.

　일요일 밤에는 마음이 조금 답답해진다. 내일 새벽에는 다시 SD로 출발을 해야 하기 때문이다. 새벽에는 Traffic이 없으니 2시간 반쯤 걸리면 사무실에 도착한다. 일단 모든 도시락을 회사 냉장고에 넣었다가 퇴근할 때 가져간다. 이것이 나의 SD 생활을 시작하는 월요일이다.

　SD에 있으면, 혼자 있는 것이 싫고, 재미도 없고 건조하지만, 한편으로는 편하기도 하다. 7년 동안 많이 적응된 것 같다. 혼자 있으면서 나태해지는 것을 느끼면, 스스로 경계해서 자꾸 무엇인가를 시도한다. 어쩌면 매일 '나와의 전투'를 하고 있다. 그런데 집에 가면, 새로운 도전 없이, 골프를 치거나 정원 일을 하거나, Wife와 함께 그냥 시간을 보낸다. 나는 너무 오랫동안 내 스스로를 이기기 위해 싸우며 살았나 보다. 이제는 바쁘게 싸우지 않으면 뭔가 시간을 헛되이 보내는 것 같아서 조급한 마음이 들고, 재미도 없다. 어찌 나만 이런 상황에 적응이 되었을까? Wife도 마찬가지인 것 같다. 월요일 새벽에 나를 떠나보내면서, Wife도 자신의 일상으로 돌아가는 모습을 느낀다. 이것이 지난 7년 이상을 '주말 부부'로 지낸 Side Effect이다. 그래서 나는 스스로에게 물어본다. '정말 내 집은 어디인가?'

지난 6월에 한국을 방문했다가, 오랜만에 다시 느낀, 매번 한국에서 느끼는 감정이 있었다. 내 나라, 내 조국, 내가 태어나서 자라고, 내 친구들이 있는 나라, 항상 그리운 한국인데 나에게는 이제 '외국'이라는 사실이다. 공항에 입국할 때부터 그렇고, 문제가 있어서 경찰을 찾아가고 법원에 갔더니 절실하게 느끼게 되었다. 이것이 현실이다. 그래서 물어본다. '내 나라는 어디인가?' 내 집이 있고, 내 가족이 있고, 내가 살아가고, 내 자식들이 살아갈 것이고, 내가 묻힐 곳. 나를 국민으로 지켜 주고, 내가 돌아와서 안식할 수 있는 곳이 '내 나라'이다.

나는 지금 SD에 출장을 온 것이다. 출장 기간이 길다는 것뿐이지, '출장'이라는 표현이 맞다. 맡은 직분이 CEO라 좋은 대우 받으면서 좋은 곳에 있으니, 가끔은 집보다 편하고 '이게 내 집인가?' 하고 헷갈릴 때가 있을 뿐이다. 이제 나는 출장을 마치고 집으로 돌아갈 준비를 해야 한다. 재미있는 것과 좋은 것들은 집에 남겨 두고, 주말마다 집에서 행복해하고 기뻐하는 것이 마땅하다. 골프도, 정원도, 포도밭도, Poker Game도, 모두 집에 가면 할 수 있는 것들이다. 그리고 집에는 내 Wife가 있다.

나는 이 땅에서의 죽음 후에 하늘에서의 삶을 믿는 Christian이다. 이제 정말 이 땅에서의 출장을 마치고 돌아갈 준비를 해야 한다. 이제 조금 편해졌고 행복을 느끼니, '이 땅이 내 집인가?' 하고 착각할 뿐이다. 좋은 것과 재미있는 것을 하늘 집에 쌓아 두어야 한다. 하늘에서 값진 것들, 나보다 힘든 사람들을 향한 사랑과 구제, 복을 쌓으며 준비해야 한다. 나의 은퇴 준비는, '내 손에 얼마나 쥐었느냐'가 아니라, '내 손을 통해서 얼마나 베풀어졌는가?' 하는 것이다. 이것이 바로, '내 집은 어디인가?'라고 또 한 번 묻는 이유이다. 내 집이 이 땅이면, 나는 이 땅에서의 은퇴를 준비하기 위해서 이 땅에 쌓고 내 손에 움켜쥐어야 한다. 저 하늘이 내 집이면, 좋은 것, 재미있는 것들, 값진 것들을 하늘에 쌓아야 한다. 나는 이 땅에서는 끝까지 열심히 살다가 하늘에서 은퇴하고 싶은 Christian이다.

Wife의 휴가

Wife가 SF의 딸네에서 손주를 돌보는 일에서 일주일간의 휴가를 얻어 집에 왔다. 그래서 이번 주말에는 하루 일찍 목요일에 집으로 퇴근하려 한다. 이번 주말에, Wife가 집에 있을 때 함께 할 일들이 많다. 포도를 수확해서 포도주를 담가야 하고, 드디어 집에 가져온 RV의 소파 쿠션을 주문하고, RV 침실의 Mattress도 결정해야 한다. 그런 것은 Wife의 취향에 맡기는 것이 좋기 때문이다. 그리고 오랜만에 가까운 분들과 약속들이 많다. 금요일 저녁, 토요일 아침, 일요일 점심을 초대받았다.

Wife가 7월 말에 직장 생활을 은퇴하고, 8월 7일에 아기를 낳은 큰딸 집으로 아기를 봐 주기 위해서 SF로 떠나기 전에, 까다로운 규칙을 만들었다.

"아기를 보는 시각은 딸 부부의 근무시간인 오전 8시부터 오후 5시까지. Wife는 결코 음식이나 세탁, 청소를 하지 않는다. 밤에는 아기가 울어도 Wife는 아기에게 가지 않고, 토요일과 일요일은 완전 휴무다. 2주마다 최소 3-4일은 집에 와서 쉬도록 하고, 이에 따른 항공료는 딸이 부담한다."

이 규칙은 예상외로 잘 지켜지고 있다. 큰딸 부부에게는 힘든 면도 있지만, Wife도, 언니와 가까이 사는 둘째 딸도 이 규칙을 참 좋아한다. 둘째 딸은 퇴근길에 엄마를 데리고 나가서 억지로 Off를 시키기도 하고, 주말에는 아예 엄마를 데리고 나가서 관광을 한다. 둘째 Tabitha가 가까이 있어서 참 든든하다. Wife는 일주일 휴가를 보내는 동안 3-4일은 한의원에 가서 침을 맞는다. 그러고 나면, 아기를 보느라 힘들었던 몸이 개운해져서 또 힘이 난단다. 이렇게 Break가 있는 것이 얼마나 다행인지 모르겠단다. 이제는 이 규칙을 모두 기쁜 마음으로 지키고 있다.

Haas는 첫 손주이다. 딸이 육군에서 전역할 때, "아기를 가지기 힘들다."라는 진단을 받은 후에 잉태되었다. 그래서 Wife도 Haas에 대한 애착이 깊다. 그래서 은퇴 날짜도 Haas의 탄생에 맞춘 것이다. 일반적인 젊은 부부처럼 Apphia 부부도 직장 생활을 한다. 부부가 함께 직장 생활을 하면서 아기를 키우는 상황이면 대부분의 아기 엄마들이 겪는 일상이니, 친정 엄마인 Wife는 잠시 동안 돌봐 주고 오면 되겠지만, 우리 상황은 장기전이다. 앞으로 짧게는 1년 반, 길게는 2년을 예상한다.

의사 진단이 "임신하기 힘들다."라고 나왔으니 당분간 2세 계획은 미루고, 도전적인 큰딸은 지난해 말에 MBA School에 Apply 했다. 직장이 있는 SF에서 가까운 UC Berkeley와 Stanford를 마다하고, 자기의 꿈이라고 동부 Pennsylvania의 Wharton School에 합격했다. 올해 초부터 개학해서, 직장 근무를 하면서 퇴근 후에는 공부하고, 주말에는 학교에 가고, 가끔 Philadelphia로 가서 2-3일씩 있다가 온다. 이런 강행군 속에서 임신이 되고 순산까지 한 것이다. 어느 것도 포기할 수 없는, 두 가지 모두가 최고의 축복이다. 어려울 거라는 아기의 탄생도, Wharton School의 입학도, 모두 하늘의 축복이 아니면 불가능한 일이다. 어느 것도 포기할 수 없는 것을 알기에, 부모 된 우리가 나서기로 했다. Apphia가 MBA를 졸업할 때까지는 우리가 조금 힘들더라도 아기를 돌봐 주기로 했다. 물론, 나는 그냥 입만 놀릴 뿐이고, 모든 수고는 Wife가 하는 것이다. 그래서 나는 Wife를 지키기 위해서, 오랫동안 지치지 않고 서로 기쁜 마음으로 아기를 돌보기 위해서, 조금 무리수인 줄 알면서 이런 규칙을 만든 것이다.

사실, 큰딸 Apphia에게는 아비로서 빚진 기분이 조금 있다. 대학을 West Point로 갔기 때문에, 졸업할 때까지 학비와 용돈이 전혀 들지 않았다. 그래서 다른 아이들이 대학을 졸업하는 데 큰 힘이 되었다. 당시는 내가 경제적으로 아비 구실을 제대로 하지 못할 때였기에 더욱 그렇다. 큰 녀석이 잘 성장하고 자기 길을 잘 찾아서, 동생들에게 본이 되고, 우리 부부에게도 자랑이 되어 주어서 고맙다. 그렇지만 이렇게 아기를 돌봐 주는 것이 굳이 큰 아이에게 빚진 마음을 갚는다는 의미는 아니다. 어느 아이라도 이런 상황에 놓이게 되고, 부모가 헌신해서 도와줄 수 있으면, 그렇게 하는 것이 마땅하다. 그것이 하늘이 아이들을 나에게 맡기신 목적 중에 하나일 것이다.

독일계인 사위는, 장모가 이렇게 헌신적으로 아기를 돌봐 주는 것에 대해서 전혀 기대조차 못 했다가, 너무 놀라고 감사해한다. Apphia도 자주 나에게, "아빠, 엄마 없이 지내게 해서 죄송하고 고맙습니다." 하고 전화를 한다. 따지고 보면, 내가 겪는 희생이나 불편함은 미약하다. 어차피 주말에만 집에 가서 Wife를 보다가, 이제는 2-3주 만에 만나게 되는 차이다. Wife가 집에 있다는 것과 SF에 있다는 것이 크게 다르게 느껴지고, 주말에는 Wife가 없는 집에 가는 것이 가슴이 휑한 기분이 드는 것은 틀림없다. 그렇지만 이 정도에 '희생'이라는 말을 붙이는 것은 부끄럽다. 기쁜 마음으로 손주를 환영하고, 딸의 도전과 Wife의 수고를 응원할 것이다.

앞으로도 어떤 경우에도, 가족 모두 이 규칙을 지키도록 중심을 잡을 것이다. 부모와 자식 간의 관계나 희생에도 Guideline이 있어야 한다는 것이 내 생각이다. '희생'이라기보다는 '함께 행복'하기 위해서, 서로의 형편 속에서 '최대공약수'를 찾아내는 지혜가 있어야 한다는 것이, 내 가정을 세우는 아비로서의 Guideline이다. 항상 이론대로 되진 않겠지만, 최선으로 노력하는 것이, 서로 지치지 않고 오랫동안 함께 행복한 길이라고 생각하고 지키려 한다.

Wife의 휴가가 감사하고, 이런 규칙을 따라 엄마에게 휴가를 준 딸이 감사하고, 집안에 이런 행복을 가져온 Haas도 감사하고, 이런 모든 것들을 이루어 주시는 하늘이 감사하다.

첫 손주 Haas

큰딸 부부가 첫 손주 Haas를 데리고 SF에서부터 운전해서 수요일에 집에 왔다. Wife는 이틀 전에 집에 와 있었고, 둘째 딸은 금요일 오후에 비행기로 왔다. 엄마의 60회 생신을 우리 집에서 아빠와 함께 축하하자고 왔다.

8월 중순에, 태어난 손자를 만나러 큰딸 집에 갔을 때는 '나도 드디어 손주가 생겼구나.' 하는 기쁜 마음이었지만, 그 이상의 특별한 감정은 없었다. 이틀 동안 딸네에 있으면서 진한 기억으로 남은 것은 참 불편하다는 것이다. SF에서 돌아다니는 것은 불편하지 않은데, 어머니 묘소 외에는 특별히 가고 싶은 곳이 없었다. 그러니 마당 없는 3층짜리 Condo에서 아기 깨울까 봐 조심하며 TV도 함부로 못 켜는 채 이틀 밤을 지내기가 감옥 같았다. 앞으로는, 필요하면 꼭 하루씩만 방문하리라 마음먹었다.

그런데 Haas가 우리 집에 오니 모든 것이 달라졌다. 새벽에 눈을 뜨자마자 'Haas는 일어났나?' 하고 나가 보게 되고, 밖에 외출했다가 돌아올 때는 'Haas는 뭘 하고 있을까?' 하는 생각만 났다. 깨어 있는 Haas를 안아 보기 위해서 내 Schedule을 포기하고, 내가 안지 못하는 상황에서는 눈이라도 맞추면서 아기가 웃는 모습을 보려고 내가 재롱을 부리고 있었다. 온 집안이 Haas 용품으로 채워지고, 세상의 하루가 아기 중심으로 흐르고 있었다.

태어난 지 60일이 된 Haas는 12.5파운드로 제법 무겁다. 왼팔로 받치고 어깨로 안아서 다니기도 하고 재우기도 했는데, 하루가 지나니 팔이 뻐근하다. 누워 있는 아이를 번쩍 든다고 힘을 줬더니, 허리도 뻐근해졌다. 나는 운동을 하고 정기적인 근력 운동을 하는데도 이런데, 요즘 매일 이렇게 손주를 보는 Wife가 걱정된다. 집에 오면 침을 맞으러 다니는 이유를 알겠다. Wife가 말했다.

"아이들이 날 위한다고 모두 집에 왔는데, 나는 정말 몇 배로 힘드네요."

딸네에 있을 때는 정해진 시간 동안만 아기를 봐 주면 되지만, 우리 집에 와 있으니 하루 세끼 음식을 해 먹이고 빨래, 청소까지 하면서 아기까지 보려니 너무 바쁘고 힘들다는 것이다. 휴가라고 왔지만, 딸이 친정에 왔으니 쉬게 해 주고 싶어서 손주를 안 봐 줄 수가 없단다.

요즘 자주 뉴스거리가 되는 '아이를 최고로 키우려는 젊은 엄마들의 과한 태도'가 내 딸에게서도 자주 보인다. Internet에 흐르는 정보가 너무 많아서, 첫아이를 갓 낳은 엄마가 거의 모든 것을 아는 것처럼 말한다.

"이렇게 하면 안 되고, 꼭 이렇게 해 주세요."

자기들을 키워 낸 엄마의 경험과 지식과 손주 사랑에 맡기지 않고, 자기들의 간접 지식으로 주문을 한다. 그래서 Wife와 나는 약속을 했다.

"그래, 우린 그냥 애들이 해 달라는 대로만 해 주자. 어차피 Haas의 부모는 자기들이니까."

그래, 우리의 경험과 예전의 지식들이 젊은 부모들이 Internet에서 찾은 정보보다 낫다고 할 수 없다. 그리고 할아버지, 할머니가 아무리 손주를 사랑하고 Care 한다고 하지만, 부모의 사랑보다 클 수도 없고 커서도 안 된다. 우리의 몫은 Support이지, Lead가 아니다. 첫째 손주를 품에 안으면서, 부모로서의 우리의 위치와 처신을 다시 한번 자각하고 다짐하게 된다.

나는 어차피 주중에는 SD에 있어야 하고, 일부러 아기를 보러 SF로 가는 경우는 쉽지 않다. 그렇지만 Wife는 큰딸이 공부하는 앞으로 2년간은 계속 아기를 봐야 하니, 이런 기준을 가지고 있는 것이 중요하다. 어제는 Wife가 큰딸 부부를 불러서 선포하는 이야기를 들었다. Haas의 자는 시각과 먹는 시각을 정해 놓고, 단 1분도 틀림없이 그 시각을 지키도록 하는 것이 큰딸 부부의 육아법이다. 둘 다 군대 출신이라, 육아도 오차 없이 하려 한다. 철저한 기록은 물론이고, 밤마다 작전 회의도 한다. 그것은 딸네의 육아 방법이니 존중하지만, 기분 좋고 힘이 넘쳐서 생글거리며 노는 아이를 "이제는 자는 시간이니 재우라."라고 하지는 말라는 것이다. 잠이 안 오는 아이를 억지로 재우느라 안고 흔들어 주거나, 걸어 다니는 것이 엄마에게는 얼마나 힘든지, 아이에게도 얼마나 스트레스를 주는지, 이제 그것은 못 하겠다는 것이 Wife의 선포였다. 나는 "정말 잘했다." 하고 Wife를 격려했다. 그렇게 서로 이야기하고 조정하는 것이 Long-Term을 위해서 반드시 필요하다.

우리 집은 Wife와 딸들의 관계가 아주 좋은 편이다. 어쩌면 그것은 결과가 좋기 때문에 형성된 것인지 모른다. 모두 좋은 Career로 좋은 직장을 가지고 있으니, 아이들은 부모에게 감사하고, 부모는 그런 아이들이 대견해서 좋은 관계가 만들어진 것이다. 그런데 이번에 Wife가 Haas를 Care 하는 것을 보고는 딸들이 엄마에게 물었다.

"엄마, 우리 키울 때도 이렇게 해 주셨어요?"

딸이 엄마가 되어서야 엄마의 큰 사랑을 자각한 것이다. 엄마는 Full Time으로 일하면서, 친정어머니가 도와주지 않는 상황에서 자기들을 어떻게 키웠는지를 직접 눈으로 보게 된 것이다. 그래서 요즘은 딸들이 엄마에게 감사의 표시를 자주 한다. 손주가 할머니에게 하는 첫 번째 효도 같다.

나는 벌써부터 머릿속으로 집 안 정리를 한다. Haas가 걷게 되면 우리 집 가구들의 모서리에 다칠 수 있으니 안전한 방도를 찾아야 한다. Haas가 자유롭게 다니며 만져도 다치지 않고 떨어지지 않도록 진열된 물건들도 치우거나 옮겨야 한다. 혹시 정원에 나가서도 다치지 않도록, 위험한 구조물이나 가시가 있는 나무들은 제거해야 한다.

친구들이 손주 앞에서 바보처럼 되고, 손주를 보느라 주말 골프를 포기하고, 마치 육아 일기를 쓰듯이 손주 사진을 올리는 것을 이제야 공감한다. 첫 손주 Haas를 통해서, 나도 드디어 '할아비의 기쁨'을 알게 하시고, Haas로 말미암아 기쁨뿐만 아니라, 좋은 기운, 좋은 관계, 좋은 변화를 주신 하늘에 감사한다. Haas가 평생 하늘을 사랑하고, 하늘이 평생 Haas를 사랑해 주시기를 기도한다.

Mini-Stroke 뇌졸중

어젯밤에 검도를 마친 후에 갑자기 느낀 기분 나쁜 증상, 현실과 가상이 헷갈리고 방금 전의 상황도 기억나지 않던 경험을 했다. 지난여름에도 몇 시간 동안 비슷한 경험이 있었는데, 그때는 수면이 부족했던 때라서, 이번에도 '잠이 모자라거나 몸이 피곤해서 또 그런가 보다.' 하고 대수롭지 않게 넘어가려고 했다. 하루의 일기를 쓰는 데는 그 일만큼 큰일이 없길래, 일기로 써서 동기방에 올렸다. 친구들의 염려가 컸고, CT 촬영을 해 보라는 권유도 있었고, 유기성 목사는 전화까지 해 주었다. 그러니 나도 살짝 염려가 되었다. 막내 여동생에게 전화해서 매제가 퇴근하면 내 증상을 이야기해 보라고 설명을 했다. 의사인 매제 Ian이 퇴근 후에 전화를 해서 몇 가지를 물어보더니, 당장 Emergency Room으로 가라고 했다. 그냥 가면 기다리는 시간이 길 수도 있으니, 911에 전화해서 Ambulance를 타고 가라고 했다. 내가 겪은 그 증상이 뇌졸증, Mini-Stroke라고 했다. 빨리 응급처치와 검사를 받아야 한다고 했다. 그런데 내일 저녁 시간에 중요한 사업 미팅이 있다. 최근에 사업 문제로 가장 심각한 사안을 의논하는 자리라 미룰 수도 없다.

Google에 Mini-Stroke를 검색했다. 보통은 얼굴이나 몸에 생기는데, 뇌에 Confusion으로 오는 경우도 설명되어 있었고, 그 설명은 내 증상과 같았다. 그리고 Mini-Stroke가 온 후에는 큰 Stroke가 올 확률이 아주 높으니 병원에 빨리 가야 한다고 경고하고 있었다. 많은 사람들이 Mini-Stroke 증상을 일시적인 과로 탓 정도로 인식해서 무시한 결과로 큰일을 당한다고도 했다.

먼저, 염려하고 기도해 주는 친구들에게 감사 Message를 보냈다. 그리고 Wife에게 전화해서 매제의 진단 이야기를 했더니, Wife는 자기가 옆에 없는 상황인데 어떡하냐고 안타까워했다. "나는 괜찮을 테니 손주를 잘 보고 있으라."라고 했다. 정말 담담한 기분이었다. 그리고 내일의 사업 미팅에 대해서 한 번 더 생각해 보았다. 내일을 놓치면 또 어떤 상황으로 변할지 예측할 수 없으니, 내가 ER로 가는 것을 하루 미루더라도 마쳐야겠다. 어차피, 맡은 자로서 책임을 다해야 한다.

그렇지 않아도, 지난여름에 겪은 이 증상에 기분이 좋지 않았다. 내 스스로 뭔가 위험함을 느꼈던 거다. 그런데도 정말 친구들의 염려와 권유가 아니었다면, "지난여름과 비슷한 경험이구나. 요즘 사업 문제로 고민이 많았더니 몸이 피곤한가 보다. 이렇게 나이가 들어 가는구나." 하면서 매제에게도 물어볼 생각을 하지 않았을 거다. 나는 가끔, 나로서는 일기를 동기방에 의미를 가지고 올리지만 정말 내 삶의 깊은 이야기들을 이렇게까지 Open 하는 것이 옳은 것인지 의심할 때가 있다. 오늘 나는, 그것으로 인한 은혜를 받은 것이다. 친구들의 사랑과 염려가, 또 한 번 지나칠 뻔했던 Mini-Stroke를 깨우쳐 주었다.

다른 사람이 겪고 난 결과만 보았던 'Stroke'를 내 몸으로 직접 경험하면서, 나는 다시 한번 나의 삶에 대한 자세를 점검해 본다. "나이가 들었구나." 하고 실감을 하지만, 슬프지는 않다. 혹시 이렇게 생명이 끝날 수도 있다는 가정을 해도, 크게 안타깝지 않다. 나는 믿는 대로 하늘나라에 갈 것이고, 이 땅에 애착이 있을 만큼 내 삶이 만만치도 않았다. 지금까지 많은 고비를 겪으면서 나약하고 비겁하게, 내 스스로 포기하지 않고 끝까지 달려올 수 있었던 것만으로도 감사하다. 이런 생각에까지 다다르니까, 병원에 가서 검사받고 치료받고, 또 앞으로 조심하면서 살아갈 나의 삶에 대해서 더욱 진중히 생각하게 된다.

나는 많이 미안한 삶을 살았다. 고생만 하시다가 일찍 돌아가신 어머님께 장남 노릇을 한 번도 못 해 드렸다. 평생 미워한 아버지는 화해는 했지만 용서하지 못한 채로 보내 드렸다. 내가 키우지 못한 내 아이들에게 미안하고, 내가 키우면서도 망설여졌던 아이들에게도 미안한 아빠다. 평안한 시절이 별로 없이 항상 기복 많은 세월 동안 고생한 Wife에게도 미안하다. 내가 힘들다고 잠수하는 동안 고통 속에서 세상을 떠난 사랑하는 친구 홍승범과 이수범에게도 미안하고, 알게 모르게 나로 인해서 실망하고 상처받았을 사람들에게 미안하게 살았다.

이제부터 또 한 번, 내 삶의 항해 키를 바로잡는다. 앞으로의 내 삶에 어떤 비바람이 불더라도 내가 잡은 조타장치를 놓치지 않아야 한다. 그래서 하늘을 향한 방향을 똑바로 지켜야 한다. 지난날을 살면서 부끄럽고 미안한 일들을 만든 것은 되돌릴 수 없지만, 앞으로 얼마를 살든지 산에 더 이상 부끄럽고 미안한 일은 만들지 말자. 내 인생에서 감히 세상에, 역사에, 내가 살다 간 흔적을 하나라도 남기는 꿈을 꾸지는 않는다. 그렇지만 바람처럼 스쳐 지나가면서, 어느 사람의 입가에 잠시라도 미소 한 줄기 남기고 갈 수 있으면 좋겠다. Wife와 아이들에게 그런 미소를 남기고 갈 수 있으면 좋겠다. 갓 태어난 손주에게도, 기억하면 미소가 생기는 할아비가 되고 싶다. 낯모르는 몇 사람의 젊은이들에게 그런 미소 남길 수 있으면, 그건 나에게 축복이다. 하늘이 보시고 살짝 미소 지어 주는 내 삶이라면 더 큰 영광이 없다.

내가 Mini-Stroke를 맞았단다. 내일 미팅을 마치면, 일단 금요일 오전 일찍 주치의를 만나 보고, 오전 중에 ER에 들어가서 검사를 받아야 겠다. Mini-Stroke를 맞으면 당장 신체에 이상이 생기고, 수명이 20% 이상 줄어든단다. 그런 소리를 들어도 슬프거나 안타깝지 않고, 담담하게 하늘을 우러러보면서 소망을 가지고, 남은 내 삶의 방향을 부여잡게 하시는 하늘이 감사하다.

응급실에서

금요일 아침 일찍 주치의에게 갔다. 화요일 밤에 증상이 있었는데, 수요일에야 심각성을 느끼고 의사인 매제에게 물었더니 Mini-Stroke 라고 빨리 ER에 가라고 했다. 목요일에 중요한 사업 미팅이 있어서 못 갔고, 오늘 ER에 가기 전에, 주치의를 만나서 상세히 증상을 설명했다. 주치의인 Dr. 백은 더 심각한 이야기를 했다. 그런 증상이 몇 시간 동안 지속되었고, 이것이 처음이 아니라면, 머리에 종양이 있거나 또는 간질병일 수도 있으니, 빨리 ER로 가라고. 기다리는 시간을 줄이기 위해서 Dr's Note까지 써 주었다.

St. Jude Hospital의 ER로 갔더니, 입구에서부터 간호사들이 급하게 준비했다. 입구 대기석의 Memo를 보니, "Stroke 환자는 기다리게 하지 말고 최대한 빨리 진행하라."라는 공지가 있었다. 시간을 다투는가 보다. 화요일에 증상이 있었는데, 금요일에 온 내가 한심하게 느껴졌다. 아버지가 소장암 말기로 소천하시기 전에, 아버지를 모시고 몇 번 왔던 그 자리에 이제 내가 앉아 있다. ER에 혼자 와서 등록하고, 홀로 앉아서 기다리는 환자는 나뿐이었다.

그때부터 7시간 이상을 "Chair 9"이라고 표시된 의자에 앉아서 기다리며 여러 검사를 받았다. CT 촬영 10분쯤, MRI 촬영 30분쯤을 제외하고는 그 자리에 있었다. 그러다 보니, 이런저런 생각을 많이 하게 되었다. 가족과 생명에 대한 생각들이 많았다. 대부분의 Stroke는 당장 생명에는 지장이 없지만, '삶의 질'에 큰 영향을 미친다. 거기에다가 혹시 뇌종양이나 간질이면 가족을 고생시키게 된다. 한편으로는, Wife가 손주를 봐 주러 딸네에 가 있지만, 이런 상황에서 혼자 ER에 왔다는 것이 다행이기도 하고, 조금 쓸쓸하기도 했다.

심각했던 순간이 있었다. CT 촬영을 하기 전에 간호사가 IV주사를 왼쪽 팔에 놓고 돌아서는 순간, 갑자기 가슴이 답답해지고 식은땀이 쏟아지면서 숨을 못 쉬게 되고, 비명을 지르고 싶어도 소리가 나오지 않았다. '이렇게 죽을 수도 있겠다'는 생각을 했다. 간호사들이 모여서 나를 흔들며 "Are you OK?" 하고 고함을 지르며 깨워서 정신을 차렸다. 10명 중에 1명쯤이 IV주사를 맞은 후에 이런 증상을 보인다고 했다. 그 순간을 겪고 나니, 정말 ER에 혼자 앉아서 '죽음'에 대하여, '내 삶'에 대하여 여러 가지 생각을 하게 되었다.

여러 가지 경우의 수를 생각했다. 오늘 당장 죽지야 않겠지만, 수명이 얼마 남지 않을 수도 있고, 삶의 질이 현저히 떨어질 수도 있겠고, 많이 아플 수도 있겠다. 그런데 어떤 경우도 슬프거나 절망스럽지는 않았다. '나는 열심히 살았고, 어떤 결과가 나오더라도 받아들이자'는 각오의 연습을 오랫동안 해 온 결과인 것 같다. 그래, 나는 지난 몇 년간 누려 온 것만으로도 감사하다. ER에서 기다리는 동안 되돌아본 내 삶 속에는 미안한 것과 감사한 것들로 가득했다. 한편으로는, 2-3년 전에 은퇴를 준비하면서 Long Term Care 보험을 들어 둔 것도 감사했다. 혹시나 심각한 상황이 되면, 다시 내 삶의 Curtain을 모두 내리고 조용히 정리하리라는 생각도 했다. 나이 66세, 이젠 어떤 일이 생겨도 특별한 상황이 아닌 듯싶다.

CT 촬영 결과를 살펴본 의사가 MRI를 찍자고 했다. "뭔가 발견되었나?" 하고 물었더니, CT에서는 아무것도 찾을 수가 없어서 MRI로 더 자세히 보려고 한다고 했다. 결국 MRI를 통해서도 문제가 없다고 퇴원해서 신경과 의사 Neurologist를 만나 보라고 했다. 오전 8시쯤에 Oatmeal 한 컵을 먹은 후에, 오후 6시가 넘도록 공복이었다. 당장 배가 너무 고팠다.

생명이 짧아지는 것이 슬프거나 두렵지 않을지라도, 사는 날까지는 최대한 건강해야지 가족에게 걱정이나 짐을 지우지 않는다. 건강하게 더 살 수 있으면, 하늘에 진 빚을 조금이라도 더 갚으며 살아야 한다. 앞으로도 이렇게 ER에 갈 상황이 또 생길 수 있다. 오늘처럼 아무런 원인을 밝혀 내지 못하고 나오는 경우가 없을지도 모른다. 오늘의 ER 방문이 내 삶 속에서 값진 경험과 Lesson이 되어 앞으로 더욱 조심하고 감사하며 살아야겠다. 뇌 부근에 아무런 이상이 없음을 확인하며 ER을 통해 Message를 주신 하늘에 감사한다. Stroke를 겪은 이후부터 오늘까지, 온몸에 맥이 빠진 듯하다. 서 있는 것조차 힘들고, 오늘 SD까지 운전하는 것도 참 힘들었다 며칠간 조심하면서, 기도하면서 지내야겠다.

추억 추수

지난 6월에 한국에서 온 친구들이 우리 집에서 며칠 묵고 가면서 말했다.

"이젠 네 집에 추억이 담겼구나."

그 친구들의 추억 속에 우리 집이 진하게 기억될 거라는 뜻으로 받아들였는데, 요즘 내가 느끼는 것은 '친구들이 우리 집 구석구석에 추억을 진하게 새겨 놓고 갔다'는 것이다. 평소에는 잘 쓰지 않는 2층 아랫방 문을 열면, '한수가 이 방의 Air Bed에서 잤었지. 그때 Full Size Bed를 따로 장만해 둘걸.'이라는 미안함이 생긴다. 손님이 올 때만 쓰는 Main 식탁을 보면, 친구 부부들과 둘러앉아서 아침 식사를 하던 모습, 위스키 한 잔씩 놓고 담소하던 늦은 밤의 광경이 그립다. Wife가 이른 아침에 산보를 나가는 모습을 볼 때는, 종일 여행하느라 피곤했을 텐데도 일찍 일어나서 함께 산보를 가던 한수, 창수, 면이의 모습이 떠오른다. 마당의 평상에 앉아 있을 때, 손주 앞에서 재롱을 떨던 중명이의 큰 웃음이 보이고, 함께 묵지 못하고 떠나던 봉건이 모습은 아쉽다. 공항에서 도착하자마자 와자지껄했던 Man Cave는 덕영이가 왔을 때는 거의 밤새도록 이야기를 했던 곳이고, 드디어 그 앞에 자리 잡은 Airstream RV는 친구들이 SD의 우리 회사까지 와서 미리 보고 간 물건이라, 여기에도 추억이 꽂혀 있다.

친구들이 귀한 시간 내서 미국 관광을 왔을 때 실수하지 않고 좋은 곳들을 보여 주려고, 우리 집과 SD 사이의 관광 Point들을 미리 방문했었다. 덕영이를 안내하면서 들러 보았고, 유기성 목사 부부를 모시고 거의 꼭 같은 Course를 방문했기에, 집에서 SD로 가는 중의 해변 도시들, Little Italy와 묵었던 호텔까지, 눈만 돌리면 구석구석에서 추억들이 뚝뚝 떨어진다. 내가 애초에 예술 방면에 무식해서 방문할 엄두조차 못 내었던 박물관, 면이 부부의 예술적 취향에 신이 난 Wife가 앞장서서 안내했던 Getty Villa는 나에게 예술적인 추억도 진하게 심어 주었다.

가을이 깊어 가나 보다. 나의 고질적인 '가을 타기'가 예전보다는 많이 엷어지기는 했지만, 역시 가을이 되니 Sentimental 하다. 더구나, 최근에 Mini-Stroke를 겪은 후에 집을 둘러보거나 SD로 내려오면서는, 지난 세월 중에서 가장 행복했던 일, 친구들과의 시간이 많이 기억나고 그립다. Wife는 지금도 이야기한다. "50년 만에 만난 친구들이 어찌 그렇게도 모두 점잖고, 부인들까지 그렇게 좋을 수가 있나요?" 하고. 친구들이 나에게 추억뿐만 아니라, 자랑까지 심어 주고 갔다. 이번 가을에는 집과 SD를 오갈 때마다, 이렇게 추억을 수확하면서 행복할 것 같다. 그래서 올해 Thanksgiving 추수감사절에는, 친구들과의 추억을 추수해서 큰 감사를 올려야겠다.

고등학교 1학년 때, 친구 두 명이 영주동 산복도로 우리 동네 골목골목을 소리치면서 다녔다.

"흥래야! 조흥래!"

우리 집이 그 부근인 줄을 알아서, 나와 놀려고 예고 없이 찾아온 것이다. 나는 동생들에게도 나가지 말라고 하고는, 반지하방에서 귀를 막고 이불을 뒤집어썼다. 드디어 가난이 무엇인지를 절실히 배워서, 가난이 너무 부끄러워서 우리 집을 누구에게도 보여 주기 싫었다. 소리치다가 지친 친구들이 떠났고, 나도 얼마 후에 그 집을 떠났다. 누구에게도 말하지 못했던 그날의 이야기가 오늘, 우리 집에 박힌 추억들을 추수하면서 함께 묻어나온다.

그토록 우리 집이 부끄러웠던 내가, 친구들을 집으로 초대해서 며칠씩 묵게 하고, 친구들의 추억 속에 우리 집을 담아 주고, 내가 우리 집을 돌아보면서 친구들과의 추억들을 추수하며 흐뭇해할 수 있는 이 가을이 참으로 행복하고 감사하다. 한편으로는, '결국 경제적으로 조금 여유로워진 결과 때문에 행복하고 감사한가?' 하는 생각이 든다. 부정할 수 없다. 경제적으로 힘든 상황이었다면, 지금까지의 내 삶의 방식으로는 바깥과의 모든 연락을 끊고 혼자서 엎드려 있었을 거다. 친구들을 초대하는 것은 고사하고, 연락할 생각조차 안 했을 거다. 그러니 경제적인 여유가 내 인생에 축복이 된 것이 확실하다. 가끔, 끝없는 욕심이 스멀스멀 차오를 때도 있지만, 나는 스스로 외운다. '이만큼이면 족하다.'

이제는 언제라도 하늘이 부르면 가야 할 때이고, 내 인생에 이만큼 복 받았으면 족하다. 앞으로는 어떻게 살더라도 수확할 추억들이 있고, 그것들이면 오랫동안 배부르고 행복할 것 같다. 앞으로 얼마를 더 살지 모르지만, 사는 동안 더 많이 수확하기 위해서 조금 더 추억을 심고 싶다. 이젠 우리 집 위의 마당에 Airstream RV에도 두 사람이 묵기에 충분한 시설을 갖추었다. 우리 부부가 아직 건강할 때, 우리 집에 추억을 심고 갈 친구들을 기다린다.

올해 2023년은 친구들 덕분에 행복한 한 해였다. 친구들에게 고맙고, 나에게 그렇게 좋은 친구들을 주신 하늘에 감사한다.

우리 집 욕심

어제 오후 늦게 SF로 가는 Wife를 공항에 데려다주는 길에 '만약의 경우에 우리는 어떻게 할 것인가?'에 대해서 이야기를 하다가, Wife가 회사 상황이 어떻게 돌아가는지를 물어서, 내가 말을 끊었다. Wife도 염려되고 궁금할 수밖에 없지만, 회사와 가정의 경계는 지켜야 한다.

요즘, 회사의 상황이 많이 복잡하다. 최악의 경우는 당하지 않으리라 예상하지만, 만약을 대비한 계획은 필요하다. 회사뿐만 아니라, 가정의 Risk Management 때문이다. 정말 '최악의 경우'에는, 나는 정리라도 해야 하기 때문에 1-2년 더 일할 수 있다. 그렇게 되는 경우에는, 우리는 앞으로 어떻게 살아갈지에 대한 계획을 현실적으로 수정하고 준비해야 한다.

우리 부부의 가장 큰 과제는 '집'이다. 몇 년 전까지도 '집'이라는 것을 심각하게 생각하지 않고, 현실에 맞추어서 살 수 있다고 자신했다. 그런데 약 4년 전에 이사를 온 후로, 대부분의 공사와 집 꾸미기를 마친 지금은, '이 집에서 끝까지 살고 싶다'는 것이 우리 부부의 바람이다. 이 바람에 가장 큰 숙제는 Mortgage다. 은퇴해서 연금만 받아서는 payment를 할 수 없기 때문이다.

집의 Mortgage가 가장 큰 짐이 되니, 분명히 해결할 수 있었던 지난 기회들이 후회된다. 8년 전에 내 이름의 회계사 사무실을 닫고 SD로 내려올 때부터, 고정 월급이 있으니 확실한 계산을 세울 수 있었다. 부부가 일하니, 십일조를 하고도 한 달에 만 불쯤 저축할 수 있었다. 그러나 우리가 정한 길은, 돈을 모으지 말고 흘려보내자는 것이었다. 우리가 힘들다가 안정되니, 하늘의 축복이 너무 감사하고, 어려운 사람들에게는 작은 돈도 큰 힘이 된다는 것을 체험했기 때문이었다. 그래서 혹시 우리가 노년에 오랫동안 아플 경우를 대비한 보험 외에는 우리의 미래를 위해 돈을 모으지 않고 모두 기부하며 살았다. 그중에서, 한 달에 5천 불만 모았어도 지금까지 50만 불, 집에 남아 있는 Mortgage를 모두 갚고, 은퇴 후의 집에 대한 염려는 할 필요가 없었는데.

  4년 전에 이사를 올 때, 나에게는 두 가지 계획이 있었다. 전번 집을 판 돈으로 새집을 사면서 융자를 하지 않는 것과, 반씩 나누어서 집을 2채 사는 것이다. 어느 방법으로 했더라도, 지금의 Mortgage 걱정은 없었을 것이다. 그런데 Wife의 간절한 바람으로 두 가지 모두 포기했다. Wife가 꿈꾸던 Spanish Style로 집을 완전히 Remodel 하기로 동의했고, 결국, 집 Remodeling에 든 공사비가 Mortgage 원금으로 남았다. 지금은 Payment를 하기에는 부담 없지만, 나까지 은퇴를 하면 힘들어진다. 이런 생각에 미치니까, 또 한 번 나의 삶의 가치와 숫자 계산을 비교하지 않을 수 없다. 가슴속에 큰 뜻을 품고 살려고 노력하지만, 나도 욕심 많고 계산 많은 현실을 살아가는 사람이기에, 자주 이런 비교를 하며 '잘 살았다'고 스스로 위로하며 마음을 다진다.

  내 계산보다는 Wife의 꿈을 이루어 주기 위한 결정에 후회는 없다. 내가 이 일 저 일에 도전하다 헤매고 비틀거리고 쓰러졌어도, 오랜 직장 생활을 하며 버텨 준 Wife의 희생이 크다. Wife가 지난 몇 년 동안, '집' 때문에 조금 더 행복할 수 있었으면, 무엇과도 바꿀 수 없다.

  우리가 돈을 모으지 못한 것은 둘째 치고, 도리어 집에 남은 융자금을 못 갚아서 염려할 형편이 되었지만, 그 융자 금액보다 몇 배 더 큰 대가를 받았다. 우리 부부는 이런 면에서 서로를 'Respect' 한다. 자신을 위해서는 돈을 거의 쓰지 않으면서 필요로 하는 곳을 찾아 기부를 보내는 마음을 서로 존경하고 존중한다. 각자가 보내는 기부처를 서로 물어보지도 않고, 얼마가 필요한지 알려 주기만 한다. 지난 8년 이상 우리를 거쳐서 흘러간 돈들이 나눈 사랑과 은혜는, 우리가 모았을 금액보다 몇 배 더 큰 열매를 주었다. 부부간의 이만한 믿음과 존경을 몇백만 불을 준다고 살 수 있을까 싶다. 그 작은 돈으로 조금이라도 힘이 되고 위로를 받은 사람들이 있다면, 그것은 또 몇백만 불의 가치도 넘을 거라고 계산해 본다. 그리고 우리 부부가 어려웠을 때, 각자가 하늘에 했던 약속, 그 약속을 조금이라도 지킬 수 있는 가치는 몇백만 불로도 헤아릴 수 없다. 그래서 후회하고 안타까워하지 않는다. 우리가 하늘로부터 받은 은혜가 너무 크기 때문이다. 그래서 내 계산은 잘못된 것이다. 애초부터, 숫자와 숫자가 아닌 것, Wife의 꿈과 하늘에의 감사를 비교하는 자체가 잘못된 것이다.

지금의 우리 집이 참 좋다. 특히 '은퇴'를 한 후에는 이 집보다 좋은 곳은 찾기 힘들 거다. 1시간 거리에 있는 먼 바다까지 보이는 도심 산 위의 집, 포도밭과 과수원과 수영장과 닭장이 있고, 이제는 RV까지 갖다 놓았으니, 하루 종일 바쁘고 즐겁게 지낼 수 있는 우리만의 Heaven이다. 그런데 이 아름답고 안락한 집이, 지금까지 우리가 살아온 삶의 가치를 의심 들게 한다. 세상에 아름답고 좋은 집들은 많지만, 우리 부부의 삶과 형편에 맞고, 후회와 시험을 주지 않는 것이 '우리 집'이다.

앞으로도, 우리가 이 집의 Mortgage를 Pay-Off 하고 계속 살 수 있는 방법은 남아 있다. 그렇지만 우리의 가치관을 훼손하면서까지 집에 '집착'하지는 않아야 한다. 지금도 우리의 형편은 아주 좋은 편이다. 집을 팔아서 Mortgage를 갚아도, 남은 금액으로 우리 부부가 살기에 적당한 조그만 집을 융자 없이 살 수 있고, Georgia나 Texas주로 가면 대저택도 살 수 있다. 우리보다 못한 환경의 사람들이 얼마나 더 많은데, 우리가 어쩌다가 경제적으로 부유한 동네에 살고 그런 사람들과 어울리다 보니, 우리도 모르게 비교하게 되고, 우리의 기준이 시험받고 있다.

하늘에 가까이 가는 남은 세월 동안, 세상의 기준에 우리의 가치관이 흔들리지 않고, 묵묵하고 감사하며, 어떤 상황이든지 하늘이 주시는 대로 감사하고 만족하면서 살자. 그 속에 새로운 기쁨이 있고 행복이 있음을 확실히 안다. 나와 생각이 같고, 삶에 대한 가치관이 같고, 계산이 같은 Wife가 고맙다.

의미

나에게는 특별한 수건 한 장이 있다. 일주일에 한 번 빨래를 하고, 말린 후에는 꼭 정한 자리에 갖다 둔다.

나는 잠자리에 들 때, 침대에 팔꿈치를 올리고 바닥에 꿇어앉아 기도를 한다. 마룻바닥이라 조금 시간이 지나면 무릎이 아파 온다. 수건 한 장이 눈에 띄었다. 색상이 너무 밝지도 어둡지도 않은 Brown이라, 바닥에 깔아도 빨리 더럽혀지지 않고, 두터워서 무릎 밑에 넣으니 감도 좋았다. 이 수건에는 특별한 의미가 있다. 동기들과, 중학교를 졸업한 지 50년 만에 모교를 방문한 기념 수건이다. 친구들이 내 한국 방문 일정에 맞춰 줘서, 나도 함께 방문했던 평생 기념이다. 그래서 이 수건은 특별하게 구별되었다. 손도 닦지 않고, 꼭 기도할 때만 쓰는 수건이 되었다.

흘러가는 세월에 날짜를 매기고, 요일을 정하고, 누군가의 생일이 되고 기념일이 되고 명절이 되어, 하루하루가 모두 의미 있는 날이다. 내가 살아가는 시간과 순간마다 의미가 있다면, 얼마나 값진 인생이 되었을까 생각해 본다. 그렇지만 꼭 의미 있는 것이 바르고 아름다운 것은 아닐 것이다. 살아가는 것이 그렇게 항상 심각하면, 인생이 힘들고 지루할 것 같다. 아니, 틀림없이 그렇다. 내가 그렇게 살아왔다. 어느 때부터인가 나는, '내가 남보다 적게 가지지 않은 것은 시간뿐이다.'라는 생각을 하며 살았다. 그렇다고, 남보다 많이 가진 것도 아니고 똑같이 가졌으니, 시간을 쪼개서 자고, 일하고, 운동도 했다. 같은 시간 속에서 남보다 많은 것을 하며 쫓아가려니, 잠을 줄이는 수밖에 없었다. 그러다 보니 순간마다, 목표마다, 의미를 두는 것이 버릇이 되었다. 그렇게 열심히 살았는데, 되돌아보면 그리 의미 있는 삶을 살았는가 싶다.

　우리 집 차고에는 수십 개의 Box가 있다. 내 것, Wife 것, 그리고 아이들 이름들을 Box에 적어서 의미 있는 물건들을 모아 둔 것이다. 내 Box 안을 들여다보면 정말 하나도 버릴 것이 없어 보이는데, 다른 Box를 열어 보면 '어찌 이런 것들을 아직도 안 버리고 있나?' 싶다. 언젠가는 날을 잡아 정리를 하리라고 마음먹고 있다. 사실, 아이들은 자기들 Box가 그렇게 많고, 그 안에 무엇이 있는지도 잘 모른다. Wife의 눈에는 의미 있게 보여 모아 둔 물건들이지만, 아이들에게는 기억조차 없는 것이 대부분이다. 이렇게, 꼭 같은 것이 누구에게는 의미가 있고, 누구에게는 아무런 의미가 없는 것이 물건이고, 시간이고, 사람일 수도 있다.

　나는 지금까지, 너무 '의미'를 찾고, 만들려고 노력하며 살았다. 내 인생이 너무 초라했고 의미 없었기에, 가치를 만들고 의미를 찾고 싶었다. 나는 의미 있는 삶을 살고 싶다. 그래서 가슴에 뜻을 품고 열심히 살았다. 그러느라 힘들었고 피곤해서, 지나고 보니 모든 것이 부질없고 의미가 없이 느껴진다. 이제부터, 의미 있는 인생을 살기 위해서 그렇게 빡빡하고 무겁게 살지 않으려 한다. Sports 중에서, 어깨에 힘 들어가서 잘하는 것은 없다. Sports처럼 열심히 살되, Sports 하듯이 힘을 빼고 자연스럽게, 재미있게 사는 것이 지혜다. 정말 좀 내려놓고 살아야겠다. 하늘에 맡기고 가볍게 살아야겠다.

　진정 의미 있는 삶은, 하늘이 뜻을 둔 사람이다. 그런데 이 세상의 어느 사람과 사물, 어느 순간도, 의미가 없는 것은 없다. 결국 하늘이 내린 의미를 찾는 것은 각자의 몫이다. 그것을 스스로 찾으면 의미 있는 인생이 되고, 찾지 못하면 무의미하게 살다가 가는 것이다. 나는 의미 있는 인생을 살려고 할 것이 아니라, 내 인생의 의미를 찾으며 사는 것이 맞다. 내가 감사하는 것은, 나는 내 삶의 의미를 찾았고, 그 의미를 이루기 위해 노력하며 산다는 것이다. 내 삶의 의미는 '거름'이 되는 것이다. 어차피 습한 곳에서 태어났고, 어두운 곳에서 자랐고, 온갖 것을 먹고 밟히고 썩으면서 살아왔다. 그래서 내 인생은 '거름'이 되기에 딱 좋다. 웬만큼 '거름' 노릇을 하면서 살다 보니, 나에게 정말 잘 맞다.

가끔 나는, 내 주제를 잊어버리고 무슨 거목이나 될 것처럼 위를 향해 뻗으려 한다. 그러다가 쓰러져서 땅에 뒹굴면, 처음에는 안타깝다가 점점 편해진다. 나는 땅에 깔리고 묻혀야 하는 거름이기 때문이다. 거름 냄새 풍겨서 외면받고, 썩어서 분해되어 나는 없어지더라도, 내가 뿌려져서 내 아이들이, 내 Wife가, 그리고 내 도움이 필요한 사람들이 뿌리를 내리고 자랄 수 있다면 행복하겠다. 내가 거름이라서 행복하고, 거름 노릇을 조금이라도 할 수 있어서 감사하다.

양다리

　내일이 Thanksgiving Day라 아이들이 휴가를 내서 집에 모였다. Thanksgiving Dinner를 준비한다고 바쁘다. 그런데 Thanksgiving 다음 날, 금요일에는 손주 Haas의 백일잔치를 하겠단다. 8월 7일에 태어났으니 11월 17일쯤이 100일, 금요일이 11월 24일이다. 큰딸은 백일잔치에 친구 부부들을 이미 초대했다. 오늘 아침, Wife가 나에게 하소연을 했다. Thanksgiving을 우리와 함께 보낸다고 오는 것까지는 환영인데, 그렇게 집에 왔으면 편히 쉬다 가면 되는데, 우리 집에서 백일 파티를 한다고 하니, 결국에는 그게 Wife의 일이라고. SF에서 매일 손주를 봐 주다가 Thanksgiving이라고 집에 왔는데, 손주를 데리고 집으로 와서 이틀 연속 파티를 하겠다고 하니, 손주를 안 볼 수도 없고, 음식을 준비 안 할 수도 없고, 정말 힘들어서 쓰러질 것 같다고 한다. 그렇다고 이런 말을 하면, 딸애가 섭섭해할 것 같아서 나에게 하소연한다고.

　"양다리를 걸친다."라는 말이 좋지 않은 의미를 가졌지만, 이런 때는 우리 아이들에게 '양다리'라는 표현을 쓰지 않을 수 없다. 이 땅에 살다 보면 이런 상황이 자주 생긴다. 애들이 자라면서 영어와 한국어를 잘하면 '이중언어'라고 칭찬하고, 미국에서 태어난 아이가 한국식 존댓말과 예절까지 잘 지키면 '뿌리 교육'을 잘 시켰다고 한다. 그렇지만 이런 아이들이 어떤 상황에서는, 자기들에게 유리하거나 필요한 쪽을 주장한다. 이번의 '백일잔치'가 명확한 예다. 미국에서도 아기의 첫 번째 생일

파티는 크게 한다. 그런데 백일잔치는 없다. 옛날, 한국이 어려운 시절에 신생아의 생존율이 낮아서 100일이 지나면 축하를 하고, 그때쯤에야 출생신고를 하던 것이 지금도 기념일로 계속되고 있지만, 이젠 의술이 좋아서 '환갑'도, 백일도 큰 의미가 없을 때다. 그런데 모두 미국 태생인 아이들이, 손주의 백일잔치를 하겠단다. 지난 주말에 나에게 '백일잔치'의 의미를 묻기에 설명해 주었더니, 자기 친구들에게 'Korean Tradition'으로 설명하고 초대했단다.

나도 '양다리'를 가끔 걸친다. 다양한 인종의 미국인들이 나를 'Stanley'라고 부르면 자연스럽다. 그런데 한국 청년이 나에게 'Stanley'라고 부르면 기분이 아주 나빠진다. 미국 가정에서는 사위가 장인 장모의 First Name을 부른다. 그래서 우리 사위도 처음에는 "Stanley", "Kathy"라고 불렀다. 당장 바꾸게 했다. 그런데 영어로는 마땅한 단어가 없었다. 장인, 장모에게 Father, Mother라고 부르는 것도 미국 문화에는 이상하다. 그래서 한국말로, "아버님, Abeonim" "어머님, Eomconim"으로 부르게 했다. 미국에서 40년 이상을 살았으면서도, 이렇게 호칭 하나에도 양다리를 걸친다.

오늘 딸 내외를 불러 놓고, 엄마가 얼마나 힘든지를 이야기하려다가 참기로 했다. 그렇게 '양다리'를 걸치는 것이 Wife나 다른 사람을 피곤하게 할 때도 있지만, 한편으로는 딸과 사위가 'Korean Family'의 Identity를 지켜 가는 것이고, 손주는 태어나서부터 '한국인' 핏줄의 정체성을 가지는 방법이 되기도 한다. Haas의 한국 이름을 지어 달라고 해서 '조수오'라고 했다. 다섯 가지 재능이 뛰어나다는 뜻을 가졌고, 영어 발음으로는 'Joshua'와 비슷해서 쉽게 부를 수 있다. 독일계 미국인 집안의 장손이지만, 태어날 때부터 한국인의 '성'과 '이름'을 가진 것도 '양다리'이다. 그러나 이런 양다리는 선의의 목적과 의미가 있다. 이것은 Korean Tradition이 아니라, 이 땅에 살면서도 뿌리를 간직하려는 '이민자들의 Tradition'이다.

나는 '양다리'를 자주 걸친다. 하늘에 대한 신앙을 가지고, 하늘의 뜻을 헤아리며 살고자 노력하지만, 매일마다 순간마다 양다리를 걸친 채 고민한다. 그리고 내가 편한 대로, 이쪽저쪽을 오가며 산다. 하늘 뜻대로 살자니 불편하고 불안하기도 하고, 세상의 기준과 필요에 따라 살자니 마음의 가책이 되고, 나는 매일 양다리를 걸친 채 살고 있다. 어차피 양다리 사이에서 결정을 할 거면, 그래도 내 스스로의 고민과 계산에서 차분한 결정을 내린다면 부끄럽지는 않을 텐데, 다른 사람의 눈을 의식해서 가식적인 결정을 할 때도 있다. "인간이기 때문에 할 수 없다." 하고 위로를 받기도 하지만, 나는 '양다리'의 비율을 바꾸는 데 노력하며 살아야 한다. 하늘의 뜻에 따르는 발에 힘을 더 주고, 매일 그쪽으로 더 살아가는 비율을 늘려 가는 것이 앞으로 내 삶의 여정이다.

우리는 서로 다른 세계에 살고 있다

한국에서의 대학 시절, 시대가 요동치고 있을 때였다. 데모에 연루된 나는 도망갈 데가 없었다. 당시 서울의 '굴레방다리'라는 지역에 위치한 권력의 외곽단체로 갔다. 내가 소속된 그 단체는 목사라 불리며 권력에 가까이 있던 사람과 한때 국정농단으로 나라를 흔들었던 그의 딸 최 모 씨와 가까운 몇 명이 지도부였다. 그 단체에 배정된 이후부터 그들과 항상 대치하던 내가 다시 데모에 연루되어 그 속으로 도망 온 것이 껄끄럽기는 했겠지만, "우리 단체에도 이런 사람이 한둘은 있어야지." 하며 받아 줘서, 시국이 조용해질 때까지 편히 지냈다. 그 시절에 나는, 같은 시대, 같은 세상을, 다른 방법으로 살아가는 청년들에 분노하기도 했고, 다른 지역에서 쓰러져 가는 청년들에게는 목 놓아 울기도 했다.

내가 그곳에서 온갖 음식을 시켜 먹으며 권력의 부스러기를 맛보던 같은 시각에, 좁은 땅의 한쪽에서는 조국의 군인들에게 끌려가고, 조국의 군인들의 총탄에 쓰러지는 청년들이 있었다. 학생의 신분으로 권력에 붙어서 공무원 부친의 영전까지 Lobby 하던 학생들의 세계와, 그 권력에 맞서서 죽어 가던 학생들의 세계가 좁은 땅에 공존하고 있었다. 역사가 들썩거리는 울부짖음에도 귀를 막은 채 도서관에서 공부에 전념하던 젊은이들도 있었다. 같은 세상에서도 사는 방법이 달랐다. 지나고 보니, 우리가 함께 살았던 그 시대를 과연 누가 잘 살았는지를 판단할 수가 없다. 어쩌면, 분개해서 일어섰지만 아무것도 바꾸지 못한 채 도리어 명분만 안겨 준 방법보다는, 조용히 미래의 힘을 비축한 그들의 방법이 옳았는지도 모른다. 우리는 같은 시대, 같은 땅 위에서 살고 있었지만, 우리가 사는 세계는 서로 달랐다.

Thanksgiving을 맞이해서 딸들이 휴가를 얻어 우리 집으로 모여서 며칠을 지냈다. 될 수 있으면 아이들의 대화에 끼지 않으려고 조심하면서도, 서로 어떤 이야기를 하는지 궁금해서 오고 가며 들었다. 둘째가 첫째에게, 회사에서 자기 주변에 일어나고 있는 상황들을 이야기하며 어떻게 대처할지를 물을 때, 내가 정말 해 주고 싶은 말이 있는데 참느라고 침을 꿀꺽 삼켰다. 큰딸의 Advice는 내가 상상도 못 한 방법이었다. 왜 그렇게 해야 하는지를 설명해 주는데, 나는 속으로 박수를 치지 않을 수 없었다. 아이들이 근무하는 직장 환경은 내가 경험 못 한 최첨단이고, 그 직장의 가치관이나 돈의 액수에 대한 기준은 나와 같은 세상의 것이 아니었다. 나는, 내가 겪어 보지 못한 세상을 살아가는 방법을, 내가 살았던 세상에서 배운 방법으로 '감히' Advise 하려고 했던 것이다. 그 순간에 참은 것이 참으로 다행이었다.

Thanksgiving Dinner에는 미국에 가족이 없는 유학생들을 몇 명 초대했다. 친구의 아들, 친구의 조카, 그들의 친구도 데리고 왔다. 식사 전후에 청년들의 대화를 옆에서 들으면서, 또 한 번 '다른 세계'와 '다른 방법'을 확인했다. 미국 유학 중에 부모의 반대를 무릅쓰고 학교를 그만두고 대중음악가를 직업으로 택한 청년이 있었다. 작곡과 작사를 하고 노래까지 본인이 불러서 YouTube 등에 올리는데, 이제는 소속사도 있고, 수입도 제법 된단다. 그래도 부모님의 바람을 저버릴 수 없어서 대학을 졸업하려고 미국에 왔는데, 이제 한 학기만 더 하면 된단다. 같은 세상에서, 꼭 같이 되기를 거부하고 스스로의 세계를 만들어 자기 방식으로 살아가며 행복해하는 그 청년, 'LIM EM'에게 박수를 보낸다. 내 인생이 노을에 조금씩 물들어 가는 이제서야 조금씩 깨닫는다. 우리는 각자의 개성과 인격뿐만 아니라, 각자의 Unique 한 세상과 그것을 살아가는 방법까지도 인정하고 존중해야 한다는 것을.

나와 우리 아이들, 그리고 지금의 젊은이들이 살아가는 세상이 꼭 같다는 착각, 그래서 먼저 살아 본 내가 아는 것이 더 많고, '세상을 살아가는 방법'에 대해서 해 줄 말이 많다는 그 '선의의 안타까움'이 꼰대를 만드는 것 같다. 돌이켜 보면, 나는 그런 젊은 시절을 보내지 못했다. 나를 앞선 세대는 일제의 시대, 전쟁의 시대를 겪은 분들이라, 나와는 이미 사는 세상과 방법이 다를 수밖에 없었는데, 나는 그분들의 말을 듣고 글을 읽으며 그렇게 살고자 노력해 왔다. 어쩌면 내 환경이 일제나 전쟁의 시절보다 별로 나은 것이 없어서 일부분 맞았는지도 모르지만, 정말 전쟁터처럼 먹고살기 위해서, 살아남기 위해서 살았다. 그래서 나에게는 '내 세계'가 없었다 내가 하고 싶은 것을 하려는 Unique 한 인생이라는 것을 생각하지도 못했다. 그래서 뭔가 아련한 것이 남는가 보다. 그래서 항상 가슴속이 뭔가에 슬프고 울컥거림이 있고, 사철 내내 항상 가을을 타는 심정인가 보다.

내가 2023년의 Thanksgiving을 통해서 배운 것은, '내가 세상을 살아온 방법은 우리 아이들에게는 맞지 않다'는 것이다. 아이들이 사는 세계는 다르고, 그 세상을 살아가는 방법은, 아이들이 받은 교육과 경험을 통해서 스스로 터득해야 한다는 것이다. 나는 멀리서 지켜보며, 가끔 아비에게 말해 주면 고마운 마음으로 들어 주고, 기도하며 기다려 주는 것이 최선이라는 것을 깨닫는다. 우리가 키웠고, 우리는 가족이지만, 이미 아이들이 사는 세계는 우리가 사는 세계와 많이 다르다. 내 아이들뿐만이 아니라, 직장의 직원들, 도장의 수련생들, 내 주위의 모든 사람들, 하물며 내 Wife의 독립되고 Unique 한 세계를 인정하고, 각자가 그 세상을 살아가는 방법을 존중해야 한다는 것이다. 거기에 내 잔소리를 올리고 비판을 올리는 것을 삼가야 하겠다.

  나는 최근에, 나이의 헤아림 속에서 은퇴를 생각하며, 무엇인가를 스스로 하나씩 포기하고 있는 것 같다. 나이가 들수록, '나의 세계와 내가 살아가는 방법'은 더욱 중요하다. 이것이 또한 이번 Thanksgiving의 깨달음이다. 건물이나 Tower를 지을 때도, 맨 위층의 디자인과 완성이 중요하다. 그것이 Skyline을 결정하고, 건물의 가치에 큰 영향을 미친다. 내 인생의 맨 마지막 층을 완성할 때까지, 내가 살아갈 가치관, 그 가치관을 지키기 위해서 살아가는 방법을 포기하지 말자. 다른 사람들이 이해하든 말든, 나는 하늘을 닮아 가는 나의 세계를, 나만의 방법으로 묵묵히 살아가자.

나의 기도

요즘 내가 어떤 기도를 하고 있는지를 살펴보면, 내 현재의 생활과 가치관을 볼 수 있다. 그래서 오늘은, 매일 밤 하는 나의 기도를 정리해 본다.

나는 밤에 침대에 들어가는 시각이 늦은 편이다. 주중에는 SD에서 근무하느라 혼자 지내니, 잠들기 전의 시간이 항상 짧다. 특히, 침대에 누워서 쉽게 잠들지 않을 때는 생각이 많아져서 싫다. 그래서 책상에 앉아서 글을 쓰기도 하고, TV를 보면서 보통 밤 11시를 넘긴다. 가끔은 위스키를 한잔 하기도 한다. 주말에 집에 가면, 끊임없이 정원 일을 하느라 육체적으로는 더 힘든데, 왠지 편안하고 쉬는 분위기를 느낀다. 그래서 도착하는 금요일 밤에는, 그 편한 기분을 일찍 재우기 아까워서 또 11시를 넘긴다. 토요일 밤에는, 또 다음 날, 일요일 오후에 SD로 내려가야 하는 밤이 아까워서 늦도록 안 자다. 결국에는 매일 늦게 잔다. 그래서 가끔, 기도한다고 꿇어앉은 채로 침대에 엎드려 잠이 들 때도 있다. 나는 이것도 부끄럽거나 후회하지 않는다. 기도하면서 잠들 수 있다는 것이 감사하다.

침대에 올라가기 전에, 바닥에 무릎 꿇고 기도하는데, 매일의 기도에 큰 차이가 없다. 내 기도는 두 부분으로 나뉜다. 전반부는, 하루 동안의 생활과 말과 생각들을 돌아본다. 실수한 것이 있으면 반성하고, 하루의 삶 속에서 감사할 것을 찾는다. 참 행복한 시간이다. 후반부 시작에는, 하늘을 향한 내 믿음을 고백하고, 가장 먼저 아들을 위해서 기도한다. 아직도 제 갈 길을 찾지 못해서 방황하는 안타까운 아들에게, 나는 아무것도 해 줄 수가 없다. 스스로 일어서지 못하는 상태에서 어떤 도움이라도 주는 것은 더 망치게 되기 때문이다. 본인이 일어서려고 하는 의지를 가지고, 어떤 것이라도 도와 달라고 눈짓만 해도, 무엇도 아깝지 않게 줄 수 있겠다. 그 본인의 의지라는 것도, 결국에는 하늘이 주셔야 가능하다. 그래서 나는 간절히 기도한다. '제발, 이 안타까운 아들놈 살려 주십시오.'

그다음에는, 세 딸들을 위해서 기도한다. 모두 건강하고, 사회생활을 잘하고 있다. 세 딸에 대한 내 기도는 꼭 같다. 아이들의 평생이 하늘을 사랑하고, 하늘이 사랑해 주는 삶이 되기를 기도한다. 살아 보니, 이런 삶이 최고더라. 그래서 나는 아이들이 이런 삶을 살 수 있기를 기도한다. 사위와 손자를 위해서도 같은 기도를 한다. 평생 동안 하늘을 사랑하고, 하늘의 사랑을 받는 삶이 되기를.

나와 Wife의 남은 삶 동안, 하늘의 뜻을 알고, 하늘의 은혜를 조금이라도 더 깊을 수 있도록 기도한다. 앞으로 얼마나 더 살든지, 어떤 환경에 처하든지, 만족하고 감사하면서 베풀며 살 수 있기를 기도한다. 단 한 사람이라도, 우리 부부의 삶을 보면서, '하늘이 있음'을 느끼면 좋겠다. 내가 얼마나 약한지를 알기에, 끊임없이 내 속에서 일어나는 계산과 욕심을 알기에, 항상 기도하면서 초심을 잃지 않도록 노력한다. 그리고 우리가 이 땅을 떠날 때에, 오랜 고통 속에서 지내게 하지 마시고 빨리 데려가기를 기도한다.

그다음에는, 하늘의 일을 하는 내 주위 사람들을 위해서 기도한다. 존경하는 친구, 유기성 목사를 위해서 기도하고, 이수열 목사와 구영철 목사, New York의 이춘호 목사를 위해서 기도한다. 그리고 Atlanta에서 난민들을 위해 봉사하는 내 매제와 여동생을 위해서 기도한다. 내가 만나지는 못했지만, 이름도 없이 헌신하는 김진홍의 누님과 권면의 여동생 가족을 위해서 기도한다.

아프다는 소식을 들은 주위 사람들을 위해서 기도한다. 몸이 아프다는 것이, 어쩌면 인생 가운데 가장 힘든 시련임을 느끼기 때문이다. 권면이의 심장 건강과 손자를 위해서, 한수 부인의 건강과 중명이 부인의 건강을 위해서 기도한다. 봉건이가 당뇨를 잘 이기기를, 수술을 잘 마쳤다는 일권이 부인의 건강을 위해서 기도한다. 혼자서 외롭게 아프다는 철곤이, 몸이 불편한 김천오와 권부현이를 위한 기도도 잊지 않으려 한다. 요즘은 뉴욕에 사는 Linda가 암 말기라는 소식을 듣고, 하늘을 사랑하는 Linda의 쾌유와 강건함을 위해 기도한다. 그리고 일찍 떠난 홍승범의 동생 윤범이의 쾌유를 위해 기도하고, 전해 들은 영웅이 동생을 위해서 기도한다. 그리고 내가 후원하는 젊은 청년의 깊은 병이 낫기를 잊지 않고 기도하려 한다.

아픈 사람들을 위한 기도를 마치면, 내가 매월 적은 액수를 보내고 있는 사람들을 떠올리며 기도한다. 남편과 자식 없이 홀로 80세가 훨씬 넘으신 이모님과 한국의 오촌 조카 외에는, 만나 본 적도 없는 젊은 이들이다. 내가 보내는 금액보다 내가 그들을 위해 하는 기도가 더 큰 것을 믿는다. 모두 건강하고, 행복하기를 기도한다. 언젠가 내가 힘이 다해서 그들을 도울 수 없을 때, 하늘이 그들을 지켜 주시고, 그들이 능히 스스로 달려가기를 기도한다. 마지막에는, 아기를 갖기 위해서 노력하는 주변의 젊은이들을 위해 기도한다. 아기 낳기를 거부하는 세태 속에서 이들의 기도가 이루어지기를 믿는다.

그리고 다시 한번, 지금 나의 환경과, 내가 이렇게 기도할 수 있음을 감사한다.

이렇게, 매일 거의 변함없는 기도를 정리해 보니, 내 하루의 삶과, 지금 내 가슴속에 있는 기도 제목이 보인다. 나는 믿는다. 내가 원하는 때가 아니라, 하늘이 예정한 때에, 하늘께서 내 기도를 들어주실 것을. 나의 지나온 삶이 그랬다. 그래서 나는 감사하고, 내 기도에 대한 확신을 가지고 매일 기도하고, 항상 기도하는 마음으로 살고자 한다.

CPA 공인회계사

미국 생활을 시작하면서, 기본 영어도 알아듣지 못하는 상태로 미 육군에 입대했고, 지구 밖의 외계 별에 나 혼자 떨어진 듯한 환경 속에서, 그 별에서 살아남기 위해서 많은 생각을 하게 되었다. 그래서 방향을 정한 것이 '공부'였다. 어차피 빈털터리로 시작하는 이민 생활, 공부가 아니면 막노동뿐이었다. 육군 사병의 근무가 끝나면 밤마다 인근 대학에 다녔다. 제대를 한 후에는, 4년을 밤마다 주유소에서 일하며 대학을 다시 마쳤다. 공부는 해야 했는데, 공부할 시간이 없었다. 성적이 문제가 아니라, 일단 졸업이 목표였다. 미 육군 Veteran에 미국 대학 졸업을 Resume에 넣고 나니 내 인생은 조금씩, 제법 순조롭게 나아지고 있었다.

깜박 방심하던 순간에 가정이 깨어지고 인생이 산산조각 났다. 자살을 꿈꾸고 시도하기도 하면서, 정말 죽을 용기가 모자라서 살고 있었다. 그날도, 바닷가에서 자살을 시도하다가, 오랫동안 누적된 피로가 Santa Monica의 바닷바람에 안겨 깊은 잠이 들었다. 잠을 깬 후에 청명했던 그 정신을 가끔 기억한다. 아이들을 위해서라도 살아야 한다는 마음이 들었고, 이렇게 나약해지기보다는, 무엇인가 죽을 만큼 매달릴 수 있는 목표가 필요했다. 그날 이후로 목표를 잡은 것이 또 '공부'였다. 어차피 죽을 만한 각오로 도전할 바에는 변호사나 공인회계사를 목표로 잡았다. 두 가지 모두 가당치 않았지만, 내 영어 실력으로는, 변호사보다는 공인회계사가 조금은 더 현실적이었다.

준비 과정을 알아보니 확실한 무리였다. 당장 시험 응시를 위한 자격을 만들기 위해서는 회계 전공과목 48 Semester 학점을 이수해야 하는데, 그 한 과목을 듣기 위해서는 적어도 한두 과목의 기초과목부터 들어야 했다. 그러니 약 100학점이 필요했고, 애초에 Accounting을 전공하지 않은 사람은 응시할 수 없는 조건이었다. 그렇지만 어차피 죽으려고 작정한 인생, 월급 주는 직장도 있으니 지금까지와는 달리 호사스럽게 공부하다가 과로로 쓰러져 보자는 생각으로 시작했다. 내 나이 41세였다.

매일 퇴근 후에 야간 강의를 두 과목씩 들으며 또다시 잠밖에는 줄일 것이 없는 생활로 돌아갔다. 그동안에 Wife를 만났고, Wife는 그렇게 노력하는 내 모습이 좋았단다. 3년 만에 응시에 필요한 과목들을 마치고 결혼을 했다. 한국에서 공고를 졸업하고, 수산대학을 졸업하고, 미국에서 기계공학을 공부하고, Full Time으로 은행에 근무하면서, 나이 44세에 CPA 시험에 합격을 하고, 46세에 정식 License를 받았다. 당시 LA의 『한국일보』에 사진과 함께 난 기사를 상패처럼 간직하고 있다.

그 후에도 내 인생은 역시 평탄하지 않았고 여러 난관이 있었지만, CPA License는 나에게 큰 힘이 되었다. 나는 어차피 나이와 경력이 늦어서 공인회계사로 성공할 수는 없었다. 그런데 Bank of America의 지점장의 경력과 CPA License가 어우러지니 제법 큰 간판이 만들어졌다. 거기에다가, 온갖 일을 하면서 겪어 온 지난날들의 경험은 고객들의 신뢰를 모아 주었다. 그래서 CPA License는 나에게 미국 생활의 새로운 변곡점이 되었다.

나는 지금도, 내가 죽음 앞에서 절박했던 시절에 하늘에 했던 기도를 기억한다.

"나의 하늘이시여, 제가 CPA 시험에 도전할 자격조차 없는 것을 압니다. 이 나이에 CPA에 합격해도, CPA로 성공할 수 없는 것도 압니다. 그렇지만 저를 합격시켜 주십시오. 저는 하늘 말고는 믿을 데도, 부탁할 데도 없습니다. 제발 저도 좀, 하고 싶은 것 하면서 새로운 삶을 살게 해 주십시오. 기도가 이루어진다는 증거를 저를 통해서 한번 보여주십시오. 하늘이시여, 저 좀 살려 주십시오. 제가 평생 하늘에 영광 돌리며 살겠습니다."

하늘은 내 기도를 들어주셨다. 이제는 하루하루, 내가 하늘에 드린 약속을 지키며 살려고 노력한다.

이렇게 살아가는구나

갑자기 닥친 회사의 상황으로, 몇 달 동안이나 가슴과 머릿속이 요동을 쳤었는데, 상황이 바뀐 것도 없는데, 마음은 평안해졌고 머리는 냉정을 되찾았다.

세월을 살아오면서, 이런 경험을 많이 했었다. 너무 힘들고 도저히 극복할 방법이 안 보여서, '이렇게 사느니 죽는 게 낫다'는 죽음의 유혹까지 받았던 기억들이 생생하다. 오늘도, 이미지가 참 좋았던 한국의 유명 배우가, "이것밖에 방법이 없다."라는 글을 남기고 극단적인 선택을 했다는 뉴스가 있다. '얼마나 힘들었을까?' 이해도 되지만, '그래도 좀 더 참아 보지. 또 살아지는데.' 하는 안타까움이 있다.

내가 사장이지만 나도 어차피 직원인지라, 회사의 어려움 앞에서, 회사 걱정과 함께, 그로 말미암아 나 개인에 미치는 영향, 아직 마음의 준비조차 되지 않은 '은퇴' 후의 계산과 염려가 컸다. 내가 예상하고 계획했던 시간보다 일찍 닥쳐오는 상황에 당황했다. 그 뒤에는 여러 가지 계산이 있었다. 당장 Mortgage Payment, 아직 끝나지 않은 보험금 납입, 나마저 은퇴하면 Wife의 건강보험 문제, Wife가 65세가 될 때까지는 나만 받는 은퇴연금, 그리고 후원하는 단체들과 학생들, 어차피 답이 나올 수 없는 계산을 하니 평안해질 수가 없었다.

휘몰아치던 폭풍이 갑자기 잠잠해진 것은, 작은 지혜가 도움이 되었다. 젊은 시절에 배운 것이, '소용돌이에 빠졌을 때는 급히 벗어나려 하지 말고, 소용돌이를 따라 돌다가 빗면을 차고 나가라'는 것이다. 수영에 자신 없는 나에게는 일개 이론일 뿐이지만, 유익하게 쓴 때가 많았다. '어려운 상황이 닥치면 고민되는 것이 당연하다.' 하고 받아들이는 것이 중요하더라. 그리고 고민하면서, '언젠가는 이것도 지나간다.'라는 확신을 가지는 것도 중요하더라. 그다음에는, 얼마나 빨리 평정심을 찾고 냉정히 대처하느냐 하는 것이 차이를 만든다. 나는 크리스천이라 기도하면서 그 길을 찾았고, 상황을 계산하면서, '내가 할 수 있는 것'은 현실에 맞추어 계획을 고치고, '내가 할 수 없는 것'은 상황 그대로 받아들이는 것뿐이었다. 물론 이렇게 하는 데도 시간이 걸렸다. 그런데 어느 날, 자고 일어나니 세상이 바뀐 기분이다.

부부가 함께 건강하게 생활할 수 있는 나이, 내가 80세가 되는 앞으로 약 15년을 예상한다. 그 후에는 큰 집도, 자동차도, 큰 돈도, 큰 의미 없이 조용히 묵상하며 하늘을 느끼며 살면 좋겠다. 지금부터 5년 후, Wife도 65세가 되어 은퇴연금이 나오기 시작하면, 우리 부부는 월 7천 불 이상을 받는다. 그 정도면, Mortgage Payment만 없으면, 모자람 없이 살 수 있다. 결국 앞으로 5년만 잘 견디면 된다.

가장 큰 Burden은 역시 '집'이다. 최근에 우리 부부가 느끼는 것이, 우리가 '집'에 너무 매여 있는 것이다. 어느 상황이든 감사하면서, 어디라도 옮겨 가서 살 수 있다고 각오를 다지면서도, 막상 그런 상황이 곧 닥친다고 생각하니, 집에 대한 애착과 집착 때문에 고민한다. 굳이 집을 지켜야 한다면, 방법이 전혀 없는 것도 아니다. 땅이 넓어 집을 한 채 더 지을 수 있는 공간도 있으니, 최근에 바뀐 법에 따라서 Parcel을 쪼개서 '집터'만 팔아도 Mortgage는 대부분 갚을 수 있고, 다른 방법도 찾을 수 있다. 지금의 집은 위치가 좋고, 우리가 열심히 잘 가꾸어 놓아서, 나이가 더 들어서 움직이기 힘들 때까지는 이 집에서 살고 싶은 욕심이 있기 때문이다.

한편으로는, 내가 언젠가부터 너무 부자 이웃들 사이에서 살고 있다는 것이다. 수입 면에서는 그들보다 크게 못하지 않겠지만, 사는 방식이 달라서, 모은 재산의 정도에서 차이가 많이 난다. 우리는 스스로, '우리가 사는 방식이 옳다'고 자신하면서도, 이렇게 현실 앞에서는, 결국 그들과 비교하고, 그들의 방식으로 계산하고 있는 것이다. 객관적으로, 우리 집 정도를 Pay-Off 할 정도면 '큰 부자'다. Pay-Off가 안 돼서 이사를 가더라도, 그 Equity로 작은 집을 살 수 있으면 '제법 부자'다. 맨주먹으로 시작한 미국 사회에서 직장 생활로 은퇴하면서, 이만큼 살아왔고, 이만큼 남았으면 잘 살아온 것이다. 물론, 이런 계산을 통해서 내 마음이 평안해진 것은 아니다. 하늘이 나에게 허락하신 것은 '시간'이다. 시간이 지나면서, 새로운 상황에서 버릴 것은 버리면서 적응한 것이 나를 편안하게 했다. 상황이 편해진 것이 아니라, 그 상황 속에 있는 내가 편안해진 것이다.

오늘 아침에, Wife와 의기투합한 것이 있다. "이것이 마지막 정리이거나 끝이 아니다."라는 것이다. 아직 우리가 건강하고, 아직은 일을 잘할 수 있다는 자신감이 있으니, 우리는 일을 그만두는 것이 아니라, 지금부터 무엇인가를 시작하자는 것이다. 졸업을 여러 번 해 봤다. 졸업은 끝이 아니라, 한 단계 더 높아진 Level에서의 시작이었다. 은퇴는 곧 졸업이다. 이제 한 단계 더 높은 곳에서 시작하는 시간이다. 끝이 아니라, 한 단계 더 Level이 높아진 것이다.

불과 며칠 전까지, 그렇게도 괴로웠던 상황은 그대로 남아 있는데,

나도 믿지 못할 만큼 평안하고 상쾌한 기분을 느낀다. 그래, 나는 항상 이렇게 살아왔다. 어려운 상황을 만나서 힘들고 괴로워하다가, 정말 죽는 것밖에는 빠져나갈 길이 없어 보였는데, 어느덧 모든 것은 과거가 되고, 어떤 고난들은 기억도 잘 나지 않으면서, 나는 오늘도 살고 있다. 사람 사는 것은 모두가 비슷할 거다. 세상의 대부분 어려움은 사람을 직접 죽이지는 못한다. 그래서 참다 보면, 이기지 못해도 참다 보면, 그렇게 또 살아지는 것이다. 인생은 그렇게 살아지는 것이다. 그래서 하늘이 Message를 주었다. '사람이 감당하지 못할 어려움은 없다.'라고.

나의 인생 일기

약 2년 동안 일기를 썼다. 그중의 많은 부분을 친구들과 공유했다. 어디서 어떻게 살고 있든지, 사람이 산다는 게 다 비슷하고, 나이 들면서 경험하고 느끼는 것들에 서로 공감할 수 있기 때문이다. 그리고 나는 일기를 통해서, 하늘에 돌리는 감사를 친구들에게 보이고 하늘을 알리고 싶은 마음이 있기 때문이다. 나이가 들어 삶을 돌아보며 쓰는 일기는 큰 의미가 있는 것 같다. 아무도 관심 없고 기억하지 않을지라도, 내 삶을 하늘에 펼쳐 바치며 감사한다.

10살 전까지는, '가난'의 뜻과 느낌을 몰랐기에 행복했던 것 같다. 아버지 벌이가 신통치 않았던 탓에, 나는 외갓집에서 태어나고 자랐다. 외할아버지와 외할머니, 외삼촌과 이모 다섯 분의 사랑을 받으며 자란 기억이 감사하다. 내가 신작로에서 우는 소리가 나면, 적어도 이모들 두세 명은 뛰쳐나왔다.

10대 시절은 암울했다. '가난'의 뜻을 깨닫는 순간에, 내가 최악의 가난 속에 있다는 것도 알았다. 희망을 못 느낀 아버지는, 밤마다 술에 취해서 엄마와 나를 이유 없이 두들겨 팼다. 나는 엄마에게 "우릴 두고 도망가라."라고 했고, 엄마는 나에게, "고아로 살더라도 이보다는 나을 테니 도망가라."라고 했다. 그래도 그때는 희망과 목표가 있었다. 얻어배운 웅변으로 전국 최고라는 평가를 받고, 공부할 책상이 없어도 상위권은 유지할 수 있던 성적으로 '나도 할 수 있다'는 자긍심이 있었고, 어떻게 해서라도 공부해서 무엇이 되겠다는 목표가 있었는데, 그것마저도 독선으로 내 인생에 개입한 중3 담임에 의해서 무참히 깨졌다. 희망마저 잃어버린 나는 공고 1학년 때 가출을 했다. 그 이후의 비참한 10대 시절, 지금도 나는 그 시절의 내가 불쌍하다.

나의 20대는 전반을 한국, 후반을 미국에서 뛴 한 판이었다. 한국에서 20대를 대학에서 시작한 것이 나에게는 기적이었다. 내가 '부산수산대학'에 감사하는 것은, 국립대학 중에서도 최저의 등록금에, 고생을 각오하고 바다에 나가면 '나도 가난을 면할 수 있다'는 희망이 있었기에, 노동을 해서라도 마칠 수 있었다. 외롭고 배고픈 세월을 거칠고 험하게 살았어도 중심을 잡아 준 것이 수산대학이었다. 송준호 교수님, 부임해서 첫 강의에서 만난 나를 연구실에 있게 해 주시고, 만원 버스로 출근하면서 김치 병을 들고 와서 주셨다. 내 가난에 미국에 함께 가자는 말도 못 한 채, 도리어 등록금을 두 번이나 빌렸던 사랑도 있었다. 등록금을 못 구해서 절망하던 순간에, 끼고 있던 금반지를 빼 주던 이일영 선배님, 이런 은혜와 사랑이 외로웠던 나의 한국에서의 20대를 지켜 주었다. 얼마나 정신없이 허우적거렸는지, '내가 어떻게 먹고살았는지' 기억이 나지 않는 시절이다.

20대 후반은 미국에서 시작했다. 영어를 못하는 채로 미 육군에 입대했고, 공부에 한이 맺혀 근무하면서 계속 대학에 다녔고, 제대 후에는 LA로 와서 4년을 주유소에서 Night Shift Cashier를 하면서 대학을 마쳤다. 대학을 졸업할 때 이미 30대로 넘어가 있었다. 나의 20대는 참으로 힘들었고, 한때는 벼랑 끝까지 엇나간 시절도 있었지만 잘 버텨 냈다. 한국에서는 뒷골목 주먹패가 될 뻔했고, 미국에서는 군대 속의 마약에 노출되어 있었지만, '공부해야 한다'는 집념이 지켜 주었다.

30대에는, 그야말로 지옥을 보았다. 30대 초반에 결혼을 해서 두 아이를 낳고, '나도 행복이라는 것을 가질 수 있겠구나.' 싶을 때 가정이 깨졌다. "너가 이렇게 능력 없을 줄 몰랐다."며 부자 남자를 만나서 떠난 여자, "내 딸이 돈 좋아하는 줄 몰랐냐? 그러기에 학교 가는 대신에 Two Job이라도 뛰어서 돈을 더 벌었어야지."라는 여자의 엄마는, 내가 잠시 잊었던 내 가난의 비참함을 확인시켜 주었다. 애초부터 계속 힘들었다면, 나는 그런 환경에 단련되어 있어서 살 만했을 텐데, '이제 나도 행복해질 수 있겠다'는 찰나에 무너져 버린 30대는 지옥 같았다. '자살'이라는 최악의 방법까지 시도해 본 후에야, 어린 시절부터 철없이 다녔던 교회, 표식 없이 쌓여 왔던 신앙이 드디어 힘을 발휘해 주었다. 그래서 나는, 40대를 새로운 삶의 안목으로 시작할 수 있었다.

  40대 초반에 Wife를 만나서 결혼했다. 나는 은행 지점장이 되었고, CPA도 되었다. 가슴속에는 내가 키우지 못하는 두 아이에 대한 아픔이 있었고, 함께 키우는 두 아이에 대한 미안함도 있었으니 항상 마음이 무겁고 슬펐지만, 현실을 축복으로 믿고, 기도하며 가정을 세워 나갔다. 그런데 40대 말의 욕심이 또다시 내 삶을 흔들었다. 조금 안정되니까 더 큰 욕심이 났고, 잘할 수 있을 것 같았다. 또한 나에게는, 아이들을 위해서 남보다 두 배는 더 성취해야 한다는 강박관념도 있었다. 내가 개인 사무실을 차리면 후원해 주겠다던 은행 고객들과 주변 지인들을 믿고 CPA로 독립한 것이 50대 초반이다. 그때부터 약 5년간, 나는 또 발버둥을 치면서 바닥으로 가라앉았다.

  50대 초반부터 약 5년 동안, 내가 자초한 힘든 시절을 보냈다. 어리석은 나를 부추겨서 한국에서 일을 벌이도록 했던 사람들은 상황이 힘들어지자 책임을 떠넘기며 등을 돌렸고, 결국에는 은퇴연금까지 다 빼쓰고, 집을 담보로 받은 융자를 갚을 길이 없었다. 그런 상황 속에서 선택권이 없던 나를 이용하려고 여러 사람이 미끼를 들고 달려들었다. 은행 지점장 출신에 공인회계사라는 간판이 아직 쓸모가 있었던 모양이다. 나는 입술이 찢어질 줄을 알면서도 그 미끼를 물었다. 그것이라도 뜯어 먹어야지 당장을 버틸 수 있었기 때문이다. 결국, 믿고 큰일을 의뢰해 온 고객을 대상으로 '사기'로 한탕 해서 큰돈을 벌어 나누자는 제안까지 하길래 뱉어 버리고 나왔다. 가난하기는 싫었지만, 그렇게 악인으로 사느니 가난하게 사는 것이 낫다는 것이 하늘이 보여 주신 길이었다. 그 후로, 하늘이 열어 주시는 길을 따라 걸으면서 50대 후반을 늙어 갔고 안정되어 갔다.

나의 60대는 '감사'로 가득 차 있다. 나는 경제적으로 '부자'라고는 말할 수 없지만, 적어도 가난하지는 않다. 나의 출발 지점과 내가 살아온 길을 기억하기에, 지금의 내 지경이 너무나 기적 같고 감사하다. 그래서 다른 것들이 부럽지 않다. 다른 것이 비교되고 부럽지 않으니, '내가 최고 부자다'. 더욱 감사한 것은, 내 마음은 아직 가난한 것이다. 가난하다는 것은 무엇인가기 부족하다는 것이고, 무엇인가 필요한 것이다. 가난을 벗어나고자 허우적거리며 살아왔더니, 내 영혼이 많이 비어 있다는 것을 깨닫지 못했다. 늦게나마, 어떻게 사는 것이 바로 사는 것인지 생각하고 기도하고 노력하는 나의 60대가 참으로 행복하고 감사하다.

70대, 80대, 내가 그때까지 살 수 있다면, 어떤 처지에서도 하늘에 감사하는 삶을 살고 싶다. 나는 뼈저리게 비겁하고 슬픈 가난을 겪었고, 이만한 풍족 속에서도 살고 있다. 내 인생에 대해서 너무 긴 일기들을 썼다. 두 마디면 충분할 것을. "감사합니다." "고맙습니다."

우리보다 힘든 사람들

월말이라 개인적으로 후원하는 여러 곳에 송금을 하면서 Wife에게 전화를 했다. 적은 금액은 내 용돈구좌에서 보내지만, 큰돈은 공동구좌에서 보내니 Wife에게 미리 알려 주어야 한다. 그러면서 "두 군데는 이번 달을 마지막으로 보낸다고 연락을 해야겠다."라고 했다. Wife가 물었다.

"당신의 정상적인 월급은 언제까지 받나요?"

"아마 4월까지는 받겠지."

"그럼, 그때 마지막으로 보내면 되지요?"

"이제부터라도 조금이라도 모아야지."

"그래도, 그 사람들은 우리보다 더 힘든 사람들인데, 우리가 조금 더 참아 봅시다."

Wife의 말에 정신이 번쩍 들었다.

나는 매년 Christmas가 되면, '올해는 하늘에 무엇을 드리나?' 하는 묵상을 하면서 조금이라도 더 나누기를 노력했는데, 올해는 그런 생각을 할 겨를도 없이 Christmas가 지났고, 벌써 12월 28일이다. 내 상황에 빠져서, 이제 내가 살 궁리를 하느라, '좀 덜 나누기'를 벌써 시작하려 했다. 언제부터인가, 내 머리가 위로 치켜지고, 내 눈이 위를 보고 있다. 위를 바라보는 김에 아예 하늘을 보면 좋을 텐데, 나는 집을 보고, 골프장 Membership을 보고, 한 달 살기 여행을 바라보며, 은퇴 후에도 당분간 살림 규모를 줄이지 않기 위해서 온갖 머리를 굴리고 있다. 고개를 바짝 들어 하늘을 보지 못하고, 어정쩡하게 들어서 '우리보다 나은 사람들'을 보면서 그들과 비교하며, 그 수준을 유지하고 싶어서 초심을 잊어버린 것이다.

나도 어차피 은퇴는 처음이고, 이상과 현실은 다를 수밖에 없다. 신념이 큰 사람이 아닌 나는, 이렇게 계산하고, 살짝 후회도 하고, 마음이 흔들릴 수밖에 없다. 그렇지만 이제 흔들릴 만큼 흔들렸다. 이 계산 저 계산 다 해 봐도, 지금까지 우리가 살아온 방식이 제일 낫고 행복하다는 결론이다. 살면서 어느 나라의 어느 관광지를 가 봤다는 것이 얼마나 의미 있는 일일까? 내 몸에 비싼 명품을 걸쳤다는 것이 인생에 어떤 값어치를 더해 줄까? 그래서 내 계산을 포기하고 현재의 상황에 만족하며 마음이 편해졌는데, 막상 실제 돈을 송금하면서는 다시 흔들린 것이다.

Wife가 고맙다. 애초 우리보다 힘든 사람들을 돕고자 일을 벌인 것은 나이지만, Wife가 더욱 열심히 하고, 도리어 내가 흔들릴 때 지탱해 준다. 그래, 당신이 나의 어른이다.

며칠 늦었지만, 2023년의 Christmas 선물을 하늘에 드린다. "우리보다 나은 사람들을 보지 않고, 우리보다 힘든 사람들을 보면서, 정말 버틸 수 있을 때까지 나누면서 살겠습니다."

나이 들어서 다행이다

또 한 해를 보내고 새해를 맞이한다. 이제 웬만큼 살아 봤으니 살아가는 데 요령도 생겼고 여유도 있으리라 기대했었는데, 지난 한 해도 만만치 않았다. 미처 예상을 못 했던 것은, 나이가 들어 가면서 전에 겪었던 일들이 반복해서 일어나는 것이 아니라, 나이에 따라 시절에 따라 새로운 상황들을 맞이한다는 것이다. 그 상황들 앞에서는, 지난날의 경험은 거의 소용이 없었다. 다만 쓰임새가 있었던 것은, '결국 이것도 지나가리라'는 경험뿐이었다. 내성이 생겨서 더 지혜롭게 이길 것 같았던 어려움들 앞에서 젊은 시절의 패기와 도전 의식이 약해졌는지, 이제 되돌릴 시간이 없다는 초조함 때문인지, 아니면 육신과 정신이 나이에 시들었는지, 더욱 힘들게 지나온 것 같다.

2023년은 행복하고 감사한 시간들이 오랫동안 계속되다가, 9월부터 상황이 급변했었다. 거기에다 Mini-Stroke까지 경험하고 나니, 갑자기 나락으로 떨어지는 느낌을 받았다. 그런 것을 느끼면서도 두렵지 않았던 것은, 나이가 들어서일 거다. 나이가 들면서 '내 인생에 하늘이 있다'는 것을 알게 되었고, 인생의 기복이라는 것이 당연하고, 아직도 기복이 있어서 대응하며 사는 것조차 축복이라는 것을 알기 때문이다. 그리고 결국은 '하늘의 뜻'대로 결말이 날 것이고, 나는 '그것에 순종하며 맞추어 살면 된다'는 믿음이 있었다. 그래서 나이가 든 것이 참으로 다행이다.

연말에 아이들이 집에 와서 며칠을 함께 보냈다. 손주를 키우면서 직장 생활도 열심히 하는 모습이 흐뭇했다. 그런데 아이들의 이야기를 들으면서, '정말 너희는 다른 세상에서 살고 있구나.' 하는 사실을 재확인했다. 사람보다 뛰어난 AI 가 나오기 전에, 이미 우리 아이들은 무엇엔가 지배당하고 있는 것 같다. 당장 아이를 양육하는 것부터, 친정 엄마의 도움을 받으면서도, 외할머니의 사랑과 경험보다는 Internet에 올라와 있는 누군가의 의견과 지침에 따라 양육 스케줄이 정해진다. 수천 년 동안 인류가 자손을 낳아서 키우던 전통과 방식이 얼굴 없는 누군가에 의해서 부정되고 통제받고 있다. 직장 생활도, 모여서 하는 회의보다 Zoom으로, 비대면 회의가 대부분이다. 그러니 누가 얼마나 열심히 일하는지는 볼 수가 없고, IT System에 올라오는 결과만으로 능력이 판가름된다. 그래서 일도 System에 맞추어서 하는 것이 최선이고, 결국은 IT에 지배받고 있는 모양이다. 한국이나 미국이나, 공공장소에서, 더구나 가족끼리의 식사 시간에까지, 대화보다는 각자의 Smart Phone에 집중하고 있는 모습은 이제 예사가 되어 버렸다. 지난 10년-20년 사이에 바뀐 모습이다. 그러면, 앞으로 10년-20년 후에는 어떤 모습이 될까? 훗날의 사람들은, 공공장소에서 어떤 모습으로 앉아 있을까? 공공장소라는 공간이 필요할까? 지금 젊은 사람들은 이미 적응을 잘 하고 있겠지만, 나는 다시 젊어진다고 해도 그렇게 살기는 어려울 것 같다. 그래서 내가 이미 나이가 들어 있는 것이 다행이다.

  2024년, 새해의 첫날이다. 올해도 많은 일들이 내 삶 앞에 펼쳐질 것이다. 아직 한 번도 경험하지 못한 일들, 이 나이가 되도록 예상하지도 못한 일도 일어날 수 있다. 나는 견뎌 낼 것이고, 올해를 마칠 때면 또 감사하며 한 해를 마무리할 거다. 내 아이들이 맞이할 새해, 내 손주가 맞이할 미래의 새해는 더욱 힘들고 거칠 것 같아 안타깝다. 인간성과 믿음이 상실되는 세상에서 살아갈 젊은 그대들이 안타깝다. 물론, 이것도 이미 꼰대가 되어 버린 내 기준에서 세상을 보니 그럴 수도 있다. 급변하던 시절 속에서 우리 세대가 살아왔던 세월처럼, 그들도 잘 살고, 그 속에서 행복할 수 있을 거다. 그러기를 간절히 기도한다.

내 인생에서 유독 심했는지, 지나고 보면 '다사다난'하지 않았던 해는 한 번도 없었다. 그래도 2023년은 참으로 행복한 기억이 많다. 그 가운데서도, 친구들이 미국의 우리 집에 와서 여행을 하고, 내가 한국에 나가서 친구들을 만나고, 오랜 친구들이 마치 새로 얻은 친구들처럼 내 삶에 깊이 자리 잡은 감사가 넘치는 한 해였다. 또한, 참으로 어려운 때도 있었다. 그런 때가 있었기에 건강에 더 유의하고, 매사에 하늘에 더욱 의지하는 지혜를 얻었다.

오늘부터의 2024년도 '다사다난'할 것이다. 그것이 내가 살아 있는 증거이고, 아직도 다사다난과 맞설 수 있는 능력이 있기 때문이니 감사할 일이다. "일희일비하지 하지 말라."라고 하던가? 그렇지만 나는 그렇게 하며 살고 싶다. 작은 일에도 기뻐하고 감사하며, 작은 일에도 최선의 길을 고민하며 하늘에 더욱 기도하면서 새해를 지나려 한다. 앞으로 내가 맞이할 세월들이 지나온 세월보다는 훨씬 짧을 것이기에, '다사다난'한 세월이 그리 많지는 않겠기에, 내가 이미 나이가 든 것이 다행이다. 내 인생이 참 힘들었나 보다. 그렇지만 힘들지 않은 인생이 있을까? 힘든 인생도 이렇게 짊어지고 가면서, 능히 견뎌 내고 감사하며 살 수 있게 해 주신 하늘의 은혜로 오늘을 살고, 내일을 맞이한다.

Boss 바꾸기

2024년 1월 28일이다. 4월 말까지 SD의 사업을 정리하더라도, 앞으로 1-2년 동안은 지금 정도의 대우는 유지하게 되겠지만 어쨌든 현역에서의 은퇴는 90일쯤 남았다. 그때가 되면, 지금의 작은 일들까지도 추억이 되겠지만, 나는 오늘도 집에서 SD로 오는 길이 많이 힘들었다. SD로 출근한 지 8년하고 7개월이다. 누적된 피로와 외로움이, 마지막 90여 일을 더 버티지 못하고 거품처럼 밀려 나온다. 그 시절에, Wife의 가슴에 맺혔던 말이 SD행을 결심하게 했다.

"당신이 하고 싶은 일 하게 해 주려고 최선을 다했는데, 너무 힘드네요. 이제 그만, 내일이 기약 없는 사업은 접고, 액수가 적어도 좋으니 매월 정해진 수입이 있는 직장 생활로 돌아갔으면 좋겠어요."

대부분의 남자들이 그런 꿈을 가지고 있듯이, 특히 '어차피 이 땅에까지 온 것, 돈이라도 벌자'는 이민 사회에서는 너욱 그렇듯이, 나도 사업의 꿈을 꾸었다. 그래서 조금만 자금이 모아지면 사업을 시도했다. 결국에 공인회계사가 된 것도, 큰 밑천 없이 독립할 수 있기 때문이었다. 그것마저도 잘하지 못해서 돌파구를 찾으려 하다가 직장 생활 하면서 모았던 은퇴연금까지 날려 버렸다. 나이 50 중반을 넘어서 다시 회계사 사무실과 융자 사무실을 냈을 때는 제법 자리를 잡아 갔는데, SD의 Offer가 들어왔다. 집에서 15분 거리의 사무실에 내 이름을 버젓이 걸어 놓고 검도 도장까지 하며 밤낮으로 뛰던 그 시절에, 그때까지 잘 버텨 주었던 Wife의 부탁보다 진한 애원을 듣지 않을 수 없었다. 너무 고생시켰고 너무 미안했다.

이제 은퇴를 앞두고 뒤돌아보니, 난 정말 '사업 체질'이 아니었다. 내가 회계와 금융 전문가로서 개인이나 회사에 자문을 할 때는 냉정한 '숫자의 게임'을 이야기한다. 사업은 이익을 목표로 하고, 그것은 결국 숫자로 계획해서 숫자로 결과가 나오기 때문이다. 그렇게 다른 사람들을 설득하며 자문하는 내가, 실제 내 사업을 하면서는 그렇게 해 본 적이 없는 것 같다. "이것은 이렇게 해서 옳지 않은 것 같고, 저것은 저래서 내 정의에 맞지 않는 것 같고, 내가 이렇게 이익을 취하면 상도의가 아니지." 하는, 숫자보다는 내 감정과 정의가 항상 먼저 이입이 되어 있었다. 그래서 여러 사업을 거치면서 남은 것은 이익이 아니라, "저 사람은 좋은 사람이었다." 하는 말뿐이었다. 나는 숫자 없는 칭찬을 받고, Wife와 가족에게는 경제적인 어려움을 남겼다. 애초에, 나는 사업을 하기에는 맞지 않는 사람이었다. 은행 지점장이나 월급 사장처럼 성실하게 다른 사람의 사업을 돌봐 주는 역할이 나에게 맞는 역할이다. 모두 Boss가 되고 싶어 하지만, 큰 Boss, 뛰어난 Boss를 만들기 위해서는 좋은 참모가 필요하다. 나는 그 '참모'의 역할에 만족하고 감사해야 했는데, 쥐뿔도 가진 것 없고 뛰어나지도 못하면서, 나도 Boss로 한번 떨쳐 보고자 바둥거린 것이다. 그러고 보면, '나'라는 사람, 참 피곤하게 산다. Wife가 나에게 자주 하는 말이다.

"당신이 좀 편하게 살면 좋겠어요. 자꾸 스스로가 힘들고, 아프고, 슬픈 쪽으로 생각하며 살지 말고, 좀 단순하게 살기를 바라요."

나는 눈과 귀에 거슬리는 것을 참아서 넘어가지 못하고, 잠시 참고 지났어도 언젠가는 모아서 한꺼번에 터트리고 만다. 분노는 잊고 은혜만 기억하는 지혜를 터득하지 못한 채, 60대 중반이 넘은 지금도 그 버릇을 고치지 못한다. 여기에서도 가장 황당한 피해를 보는 것은 Wife다. 나는 가정에서도 Boss로 살기에는 맞지 않는 사람이다. 가정의 Boss는 자기가 하고 싶은 일을 위해서 가족을 어려움에 처하게 하거나 희생시키지 않는다. 그런데 나는 여러 번 그런 결정을 했다. 오랜 세월 속에서, 나보다 Wife의 생각이 옳고 바른 경우가 많았다. 그래서 Wife가 Boss가 되고 내가 참모로 사는 것이 맞다. 그래서 Wife를 섬기는 마음으로 살고자 한다. 그런데 나는 자꾸 잊어버리고, 자꾸 Boss가 되고 싶어 한다. 그래서 Wife에게 마치 "나를 따르라." 하고 소리치는 것 같다.

올해에 내가 세운 목표 중에 한 가지는 'Wife에게 큰소리나 짜증을 한 번도 안 내는 것'이다. 오늘도 다행히 Wife에게 큰소리나 짜증을 내지는 않았다. 그렇지만 몇 가지를 모아서 '품위'를 가장해서 목소리를 깔고 조목조목 이야기해서 Wife의 사과를 받았다. 그것마저도 그냥 삼키고, 모두 받아 줄 수 있어야 했는데, '실수'를 기다린 사냥꾼처럼 결국에는 또 한 방 쏘았다. Wife가 나에게 미안한 실수를 한 것이 아니라, 내가 오늘도 미안하고 후회되는 짓을 했나. Wife는 그동안 나를 얼마나 참아 주고 용서하면서 살아왔는데, 나는 Wife의 작은 말 한마디에 꼬투리를 잡아 사과를 받아 냈다. 내가 참 못났다. 그래서 나는 우리 가정의 Boss도 못 된다.

어둡고 아픈 이야기를 밝고 아름답게 끝내는 법

작년에 유기성 목사가 우리 집을 방문하면서 귀한 선물을 가져왔다. 그동안 내가 동기방에 올렸던 일기들을 모아서 2편의 책으로 만들어 온 것이다. 내 개인 소장용으로, 300페이지가 넘는 1편, 2편을 각 5권씩, 그렇게 무거운 것을 한국에서 가지고 왔다.

유 목사가 다녀간 한두 달 후에, 한국의 Silver Town에 나가 계시는 장인어른이 우리 집에서 며칠을 묵고 가셨다. 지루하실 것 같아서 Wife가 그 책이라도 읽으라고 1편을 드렸단다. 그런데 그 책을 읽고 난 장인어른의 반응이 놀라웠다. 너무 감동이 되었다고, 2편을 달라 하셨다. 장인어른은 그것까지 읽으시고는 책을 가져가셨다. 그 책으로 말미암아, 그리 멀지도 가깝지도 않던 장인어른은 그 이후로 나를 많이 챙기신다.

거기에서 조금 용기를 얻어서, Seattle에 계시는 내가 존경하는 대학 선배님께 보내 드렸다. 선배님 부부께서 그 책을 읽으시고 또 큰 응원을 전해 주셨다.

몇 달 전부터, 여러 가지 어려운 상황들이 연속으로 밀려오면서 내 육신과 영혼이 힘들었다. 내 나름대로, 무엇엔가 마음을 집중할 수 있는 돌파구를 찾다가, '일기들을 정리해서 책으로 만들어 볼까?' 하는 생각을 했다. 글들을 헤아려 보니 서너 권은 만들 분량이었다. 지난 몇 달 동안, 인쇄를 해도 될 만한 내용들을 선별해서 책 한 권 분량으로 줄이고 교정을 했다. 그러다 보니, 지난 몇 년간의 일기들을 읽고 또 읽게 되었다.

내가 쓴 글들에서 나오는 색깔을 느낀다. 짙은 회색이다. 뭔가 개운하지 못하고 뿌연 느낌이다. 힘들고 아팠던 인생에서 밝은 색깔이 나올 수는 없겠지만, 내 삶의 빛깔이 너무 어둡다. 원고를 보낸 출판사에서는 판매용으로 할 것인지 소장용으로 할 것인지 묻지만, 너무 어두워 판매용으로는 못 하겠다. 다른 사람들에게 어둠을 뿌릴 수는 없다. 그렇지만 그것은 내가 살아온 삶이고, 내가 느꼈던 감정들이고, 최대한 솔직한 글이다. 그래서 250-260페이지의 책을 100권쯤 만들려고 한다. 그리고 이 책들을 어떻게 쓸 것인지 절반의 계획을 세웠다. 반응이 어떨지 몰라도, 소신 있게 진행할 생각이다.

올해, 2024년 10월에는 Las Vegas에서 4박 5일간의 부산수산대학 해외 동문회가 열린다. 그리고 내가 행사 준비를 한다. 어느 날 좋은 기회를 봐서 책 장사를 하려 한다. 아니, 책값보다 훨씬 비싼 Donation을 받으려 한다.

내가 후원하는 젊은이 가운데, 한 여학생이 있다. 22년 전에 서해에서 북한의 도발에 맞서서 최후까지 기관총으로 항전하다 전사한 용사의 딸이다. 당시 생후 4개월이었던 아기가 성장해서, 아버지의 뒤를 이어 해군이 되겠다고 N-ROTC 훈련을 받고 있다. 그것도, 부경대학에서. 이번 가을에 모일 우리 동문들의 직속 후배다. 이제 이 젊은이는 올해 4학년이 되고 2025년 3월에 해군 장교로 임관된다. 내가 은퇴를 해도 이 학생은 졸업 때까지 후원할 생각이고, 좀 더 욕심이 있다면, 졸업하기 전에 학생과 그 어머니를 미국으로 초청해서 여행을 시키고 싶다. 내가 만들 보잘것없는 책을 이용해서, 우리 동문들의 도움을 구하고자 한다. 그래서 그 학생을 위한 행사를 해외 동문회의 이름으로 성사시키고 싶다. 나 한 사람의 후원보다는, 많은 선배들이 아버지의 순국을 잊지 않고 응원하는 마음이, 그 어린 후배의 인생에 얼마나 큰 힘이 되고 자랑이 될까 상상해 본다.

나의 어둡고 아픈 이야기를 이렇게 밝고 아름답게 매듭짓고 싶다. 내 부끄러운 일기를 팔아서라도, 그런 의미 있는 행사 하나를 감당할 수 있으면 좋겠다. 그리고 이것은 내가 은퇴하기까지 젊은이들을 후원하는 마지막 Project가 될 것이다.

하늘이, 이 시대를 살아가는 귀한 젊은이들 가운데서도 가난하고 답답한 어려움에 처한 젊은이들, 그리고 아버지를 나라에 바치고 잘 성장해 준 젊은이를 축복해 주시기를 기도한다.